LEXICON

POLITIQUE,

OU DÉFINITION

DES MOTS TECHNIQUES DE LA SCIENCE

DE LA POLITIQUE;

PAR M. LE CHEVALIER DE SADE, *Louis*

Ancien Officier de Marine, auteur de la *Tydologie*, des *Orateurs*,
des *Préceptes politiques*, et de l'*Art de faire les Lois*.

OUVRAGE POSTHUME.

Tome Premier.

A PARIS,

Chez A. POUGIN, libraire commissionnaire,
Quai des Augustins, n° 49.

A SENS,

Chez Théodore TARBÉ; imprimeur-libraire;
Grande-Rue, n° 148.

1837.

F. DUVERT
25 RUE TURBIGO
PARIS

LEXICON

POLITIQUE.

OUVRAGE POSTHUME

De M. le Chevalier DE SADE.

DE L'IMPRIMERIE DE THÉODORE TARBÉ, A SENS.

Lorsque l'on entreprend d'offrir un ouvrage au public, on a généralement pour but de lui plaire et de se faire lire. Si, en livrant à l'impression le *Lexicon politique*, j'avais agi dans cette vue, j'aurais, je crois, bien mal choisi mon temps : je ne pense pas qu'il y ait une époque moins favorable que celle-ci pour faire goûter les principes émis dans cet ouvrage. Toutefois, s'il est mal accueilli, peu médité, peut-être peu lu, ceux qui par hasard y jetteront les yeux, y trouveront des idées malheureusement trop vraies, des vérités dures à entendre. Mais le chevalier De Sade, ainsi qu'il l'a dit et publié, n'écrivait pas pour se faire écouter de ses contemporains ; il ne songeait qu'à la postérité. Sans partager ici toutes ses idées, je me persuade quelquefois que ses nombreux écrits seront plus estimés dans cinquante ans qu'ils ne l'ont été ou peuvent l'être par ceux qui ont vécu de son temps. Ce n'est pourtant pas dans ce seul but, trop incertain et trop éloigné, que je me suis décidé à publier cet ouvrage, mais c'est pour remplir un devoir qui m'avait été imposé, et que j'ai peut-être même trop tardé à accomplir.

A. D. S.

PRÉFACE

DU

LEXICON POLITIQUE.

J'ai soixante-quinze ans passés; il est temps que je songe à réunir dans un seul corps d'ouvrages les divers lambeaux de mon LEXICON POLITIQUE, épars dans différents journaux, feuilles volantes, livres imprimés, ou encore en dépôt dans mes porte-feuilles.

Je me propose de ramasser ces morceaux disséminés, d'y joindre les articles du même genre, encore inédits, et d'en former autant de chapitres ou de volumes différents, sous l'annonce d'une étiquette qui indiquera plus spécialement le sujet qui y sera traité. Ces divers écrits seront liés entre eux par le titre commun de LEXICON POLITIQUE; de manière qu'en conservant ou déchirant les deux pages du frontispice, on aura à volonté l'ouvrage entier ou la portion qui conviendra le mieux aux personnes chargées, par état ou autrement, d'étudier ou d'approfondir une branche seulement de *l'Art de gouverner* les hommes, rassemblés en corps de nation.

L'Art de faire les lois; l'Art de parvenir dans une monarchie, ou *mes Préceptes politiques; des Orateurs et des écrivains politiques dans un gouvernement représentatif* (1), forment autant d'ouvrages séparés, ou différents chapitres de ce LEXICON POLITIQUE; qui ont été successivement publiés depuis 1820. Je compte de nouveau faire réimprimer ces écrits, revus, corrigés et considérablement augmentés; mais par discrétion pour ceux qui les ont déjà, ils ne reparaîtront que les derniers.

Mes idées ne sont pas toujours celles de tout le monde : elles se ressentent de l'antique, ou de mon âge. Je m'en tiens à la *politique positive,* fondée sur le calcul et sur l'expérience. La théorie a eu des charmes pour moi; je l'ai étudiée avec soin, et j'ai savouré ses principes. Maintenant, je n'apprécie leur valeur que par les effets provenant de leur mise en pratique, qu'on leur a vu produire chez les peuples dont l'histoire est parvenue à ma con-

_____

(1) Ces trois ouvrages se trouvent chez LAMY, libraire, à Paris, quai des Augustins, n° 21.

naissance. *C'est ma méthode;* je sais qu'elle est, du tout au tout, l'opposée de celles que nos gouvernants et nos faiseurs de constitutions ont suivies jusqu'à présent sans s'en désister. Cette divergence continuelle entre *ce qui s'est fait* et *ce qu'on n'aurait pas dû faire,* en augmentant ma confiance dans ma manière de procéder, a fortifié en même temps ma résolution à persister dans la voie que j'avais adoptée, de juger les législations par les conséquences historiques qu'elles ont entraînées après elles, plutôt que d'après les beaux raisonnements métaphysiques et supposés concluants, dont les novateurs n'ont cessé et ne cessent tous les jours de nous accabler. Cette marche a l'inconvénient de nous mener à la *critique.* Comment l'éviter, après tout ce que nous avons vu? Frondeur ou panégyriste, il faut être vrai avant tout; telle est la loi suprême qui doit régir l'historien et l'auteur d'un ouvrage usuel sur la politique. J'ai tâché de m'y conformer dans le cours de ce LEXICON.

Des écrivains bien pensants, anglais et français, convinrent, dans le courant de 1816, de s'envoyer mutuellement les bons mémoires qui paraîtraient chez eux, en faveur de leur cause, et s'engageaient, chacun de son côté, de les faire traduire et publier dans sa langue respective. Le docteur *Stoddard,* à Londres, et M.***, libraire à Paris, se chargèrent d'être, dans ces deux villes, les éditeurs de cette *Correspondance royaliste :* (1) ce fut le titre qu'ils donnèrent à ce journal. Trois numéros en ont paru en Angleterre, et cinq à Paris. Il ne réussit point; c'est une fatalité qui a été commune à tous les établissements *royalistes* qu'on a voulu entreprendre; n'importe le nom et la forme qu'on leur ait donnés. Qui leur attire un sort si humiliant? C'est que les royalistes sont les premiers à n'y prendre aucun intérêt, et n'ont eu garde, jusqu'à présent, de se donner la moindre peine pour les soutenir. Si l'on veut avoir des amis, il faut les aimer, s'occuper d'eux, et non pas uniquement de soi. Depuis plus de quarante ans, les jacobins vous en donnent l'exemple; imitez-les, si vous voulez entretenir et augmenter le nombre de vos clients, et la considération politique de votre parti (2).

---

(1) The Correspondent. London, 1817, Printed for Longman hurst, rus, orme and Brown, pater noster row.

Le Correspondant, Paris, 1817, rue Saint-Marc-Feydeau, n° 20.

(2) Ce n'est pas d'aujourd'hui que je fais ce reproche à mes co-religionnaires les *royalistes*; il y a huit à neuf ans que je ne cesse de le leur adresser. (Voyez le *Mercure Royal*, Paris, 1819, tome 1er, page 125. Le *New-Times* du 20 avril 1819, et l'*Art de faire les lois*, Paris, 1820.

Le docteur *Stoddard* avait fait un voyage à Paris. Il en était parti avec les assurances les plus positives, de la part de ce qu'on appelait alors les coryphées de la bonne cause, qu'ils allaient se mettre à l'œuvre, et, qu'avant la fin de l'année, il aurait à sa disposition de nombreux mémoires historiques et politiques sur les affaires du temps. Les Anglais tinrent parole : on trouve dans les trois numéros publiés à Londres des rapports très-bien faits sur les *sectes occultes d'Allemagne, les Cortès de Madrid, l'origine et les progrès des méthodistes en Angleterre,* et plusieurs autres de la même source. Les Français qui s'étaient associés à cette œuvre sainte, bien connus alors comme de très-éloquents défenseurs de l'autel et du trône, oublièrent leurs engagements, deux minutes après les avoir contractés.

De part et d'autre, on était convenu que les premières publications commenceraient le premier janvier 1817. La fin de décembre 1816 approchait, sans que le docteur *Stoddard* eût reçu une seule page de Paris. Ces retards l'inquiétaient beaucoup; il croyait ne pouvoir pas tenir la promesse qu'il avait faite, par écrit, aux bons citoyens de son pays, de leur remettre, le premier jour de l'an, pour leurs étrennes, le commencement d'une *Correspondance royaliste,* consacrée à la défense de la tranquillité publique, que les feuilles *radicales* attaquaient sans relâche.

Sur ces entrefaites, je ne sais comment le docteur *Stoddard* sut que j'avais envoyé à M. *d'Ambray*, chancelier de France, des aperçus sur la révision triennale du Code, et que j'en avais reçu des réponses motivées (1). Ce projet, mis en exécution en 1814, aurait sauvé à la France les cent jours et les fléaux qui l'ont affligée depuis, parce qu'il écartait de droit toutes ces lois de circonstance qui ont mis l'administration de ce beau royaume, dans un chaos inextricable, et qui, de jour en jour, devient plus inquiétant.

Le docteur *Stoddard* me pria de lui confier mes mémoires, et me demanda en même temps la permission de les faire traduire et de les publier (2). Je l'accordai avec d'autant plus d'empressement que je suis convaincu qu'ils renferment des vues également utiles à la France et à l'Angleterre. M. *Peel*, ministre de l'intérieur de l'empire britannique, les a adoptées en partie, et a déjà proposé au parlement de les mettre en exécution, relativement à la

(1) Voyez-les dans le *Correspondant royaliste*, tome 2, page 117 et suivantes.

(2) Voyez-les dans le *The Correspondant*, n° 1, page 130 et suivantes, et n° 3, page 366 et suivantes.

révision et à la refonte générale des lois criminelles, et à d'autres chapitres importants de la
législation de son pays.

Peu de temps après, un libraire de Paris vint à
Londres pour s'aboucher avec le docteur *Stoddard*.
Il passa chez moi; je lui remis mon manuscrit et
un mémoire sur *la recomposition du corps des
officiers de la marine* (1), qu'en décembre 1814
j'avais envoyé, je ne sais pourquoi, à M. *Ferrand*,
chargé à cette époque du porte-feuille de ce ministère, et que je ne connaissais pas. Je lui donnai en
même temps un exemplaire de ma *Tydologie*,
dont il eut la bonté d'extraire *le parallèle de Frédéric II avec Charles III, roi d'Espagne, un
essai sur l'origine de la révolution* (2), et quelques autres morceaux intéressants en faveur des
principes et des institutions religieuses et royalistes. Un petit traité *sur les mots et les nomencla-
tures scientifiques* lui plut aussi, et il le fit insérer
dans son journal, trop utile au parti royaliste pour
que celui-ci daignât le soutenir et l'encourager.

J'ai toujours eu la manie d'avoir des idées

_____

(1) Voyez le tome 3, page 49 et suivantes du *Correspondant
royaliste.*

(2) Voyez le tome 3, page 249 et suivantes du *Correspondant royaliste.*

claires et précises sur les objets dont je m'occupais. C'était ridicule, et ce l'est peut-être encore au moment où j'écris. Cette singularité m'a souvent valu dans le monde la réputation de *radoteur*, *d'homme à paradoxes*, de la part de ces personnes intimement persuadées qu'une seule idée, une seule phrase, la connaissance d'un seul terme technique, suffit à un esprit exercé pour parler pertinemment d'une science, la professer avec assurance, et trancher sans appel les questions les plus indécises et les plus embarrassantes. Les émigrés réfugiés à Londres jasaient continuellement sur la politique, et aucun d'eux ne savait ce que c'était. On confondait à tout propos le *prince* avec le *souverain*, les *gouvernants* avec le *gouvernement*, la *roture* avec le *tiers-état*, la *nation* avec le *peuple*, les *lois originaires* avec les *lois fondamentales*, et mille autres mots pareils qui, entre eux, ne sont point synonymes, il s'en faut de beaucoup.

Cette habitude désespérante d'entendre à chaque instant employer indistinctement un terme pour un autre, avait mis le désordre dans mon esprit. Je ne pouvais plus me rendre compte de ce qu'on avait dit, ou des raisonnements que j'avais recueillis. Cette confusion me plaça dans une position pénible, dans un état d'impatience ; j'imaginai de composer un petit vocabulaire à mon usage, où

je m'expliquerais à moi-même et de mon mieux
les principaux éléments du langage d'une science
qui, par les circonstances, allait me devenir familière. M. ***, libraire, vit cette ébauche qui surgit
à ses yeux; il visita mes papiers, distingua ceux
qui pouvaient lui convenir, et me demanda cette
esquisse, mais elle était trop imparfaite, et je ne la
cédai point. Néanmoins, je lui promis de la revoir,
de la corriger et de la rendre plus digne d'être
transcrite dans son estimable journal. Je ne tardai
pas de lui faire passer ces *premières définitions*
telles que je les avais conçues; elles furent presque immédiatement suivies d'autres articles concernant le *gouvernement théocratique* et *sur les usages*. On les trouve dans les tomes 4 et 5 du *Correspondant*, et dans les trois numéros qui ont
paru de l'*Observateur royaliste*, publiés par le
même libraire; voilà l'origine du LEXICON POLI-
TIQUE que l'on va lire.

On ne cesse de me demander si cet ouvrage est
fini. Ma réponse est toujours la même : *Non, il ne
l'est pas, et ne pourra jamais l'être*. La POLITI-
QUE est une science comme l'astronomie, la chimie,
la botanique, enfin comme chacune des branches
des connaissances humaines, destinées à s'étendre
et à se perfectionner progressivement par l'étude et
l'observation. Y a-t-il un homme, quelque instruit
et laborieux qu'on le suppose, qui soit capable de

nous donner un traité complet, où rien ne manque, sur une science telle qu'elle a été, telle qu'elle existe au moment où il écrit, et telle qu'elle sera par la suite ? Je dirai plus : il n'y a point d'académie, d'association de savans, en état de composer un cours, un dictionnaire, un LEXICON, ne laissant rien à désirer après lui, et contenant la totalité des mots techniques, des erreurs et des vérités qui constituent le corps entier d'une science quelconque ou de quelques-unes de ses parties détachées. Les encyclopédistes l'ont maintes fois entrepris, avec une prodigalité de *prospectus* emphatiques et propres à en imposer aux badauds. Ils ont annoncé que ce livre colossal allait enfin sortir de leur boutique, mais c'était plutôt l'envie de vendre leurs ballots de papier imprimé que la ferme conviction de pouvoir tenir parole, qui les engageait à faire tant de bruit et de si belles promesses; spéculation excellente pour les libraires, dont pourtant l'instruction générale a retiré quelque utilité.

L'histoire particulière d'un seul peuple, d'une certaine époque, d'une congrégation, d'une classe quelconque d'individus, celle d'une institution, d'un système de gouvernement ou d'une branche de l'administration générale, ces différents traités si variés et si nombreux, depuis l'origine des premières sociétés connues, ne sont pourtant pas autre chose que des portions détachées du LEXICON POLITIQUE, ou un de ses chapitres, séparé et consacré exclusivement à l'examen et aux développements d'un objet spécial, désigné par le titre de l'ouvrage. Les faits et gestes, le pour et le contre des factions qui se disputent ou se combattent, la synonymie des sobriquets que chaque parti donne à ses adversaires ou qu'il en reçoit, les nuances d'acception qui distinguent la valeur de chacun de ces mots dictés par la dérision ou par une haine invétérée, entraînent à leur suite une multiplicité de volumes qui, tous les jours, s'augmentent à n'en plus finir. Comment se flatter que la réunion de tant de détails et de tant d'aperçus, que des travaux aussi immenses puissent jamais s'achever complètement? Mais cela ne doit pas empêcher de les commencer et de leur donner une heureuse impulsion.

Où en serait l'histoire naturelle, la botanique par exemple, si les premiers auteurs avaient attendu d'avoir rassemblé, dans leurs herbiers, toutes les plantes de la terre, avant de publier leurs ouvrages ou plutôt leurs essais? La marche que les botanistes ont été forcés de prendre pour amener, sans l'avoir encore finie, l'*histoire des plantes* au point de perfection où nous la voyons aujourd'hui, est la même que celle à laquelle j'ai dû me conformer pour jeter de la clarté dans l'*histoire des hommes* vivant en société politique, et dans l'Art de les gouverner. J'ai, autant que mes positions sociales me l'ont permis, ramassé tous les matériaux à ma portée ; je les ai groupés suivant leurs caractères génériques ; je les ai classés en familles naturelles, et je les présente aujourd'hui, réunis dans des chapitres différents.

Ces chapitres ne seront pas plus complets que ne le furent les familles végétales, publiées vers 1550 ou 60, par *Gesner,* le père de la botanique moderne. Le nombre des plantes connues s'est beaucoup augmenté depuis, et leur classification s'est beaucoup perfectionnée, en conséquence. Mais cette science serait au même état où elle se trouvait au milieu du seizième siècle, ou plutôt elle n'existerait pas encore, si personne n'avait pris la tâche de la commencer sur de bons principes et d'en débrouiller les embarras, au risque de se tromper et de tomber dans de grandes erreurs. Il est juste de tenir compte de la bonne volonté et de la pureté des intentions d'un auteur qui met au jour un ouvrage utile, quoique fautif en plusieurs endroits.

J'espère que le public aura la même indulgence pour celui-ci. Tel qu'il est aujourd'hui, il donnera peut-être une heureuse impulsion, et engagera quelques hommes retirés dans leurs cabinets à le revoir, à le corriger, à le contredire et à le refondre en entier, s'ils le jugent à propos. Quelque soit le genre de leur censure ou de leur approbation, ils compléteront ce LEXICON, amélioreront ses articles, en étendront les vues; et la politique assise sur des principes mieux démontrés et plus généralement répandus, laissera moins d'excuse à ceux qui gouverneront mal les États confiés à leur surveillance. Voilà ce que je désire, ce que j'attends avec impatience, et le seul motif qui m'encourage à publier cet ouvrage.

Mes articles ne sont pas égaux en volume. La nature du sujet et les notes que j'ai ramassées à leur égard, en déterminent nécessairement la grosseur. Ceux sur *les responsabilités, la politique du sauvage, les causes de la grandeur et de la décadence de l'autorité des Européens en Amérique, le Paraguay,* n'auront qu'une ou deux feuilles d'impression, et les plus longs en auront sept à huit; tandis que *les portraits,* par exemple, *des partis actifs pendant la révolution française,* exigeront, selon les apparences, un ou deux tomes et peut-être davantage. Je me vois tous les jours obligé d'augmenter le nombre de mes articles. Leur ensemble présentera l'histoire des causes, des instruments et des effets de cette agitation étonnante autant que furibonde, dans laquelle nous avons vécu depuis 1788. Le sujet est grand, compliqué, embrouillé de mille manières; on ne peut s'en faire une idée nette qu'en le considérant partie par partie, en peignant tour-à-tour, et l'un après l'autre, *les illuminés, les girondins, les montagnards, la Vendée, Bonaparte,* l'esprit des différentes factions, des divers gouvernements provisoires qui ont tourmenté la France pendant plus de quarante ans de suite; leur but, leurs moyens, les accidents et les obstacles qu'ils ont rencontrés en route, les vices originels et inhérents à leur composition primitive et au régime qu'ils ont suivi; enfin la force des choses qui les a jetés et dissous dans l'abîme où ils avaient précipité et torturé leurs devanciers, qu'ils avaient chassés et remplacés par des manœuvres analogues à celles qui venaient de les perdre et occasioner leur chute et leur dislocation.

Terrible dans ses effets, affreuse dans ses résultats, mais imposante par la grandeur de ses entreprises et de ses succès, la révolution, comme nous venons de le voir, est une machine très-compliquée. On ne peut la bien connaître qu'en la décomposant pièce à pièce, et en étudiant, avec une attention soutenue, la nature, la forme, la force, l'emboîtement et le jeu de chaque ressort en particulier, ou de chacun des *partis actifs* qui y a rempli des rôles plus ou moins importants, et plus ou moins décisifs en certaines occasions. On ne doit donc point s'étonner que, malgré son volume, le chapitre rempli de ces détails, décrits et développés d'une manière claire et précise, ne soit pas encore fini, qu'il y reste beaucoup d'articles imparfaits et beaucoup de lacunes à remplir. Ce sera à des auteurs plus habiles que moi et qui me succèderont, à le compléter et à le porter à la hauteur de son sujet. Je serais fort satisfait de mon travail, s'il pouvait produire un historien qui achevât, avec l'approbation générale des bons esprits et des amateurs de la vérité, cet ouvrage que j'ai si mal commencé.

Toutes les sciences, la politique et l'histoire comprises, ont été obligées, en commençant, d'en passer par-là; on a dû favoriser et protéger des ouvrages mal faits, afin de s'en procurer par la suite de meilleurs et de plus dignes. C'est pourtant du ramassis informe de nos vieilles chroniques, de légendes surannées, de contes et de traditions de nos grand'mères, chaos inextricable et plein de fables absurdes, que des esprits appliqués ont retiré des matériaux précieux, pour nous instruire des faits et gestes de nos aïeux, de leur caractère national, de leurs mœurs, des événements passés de leur temps, des causes qui les avaient produits et des suites qu'ils ont eues, dont quelques-uns de nos usages et de nos préjugés se ressentent encore, après un intervalle d'un ou de deux mille ans qui nous séparent de leur origine. Les annales d'un empire d'une vaste étendue, de la France par exemple, agrandie par la réunion de plusieurs petits États indépendants et distincts entre eux, seront toujours imparfaites, jusqu'à ce que l'on ait élaboré, débrouillé, éclairci l'histoire particulière de chacune de ses provinces, avant qu'elles se vissent, successivement et à différentes dates, greffées sur le tronc principal, dont, actuellement, elles ne sont que des parties intégrantes et dépendantes du même tout. Cette collection est insuffisante, et remplirait incomplètement son effet, si à toutes ces ressources on n'y ajoutait les doses d'influence sur les affaires de l'État qu'ont eues à certaines époques les grands corps organisés, le clergé, les parlements, la noblesse, et ceux à peu près anarchiques des courtisans, des femmes, des banquiers et de tant d'autres. Ces travaux, ces recherches, ces recueils sont indispensables avant que l'histoire de France puisse acquérir ce degré de perfectibilité qui ne laisse plus rien à désirer après lui. Celle de la révolution est peut-être plus intéressante encore à connaître à fond, dans tous ses détails et ceux de ses ayant-causes.

La révolution a été, on peut le dire, universelle. Les peuples de l'Europe, de l'Amérique et une partie de ceux d'Asie et d'Afrique s'en ressentent, et ont, selon l'opinion générale, des éloges et des reproches à lui faire. Ses causes et ses effets ayant été à peu près les mêmes partout, elle est donc, sous ce point de vue, susceptible d'avoir une histoire générale qui convienne également à tous les pays qui ont à s'en plaindre ou à s'en louer. Mais les auteurs qui en développeront les détails et les conséquences, s'étendront de préférence sur les faits et les exemples relatifs aux localités qu'ils connaissent le mieux ou qu'ils affectionnent davantage. Cette force intérieure et inévitable a dominé la rédaction de ce LEXICON POLITIQUE. Sans négliger de citer les gouvernements étrangers, je reviens plus souvent sur la France et sur ce qui regarde mes compatriotes.

La France, ma terre natale, le berceau de la révolution, est le pays que *je connais le mieux et que j'affectionne davantage*. J'ai passé ma vie entière avec des Français, j'entends parfaitement leur langage; de longue main je suis accoutumé à leurs mœurs, et je crois être assez au courant de l'esprit général qui les domine aujourd'hui (15 mai 1828), pour assurer d'avance que mon livre n'aura aucun succès. Au témoignage d'*Érasme*, de son temps, les adversaires de Luther avaient beaucoup de peine à trouver des libraires qui osassent se charger de leurs ouvrages.

Plaider en faveur des vrais royalistes, des bons citoyens, des honnêtes gens et de la monarchie légitime, c'est perdre son temps et quelques-uns de ses amis; vouloir leur faire connaitre au juste

l'état de leurs affaires et les éclairer sur les complots qu'on médite contre leurs intérêts, c'est se
brouiller avec eux; plusieurs avocats pleins de zèle
l'ont risqué à différentes reprises; en récompense
de leurs peines et de leurs bonnes intentions, ils
n'ont obtenu que des dédains, et par fois des reproches et des persécutions de la part de leurs clients;
la crainte de se compromettre éteint en eux tout
autre sentiment. La mode le veut ainsi : l'inamo-
vibilité, par bonheur, n'entre point dans son caractère; elle est capricieuse, ses goûts et ses décisions
varient sans cesse; depuis la toilette des femmes
jusqu'aux décrets de l'opinion publique, elle va
toujours de changements en changements. On ne
la voit jamais la même, deux semaines de suite. Le
cours de ses divagations la portera peut-être une
fois à se lasser des révolutionnaires, et à mettre en
vogue les amants passionnés de la royauté et du
bon ordre, les hommes de bien attentifs, studieux,
profonds et personnellement désintéressés, les chevaliers français, l'honneur de leur siècle, qui af-
fronteront tous les dangers, et sauront, s'il le faut,
se sacrifier courageusement pour le salut de la
patrie. Ce LEXICON pourra alors trouver des protecteurs et devenir usuel. C'est mon espoir; sera-t-
il déçu?

LEXICON POLITIQUE

ou

DÉFINITION DES MOTS TECHNIQUES

DE CETTE SCIENCE *.

***

1. Politique (la) *substantif féminin*, est la science et l'art de diriger la volonté des hommes vers un but proposé.

Les buts qu'on se propose dans l'art *de diriger la volonté des hommes* sont innombrables, et ils varient suivant le parti qu'on en veut tirer. Tantôt c'est pour les rendre plus vertueux; tantôt pour les attacher plus fortement à leur culte; tantôt pour qu'ils soient plus redoutables à leurs ennemis, etc. etc.

Il y a des circonstances où l'on se propose de maîtriser à la fois et de faire concourir au même but une grande masse d'hommes réunis; il y en a d'autres où l'on se contente de *diriger la volonté* de quelques individus choisis et en petit nombre, pour en former des congrégations ou des corps particuliers, dans l'intention de les employer à la perfection ou à la conservation d'un ou de plusieurs objets détermi-nés; enfin, on voit des personnes qui bornent leur *politique*

***

* Tous ces mots sont définis les uns à la suite des autres, suivant des rapports d'analogie. L'ouvrage sera terminé par une table alphabétique de tous ces articles, avec l'indication des pages.

2*

à diriger la volonté de leurs voisins ou des gens avec lesquels ils ont affaire.

La *politique* peut se proposer une infinité de buts différents. Les règles de cet art varient dans la même proportion; mais elles dérivent toutes de principes primordiaux, qui ne sont pas aussi nombreux qu'on pourrait le penser.

La base fondamentale de la *politique* est la connaissance du cœur humain et l'art d'en tirer parti. On est toujours sûr de réussir quand on sait profiter de ses faiblesses. Cette science a, comme toutes les autres, ses principes, ses règles de calcul et sa nomenclature.

Nous essayons de donner ici les définitions de ces termes techniques, avec des développements et des exemples qui en feront mieux comprendre le sens : entreprise difficile à remplir, mais d'autant plus essentielle, que dans un cours de *politique*, il n'est pas rare de voir qu'une *erreur de mot* a occasionné de grands troubles, qui, quelquefois et même trop souvent, ont fini par renverser les empires les plus fortement constitués.

2. Politique (adjectif). C'est la qualité de diriger la volonté d'un ou de plusieurs hommes vers le but qu'on se propose d'atteindre.

3. Société politique. C'est un assemblage d'hommes qui, voulant se réunir et vivre ensemble, se sont vus forcés de sacrifier ou de modifier, en plusieurs occasions, *la volonté* particulière des individus qui la composent, pour que leur ensemble se laissât diriger par une impulsion ou une volonté prédominante.

Les hommes se réunissent, soit pour attaquer ou pour se défendre, soit pour s'entr'aider s'instruire, acquérir des richesses ou des honneurs, se consacrer au culte de la divinité, s'établir sur un terrain, fonder des colonies; et, enfin, quel que soit le but de cette réunion, nous l'appellerons *société* ou *société politique*.

Les ordres religieux, les compagnies de commerce, etc., sont aussi des *sociétés politiques*, mais enclavées dans d'autres dont elles dépendent à beaucoup d'égards; nous nous en occuperons peu. Ce *Lexicon* est principalement destiné pour celles qui sont souveraines chez elles, et qui ne sont subordonnées à aucune autre.

4. ÉTAT. C'est la *société politique* considérée sous un point de vue *passif*.

5. PUISSANCE. C'est la *société politique* considérée sous un point de vue *actif*.

6. NATION. C'est la *société politique* considérée comme ne formant qu'une seule famille.

7. PATRIE. Sol sur lequel est établie la masse de la *nation*. Les Iles-Britanniques sont la *patrie* des *nations* anglaises qui sont répandues dans les diverses comptoirs de la terre. Depuis la dispersion des Juifs, cette *nation* n'a plus eu de *patrie*.

8. CITOYEN. Un des membres de la *société politique*.

9. PEUPLE. La masse des *citoyens* considérée dans leur ensemble. En France, les princes du sang royal, comme les derniers citoyens du royaume, font également partie du *peuple* français.

10. POPULACE. C'est la lie des dernières classes du *peuple*, rassemblées en foule, gens qui dans aucun pays ne jouissent d'aucune autorité ni d'aucune considération.

C'est pourtant à ce ramassis de *sans-culottes* que les révolutionnaires de France ont naguères voulu confier les pouvoirs administratifs, judiciaires et exécutifs de ce royaume. Aussi qu'en est-il arrivé?

11. CANAILLE. C'est l'élite de ce qu'il y a de pire dans la *populace*.

12. SANS-CULOTTES. Cette classe qu'on peut surnommer la canaille de la canaille révolutionnaire, a été généralement remplie par des vociférateurs, des spoliateurs et des assassins.

Les personnes qualifiées à juste titre du nom de *Sans-culottes*, pendant les premières années de la révolution, ont toujours possédé au moins un des trois genres de mérite que nous venons d'indiquer. Quelques-uns, plus favorisés par la nature et les circonstances, les ont exercés tous les trois avec distinction, et en ont, en plusieurs occasions, donné des preuves ostensibles, à la grande satisfaction des patriotes de l'époque.

C'est par les voies et moyens de leurs crimes que beaucoup de ces *Sans-Culottes* ont acquis une immense fortune, les premières places de l'État, et des droits incontestables au mépris éternel de l'opinion publique et de tous les honnêtes gens présents et à venir.

13. NOBLESSE. Il y a dans plusieurs pays une classe du *peuple* dont les individus, et très-souvent les familles, jouissent d'une considération au-dessus de celle des autres, et de quelques priviléges qui leur sont uniquement affectés, ce qui les place dans le premier rang de la hiérarchie de la *société politique*. Nous donnerons à cette classe le nom de *Noblesse*.

Les compagnons de Romulus, dont les descendants devinrent les maîtres d'une partie du monde, furent les souches de la première *noblesse* de Rome. Dans les États du

Grand-Seigneur, les *Turcs* ont des prérogatives héréditaires sur les autres sujets de S. H.; ils représentent la *noblesse* de ce pays, comme les Mamelouks faisaient, il n'y a pas long-temps, celle de l'Egypte, mais elle était sans hérédité.

En général, l'origine primitive de la *noblesse* provient principalement de la distinction qu'il y eut après des victoires entre les races des conquérants et celle des peuples conquis.

Ce trait historique est encore confirmé par l'étymologie du mot GENTILHOMME, *gentis homo*, c'est-à-dire, par *excellence*, l'homme de la nation.

14. ROTURIER. Dans les pays où la *noblesse* est reconnue, le *roturier* est le citoyen qui n'est pas *noble*.

15. TIERS-ÉTAT (le) n'était point en France une classe particulière de la société, mais une simple division administrative qui comprenait des citoyens de toutes les conditions, lesquels ne faisaient pas alors une partie *politique* du corps du clergé ni de celui de la noblesse.

La majeure partie des Français, même leurs meilleurs auteurs, disent ou écrivent tous les jours, indifféremment, un tel individu est *roturier* ou du *tiers-état*. C'est une distraction de leur part : ces deux mots ne sont point synonymes. Cette inexactitude dans le langage a produit en France des maux incalculables, aux approches et dans le courant de la révolution. La *politique* est la science où il est le plus indispensable de ne se servir de ces mots techniques, que dans leur acception la plus rigoureuse.

On ne pouvait pas, en France, être en même temps *roturier* et *noble*; mais on pouvait être *noble* et faire partie du *tiers-état* : on en voyait tous les jours des exemples. Dans les États de Provence, je n'aurais pu siéger qu'au banc du *tiers-état*, quoique mon frère fut de droit sur celui de la *noblesse*. Le trop célèbre marquis de Mirabeau siégea aux états-généraux de 1789, comme membre du *tiers-état*, député par la ville de Marseille. Monseigneur le DUC DE BOURBON, dont sans doute on ne contestera pas la *noblesse*, faisait, en plusieurs occasions, partie du *tiers-état* de Provence.

Dans les procès-verbaux des anciens états-généraux, et autres assemblées législatives ou administratives de France, on y voit souvent membres ou députés du *tiers-état* des *prêtres* et des *nobles* qui avaient été auparavant, ou qui furent après membres ou députés de leurs corps respectifs.

Tiers-état n'était point un nom patronymique uniquement affecté à une caste de citoyens. Cette dénomination désignait seulement que les membres de ce *tiers-état* étaient chargés pour le moment, d'une administration distincte de celle qui dépendait du corps du clergé ou de celui de la noblesse.

Le mot *tiers-état* en français, est la vraie traduction du mot *communes* en anglais. Si l'acception de ces deux mots n'est pas rigoureusement la même, ils ne diffèrent l'un de l'autre que par des nuances presque imperceptibles.

Tiers-état : ce mot portait son étymologie avec lui. C'était en France le troisième ordre de l'État; celui qui n'était pas exclusivement composé de personnes appartenantes aux deux premiers ordres, au clergé et à la noblesse.

16. ORDRES. C'est ainsi que l'on nomme ces grandes divisions de citoyens qui, réunies, forment l'ensemble d'un peuple.

La nature et le nombre des *ordres* de l'État varient sui-

vant les pays. En Angleterre, la législation n’en compte que deux : les *pairs* et les *communes*. En Suède, il y en a quatre : le *clergé*, l’*ordre équestre*, les *bourgeois* et les *paysans*.

Les usages ne sont pas toujours d’accord avec la législation pour classer les différents *ordres* de l’État. Par exemple, dans leur société privée, les Français se divisaient en trois classes, la *noblesse*, la *roture*, et le *clergé* qui était un mélange des deux premières ; tandis que, sous le point de vue de leur administration, ils reconnaissaient les trois *ordres* suivants, le *clergé*, la *noblesse*, et le *tiers-état* composé indifféremment de *prêtres*, de *nobles* et de *roturiers*.

17. RANG. C’est la place qu’un *ordre*, qu’un corps, qu’une famille, ou qu’un simple individu occupe dans la hiérarchie d’un État.

Les *rangs* reconnus dans une *société politique* répondent exactement aux *grades* des corps militaires. Une corporation quelconque, pour peu qu’elle soit nombreuse, ne peut ni prospérer, ni se soutenir long-temps sans confusion, si une hiérarchie généralement reconnue et suivie ne fixe, au milieu d’elle, les places et les autorités respectives de chacun de ses membres. Prenez la troupe la mieux disciplinée, la plus instruite, la plus dévouée, en un mot la plus excellente en tout point ; introduisez-y une *égalité parfaite* entre les officiers, sous-officiers et soldats, et vous ne tarderez pas à être le témoin des suites funestes qui en résulteront. Il en est d’un *État* comme d’une armée ; on ne peut tirer un parti avantageux de ces masses considérables d’hommes réunis sous un même point de vue, qu’autant qu’elles sont divisées en classes bien distinctes, et liées entre elles par une subordination et une considération graduelles.

Ces *rangs*, ces divisions hiérarchiques sont indispensables, si l'on veut éviter les désordres de la foule, et faire agir sans confusion une population nombreuse. Les *rangs* héréditaires y ajoutent un avantage de plus : c'est qu'en naissant, chacun connaît la place qu'il doit occuper, et les devoirs qu'il a à remplir.

Un peuple, dont la masse des citoyens est divisée en plusieurs ordres, présente l'ensemble d'une troupe organisée et composée de corps différents. Les chefs, les premiers personnages de chacun de ces *ordres*, pour mériter et soutenir la considération et la prééminence dont ils jouissent, sont obligés, par *politique*, de défendre les droits, les priviléges et les prérogatives de cette portion du *peuple* à laquelle le sort les a attachés; d'en devenir les avocats et même les protecteurs, suivant les positions et les circonstances dans lesquelles ils se trouvent. L'ambition de ces chefs les engage donc de persuader à leurs inférieurs en pouvoir ou en influence, qu'ils font cause commune avec eux; et que, réunis de cœur et d'intérêt, ils ne forment qu'une seule et même famille. Cette *politique*, dont chaque corps en particulier est pareillement animé, produit des contrastes, dont les efforts réciproques, quoique opposés entre eux, entraînent des actions et des réactions de la part de chacun de ces *ordres*, qui entretiennent l'équilibre dans l'État, consolident la stabilité de son régime intérieur, et augmentent en même temps ses moyens, pour s'opposer aux novateurs qui voudraient renverser cette *société politique*, en lui faisant changer ses habitudes et les principes de son gouvernement.

Mais si tous les États sont confondus dans une masse uniforme qui n'admet ni *rangs* ni distinctions, les simples citoyens n'auront plus ni protecteurs, ni avocats en faveur de leurs causes. Les ambitieux de cette *société politique* ne songeront qu'à acquérir et à se ménager la bienveillance de ces gens qui, par leurs intrigues, et quelquefois par leurs crimes, se sont placés à la tête des affaires. Le reste du *peuple*, sans défenseur, n'aura plus d'ami qui le soutienne contre les entreprises intéressées, et sans cesse empiétantes, de ses principaux administrateurs.

Un peuple qui ne reconnaît d'autres distinctions sociales que celle de la fortune, risque de donner trop d'empire à la cupidité. Les citoyens, mus par ce seul véhicule, étoufferont dans leur cœur, des sentiments plus généreux dont la *société* pourrait attendre des services plus essentiels et à meilleur marché. Il est fâcheux que l'étendue de cet article ne permette point de développer les conséquences politiques et avantageuses que ce principe fournirait, et de montrer l'utilité qu'on en retirerait, soit en remplaçant l'envie de s'enrichir par des vertus plus décentes, soit en restreignant dans de certaines limites les prétentions des hommes trop ambitieux.

Les usurpations successives de Robespierre, du Directoire et de Buonaparte, n'auraient peut-être jamais eu lieu, si l'*assemblée constituante* eût conservé les institutions et les *rangs* qui existaient; ou, du moins, si elle en eût formé d'autres à mesure qu'elle détruisait les anciens.

L'histoire de la révolution française et de ses suites est suffisante pour ne laisser aucun doute sur les inconvénients inévitables qu'entraîne après lui un bouleversement complet dans les habitudes nationales d'un peuple. Elle indiquera, en outre, les dangers que l'on court en ôtant la gestion des grandes administrations à des hommes du premier ou du second *rang* de la société, auxquels on les confie ordinairement, pour les remettre à des personnes, tout au plus du quatrième ou du cinquième *rang*, à des gens exerçant des fonctions lucratives, ou des professions où l'on cherche des pratiques, et où l'on ne vit que des profits casuels qu'elles procurent.

C'est encore pis, quand, dans un accès de philanthropie, le gouvernement accorde le même *rang* et donne les mêmes droits et les mêmes prétentions à tous les individus du genre humain. Lisez nos annales, et vous y verrez les troubles et les désordres qui accompagnèrent le ministère, ou le crédit imminent qu'à différentes époques ont obtenu en France, les étrangers Concini, Mazarin, Law, Necker, Clavière, etc.

18. Égalité politique (l') se fonde sur les lois et les usages qui établissent une *égalité parfaite* de droit et de prétention, sans aucune exception quelconque, parmi tous les habitants d'un pays.

Tous les hommes, dira-t-on, sont égaux devant la divinité. Mais Dieu est un despote infiniment bon, infiniment sage, éternel et tout-puissant. Il s'en faut de beaucoup que tous les despotes de la terre lui ressemblent.

Les hommes sont aussi *égaux* dans les États populaires. L'expérience prouve que ces gouvernements ne conviennent qu'aux petites peuplades, dans lesquelles les mœurs, la routine et le bon sens ont une grande influence sur la conduite et dans les décisions de la généralité des citoyens. En examinant ces républiques de plus près, on s'aperçoit qu'il est bien rare de ne pas les trouver gouvernées par quelques familles à crédit héréditaire, ou par quelques magistratures qui ont pris un ascendant presque souverain sur le peuple. Dès lors l'*égalité* cesse, au moins de fait, puisque ces familles à crédit héréditaire, ou les titulaires de ces magistratures prépondérantes, forment nécessairement une classe plus élevée et au-dessus des simples plébéiens.

Ces familles, à *crédit héréditaire* ne jouissent de leur prépondérance qu'en irritant contre elles la jalousie de toutes celles qu'elles dominent. Les divisions intestines s'animent, et la masse des citoyens se partage en divers partis. L'État se remplit de troubles, on en vient aux coups, souvent aux proscriptions, et les massacres s'ensuivent. Aux dissensions politiques, produites par l'envie de conserver le pouvoir, ou par celle de l'arracher des mains de leurs rivaux, se joignent les querelles privées, les vieilles rancunes, et tous les éléments du désordre et des vengeances particulières.

Ces sortes de gouvernements deviennent d'autant plus tyranniques, que presque toujours un individu y prend un ascendant passager, mais irrésistible, et qu'il profite de son influence illimitée pour se permettre des abus d'autorité qui consolident sa puissance et la rendent moins précaire. La condition d'un bon citoyen est affreuse dans des États pareils; il n'y a ni repos ni sûreté pour lui. Il faut qu'il plie le genou devant l'usurpateur de son pouvoir, ou qu'il se dévoue à être sa victime et à se voir continuellement en butte aux moyens vexatoires du tyran et de ses satellites, sans qu'aucune institution légale puisse le garantir, et encore moins le protéger.

Dans la plénitude de sa puissance, le *peuple* ne songe jamais à créer des corporations assez puissantes pour contrebalancer son pouvoir et empêcher l'exécution des actes qu'il ferait contre son propre intérêt. Si quelques-uns de ces gouvernements ont pris cette précaution, les agitateurs populaires ont bientôt corrompu, effrayé ou détruit ces magistratures qui devaient garantir les bons citoyens des caprices fâcheux d'une cohue ignorante, exaltée par des factieux, laquelle, sans prévoyance, préfère les tumultes anarchiques qui devancent la ruine de la république, à la conservation de ses lois et du bonheur public. Aussi ces *États populaires* ont toujours fini par être asservis par un de leurs citoyens à grands talents, ou par une puissance étrangère.

L'*égalité politique* ne peut donc exister que sous un despote ou dans une démocratie pure. On avouera qu'une société est bien à plaindre, quand son sort et celui de chacun de ses membres sont à la merci de la volonté d'un seul homme ou des caprices de tous.

Les gouvernements intermédiaires entre ces deux extrêmes seront en contradiction avec eux-mêmes, quand ils feront de cette *égalité parfaite* un principe fondamental de leur constitution. Malgré les lois qu'ils feront à cet égard, il arrivera toujours des suites de circonstances qui établiront des *inégalités* très-marquées dans l'existence politique de leurs concitoyens. Ces distinctions n'étant point définies ni irrévocablement arrêtées, elles occasionneront des disputes et des soubresauts qui rempliront ces États d'incertitudes, de rivalités et de tracasseries sans cesse renaissantes; elles y porteront des germes de troubles, de confusion, que leurs ennemis cultiveront avec soin, pour les affaiblir avec des divisions intestines, et en-

tretenir des intelligences criminelles chez ce peuple, dont ils ambitionnent de faire la conquête, ou de morceler en leur faveur le pays qu'il occupe.

Dans ces États intermédiaires, les lois proclameront inutilement l'*égalité parfaite* de tous les citoyens indistinctement; elles ne pourront jamais empêcher qu'il n'y en ait de riches et de pauvres, de puissants et de faibles, de spirituels et de stupides, etc. Les pauvres seront, par conséquent, aux gages des riches, les faibles aux ordres des puissants, les gens stupides à la disposition des gens d'esprit, et dès-lors les *inégalités politiques* se trouvent établies par le fait.

Tout le monde ayant, dans ces sortes d'États, les mêmes droits pour aspirer aux magistratures suprêmes du gouvernement, les ambitieux, pour les obtenir plus sûrement, commenceront par vouloir devenir riches et puissants. Dieu sait s'ils parviendront à leurs fins, en employant de préférence des moyens toujours avoués par une conscience pure et l'amour de la patrie.

Malgré ces inconvénients majeurs, les philosophes ont toujours préconisé l'*égalité politique* comme le *cachet*, la condition première d'un bon gouvernement par excellence; c'était sans doute dans l'espérance d'avancer leur fortune particulière par la confusion qui en résulterait. La nature, qu'ils invoquaient sans cesse à l'appui de leurs assertions, ne les a pas confirmées; elle s'est plu au contraire à les démentir dans toutes ses œuvres; elle n'a jamais rien fait d'*égal*, ni même d'exactement semblable. La surface de la terre est hérissée de montagnes, creusée de vallées, coupée de rivières, couverte de terrains secs ou aqueux, entremêlée de mers, de coteaux et de plaines, au point que son relief se compose d'une suite non interrompue *d'inégalités.* Ces contrastes de haut et de bas qu'on admire dans les productions de la nature, entraient sans doute dans les vues prévoyantes du divin créateur qui a façonné tous les globes de l'univers. Cette heureuse diversité, qui manifeste sa profonde sagesse, anime et vivifie en même temps le séjour que nous habitons. Nous sommes témoins journellement de la nécessité qu'il y ait des lieux élevés qui attirent les eaux, et leur permettent ensuite de découler sur des terrains abaissés graduellement, qu'elles n'eussent jamais pu arroser et fertiliser, si tous les points de la terre avaient eu le même niveau.

Tel est le principe fondamental d'après lequel la nature a toujours travaillé : rien d'*égal*, rien d'*exactement semblable,* et de cette multiplicité de formes différentes, elle en a tiré les accords les plus parfaits. Le cœur humain étant de même un de ses ouvrages, la *politique,* chargée d'étudier et de diriger les mouvements de ce premier moteur de toutes nos actions, ne doit jamais se départir de cette règle générale, qui ne souffre aucune exception. Aussi le système de législation des niveleurs ou des *Lévellers* (ce qui est la même chose chez les Anglais), n'a jamais réussi qu'à mettre le trouble dans tous les États un peu considérables où l'on a voulu l'introduire, sans qu'on soit jamais parvenu à pouvoir le réaliser ni le soutenir pendant quelque temps, autrement qu'en paroles.

L'abolition des titres et des distinctions héréditaires ne suffit pas pour assurer une *égalité* parfaite parmi tous les citoyens. Les instigateurs de ces peuples *niveleurs* ou *nivelés* s'en aperçurent, et ils allèrent plus loin. Ils trouvèrent injuste, impolitique et contre nature, de laisser subsister les *inégalités* des richesses. Les législateurs géomètres proposèrent en conséquence des lois agraires et autres réglements qui tendaient à rendre les fortunes égales ou presque égales dans chaque famille :

> Des biens on fera des lots
> Qui rendront les gens égaux.

Les propriétaires ne tardèrent pas à s'opposer à ce système de partage. Les *distinctions héréditaires* ou la division hiérarchique des différentes classes de citoyens, trouva plus d'adversaires et moins de défenseurs. Dans cette occasion, comme dans beaucoup d'autres, la vanité de quelques individus a contrarié les vœux d'une saine politique et le bien-être général de la *société*.

Les partisans d'une *égalité* rigoureuse qui porte autant sur les fortunes que sur les distinctions héréditaires sont pourtant les plus raisonnables. Mais pour l'établir plus solidement, il faut faire un pas de plus, mettre tous les biens en commun, et, à l'instar de plusieurs ordres monastiques, défendre à chacun des membres de cette association d'avoir une propriété appartenante à lui seul, et dont il puisse disposer à son gré.

Il n'y aurait pas, en effet, de nation plus fortement constituée que celle où tous les citoyens, faisant une abnégation absolue d'eux-mêmes, ne songeraient qu'à l'augmentation de la gloire et de la prospérité communes de leur patrie. On a vu des *sociétés politiques* se former sur ces principes, et subsister honorablement tant qu'elles les ont suivis à la rigueur et avec un scrupule religieux; Sparte en est un exemple ! Mais il est impossible , et par conséquent dangereux et même criminel , de vouloir y assujettir subitement un peuple nombreux , répandu sur un grand territoire , dans la plénitude de sa civilisation , et accoutumé depuis son enfance aux *inégalités* des rangs et des fortunes. Pourquoi donc entreprendre ce qu'il est impossible d'exécuter, et dangereux de tenter ?

L'introduction d'une *égalité* parfaite chez un peuple accoutumé depuis long-temps à vivre sous un autre régime , ne peut pas réussir. Ces essais seront toujours pénibles, infructueux, et aucun législateur n'aura une persévérance ni une longévité assez considérable, pour voir son système d'*égalité* mis en pratique, d'une manière solide et rigoureuse. Une *force d'inertie* insurmontable et contrariant ces novateurs et leurs plus zélés partisans , sera un contre-poids qui tendra sans cesse à ramener ce peuple vers des habitudes presque semblables à celles qu'il avait, avant qu'on eût entrepris de le *niveler*. On ne doit donc point s'étonner si des tentatives de ce genre, qu'on a faites dans des pays et à des époques différentes, n'ont eu d'autres résultats que de produire de ces massacres et de ces révolutions qui donnent aux scélérats une supériorité marquée sur les citoyens honnêtes et paisibles.

Les pauvres et les classes inférieures de la société forment, sans exception, la partie la plus nombreuse d'une nation. Cette cohue sera toujours ravie d'entendre prêcher le dogme politique d'une *égalité* parfaite dans les *rangs* et dans les fortunes. Les orateurs factieux sont donc assurés d'avance d'une armée d'auditeurs qui se rangeront de leur avis et sous leurs drapeaux. Aussi, dans tous les siècles,

les agitateurs du peuple ne se sont jamais lassés et ne se lasseront jamais de proclamer que tous les hommes *sont ou doivent être égaux*, dans la certitude d'exciter des soulèvements, et peut-être même des révolutions, à moins qu'un gouvernement ferme autant qu'habile ne prévienne les effets de leurs funestes intentions.

19. PROPRIÉTÉ. C'est non-seulement la pleine jouissance des possessions, tant foncières que mobilières de chaque individu, mais c'est encore celle de sa personne, de sa famille, de son rang, de ses priviléges, de ses habitudes, et même la *jouissance* des gênes et des mortifications qu'on s'impose de bonne volonté. En un mot, chacun des détails dont l'ensemble constitue l'existence d'un homme, et sa manière d'être dans la *société politique* où il se trouve, fait une partie de sa *propriété*.

20. LOIS (les) sont les conditions qui fixent et règlent la *propriété* de chaque individu, et son mode de transmission aux autres.

21. US ET COUTUMES sont des lois non promulguées, mais reconnues et suivies.

22. CODE. Collection des lois promulguées.

23. LÉGISLATION (la) est une science qui s'occupe de l'art de faire des lois convenables, selon les circonstances politiques où se trouve un peuple dont le caractère et les habitudes sont données.

24. LÉGITIME. Tout ce qui est ordonné ou permis par la loi. Tout ce qui est juste est légitime, et il n'y a de légitime que ce qui est juste.

25. LÉGITIMITÉ (la) est le scel, le cachet qui constate qu'un acte est légitime, qu'il est conforme aux lois.

Un souverain se donne une force intérieure bien imposante, en ordonnant que les actes de son gouvernement passent au grand sceau de la *légitimité*, avant d'être reconnus légaux et obligatoires.

La *légitimité* perd immensément de sa valeur, si elle ne lie pas la généralité des citoyens. Si elle devient un droit de convenance, tout-puissant pour les uns et absolument nul pour les autres, il est évident que ceux qui en profiteront auront seuls intérêt à la soutenir. Son autorité s'affaiblira en proportion qu'on réduira à un plus petit nombre les personnes auxquelles on accordera la permission de la réclamer en faveur de leurs droits et de leurs prétentions ; et si, par exagération, un individu unique jouit de ce privilége, la force de la *légitimité* ne tiendra plus qu'à un fil que le moindre choc cassera et fera disparaître, sans qu'on s'en aperçoive ou qu'on s'en soucie.

Depuis le commencement du monde, il y a eu beaucoup de *sociétés politiques*, et par conséquent beaucoup de *Codes* différents dont un grand nombre nous ont été transmis par les jurisconsultes et par les voyageurs. Chaque espèce d'acte ou de prétention se trouve donc nécessairement *légitime*, par quelques-unes de ces lois contenues dans cette infinité de législations qui tour à tour ont gouverné ou gouvernent encore les hommes. Le même peuple possède souvent des séries volumineuses de réglements plus ou moins anciens, plus ou moins en vigueur, mais qui, n'ayant jamais été abrogés, ont de *droit* conservé leur force primitive, quoique de *fait* plusieurs d'entre eux soient tombés en désuétude. Les dispositifs de ces diverses ordonnances, qu'on peut toujours *légalement* citer, se croisent, se modifient et se contredisent tellement qu'il est immanquable de ne pas en trouver un certain nombre qui soient favorables au soutien d'un droit ou d'une prétention quelconque. Quel est donc le Code, la série de réglements, qui établira la *légitimité* dans un cas donné?

Si un gouvernement déclare la validité d'un titre primordial, parce qu'il reconnaît l'autorité du système de lois sur lequel se fonde la *légitimité* de ce titre, il doit, par la même raison, regarder comme *légitimes* les droits et les prétentions qui ont la même autorité, et qui sont appuyés sur la même jurisprudence. Un héritier universel serait-il admis à refuser le paiement des legs particuliers dont le testateur aurait eu le droit de le grever, en vertu des mêmes ordonnances qui lui assurent le reste de l'héritage? Et aucun tribunal lui accorderait-il sa demande, sous le prétexte que, par tel ou tel autre système de législation, on peut prouver l'invalidité de ces dons partiaux?

26. CRIME, DÉLIT. Violation manifeste et préméditée contre la loi.

Les actes *criminels* se classent suivant le tort qu'ils font à la société.

Les plus grands crimes sont donc ceux qui tendent à renverser la société, à soulever le peuple contre les propriétaires légitimes, à mettre le désordre et la confusion dans l'État, et à substituer le règne de la *terreur* à celui des lois.

27. JUSTICE. Application rigoureuse de la loi.

La *justice* personnifiée représente la force qu'on emploie pour faire exécuter la loi. La *justice* l'a mis en prison; la *justice* l'a fait pendre; il est dans les mains de la *justice*.

28. Droits. Prétentions justes et légitimes de chaque individu.

29. Droits de Propriété sont les prétentions justes et légitimes que chacun peut avoir sur une propriété quelconque.

On peut dire que le besoin de propriétés, et le désir de leur conservation, est la première cause de la réunion des hommes en société. Sans ce besoin et ce motif, comment leur eût-on fait abandonner leur indépendance individuelle?

« La première loi, la loi fondamentale qui soutient la » civilisation d'un peuple, est celle qui rend *inviolable* le » *droit de propriété.*

» Que ce *droit de propriété* soit affecté à un seul individu, » à une seule famille, ou collectivement à plusieurs indivi- » dus, à plusieurs familles, l'obligation d'en maintenir scru- » puleusement l'*inviolabilité* est toujours la même.

» Cette *inviolabilité* est le plus ferme appui d'un gouver- » nement; c'est elle qui donne au peuple de la confiance » pour ses magistrats; c'est sur elle que repose la sécurité » des citoyens; c'est elle, en un mot, qui constitue la force » intrinsèque d'un État.

» Les États s'affaiblissent à mesure que, sous différents » prétextes spécieux de bien public, de meilleure réparti- » tion, leur gouvernement se permet, par des abus d'auto- » rité souvent réitérés, de disposer arbitrairement de la » possession d'un sujet ou d'une *corporation* autorisée par » la loi.

» Il serait facile de démontrer que les *violations* souvent » réitérées du *droit de propriété* ont été une des premières

» causes de la révolution française, et la principale source
» des moyens qu'elle a eus pour se soutenir (1). »

30. RENDRE JUSTICE, c'est faire jouir chaque citoyen
des *droits* que la loi lui accorde.

31. INJUSTICE. Infraction aux lois dans l'application qu'on
en fait. Toute infraction aux lois est une *injustice.*

Mais ne peut-on pas dire aussi que l'exécution ou l'application d'une loi *injuste* est une nouvelle *injustice* : par exemple, certaines lois spoliatrices de la révolution?

32. IMPUNITÉ. L'impunité, à bon escient, est une *injustice*, une *infraction à la loi* ; puisque de force on soustrait
un criminel à la peine qui lui est due par la justice, pour
le délit dont il s'est rendu coupable.

Il-y a deux espèces d'*impunité.*

La première est celle des coupables qui échappent à la
punition par la *grâce* qu'on leur accorde, après leur jugement et la conviction de leur faute. Ce nom, à la rigueur,
ne convient point aux *impunités* de ce genre, la loi n'ayant
pas été violée, ni dans son cours, ni dans son application,
ni même dans le cas d'exception où l'on exempte le délin-
quant de subir la peine qu'une condamnation légale a prononcée contre lui.

La seconde espèce d'*impunité* est une *injustice* plus marquée envers la société. Elle a lieu toutes les fois que le gouvernement interpose son autorité pour assoupir une affaire
qui devrait être jugée; ou lorsque, pour éviter à un coupable la honte et le châtiment que son crime mérite, les

---

(1) Mémoire des Chevaliers de Malte des trois langues de France,
dans le n° 466 de l'*Ambigu*, journal publié à Londres par M. Peltier.

premiers fonctionnaires de l'État, par des condescendances pusillanimes, ou par des intentions plus criminelles encore, abusent de leur autorité ou de leur influence, pour empêcher ou ne pas forcer les magistrats de poursuivre les auteurs d'un délit public ou privé, et de s'informer et de s'instruire, par tous les moyens qui sont en leur pouvoir, des *circonstances*, *dépendances* et jusqu'aux moindres incidents d'une affaire qui, par sa nature, était du ressort de leur surveillance et de leur juridiction.

Dans les armées, l'*impunité* a presque toujours eu des inconvénients plus majeurs que l'*injustice* proprement dite.

La société a eu aussi plusieurs fois raison de se plaindre, quand son gouvernement, égaré par les idées fausses d'une philanthropie mal entendue, a fait, sans discernement, un usage trop habituel des *impunités* de la *seconde espèce*.

Si le parlement de Paris eût été forcé de poursuivre, sans égard pour aucune des personnes qui pouvaient y être impliquées, les auteurs, complices et ayant-cause de la rébellion qui éclata en 1776 dans cette capitale, sous le ministère de M. Turgot, et connue vulgairement sous le nom de *guerre des farines*, peut-être que la révolution française n'aurait pas eu lieu en 1789. Cette dernière conséquence ne souffrirait aucune contradiction, si l'esprit de ce gouvernement eût persévéré dans la ferme résolution de ne jamais cesser d'employer tous ses moyens, pour empêcher qu'on laissât dans l'obscurité les détails d'aucun acte criminel qui se passerait dans le royaume.

Peu d'années avant la révolution, le maréchal de Ségur, ministre de la guerre, fit une ordonnance qui déclara que les sentences des conseils de guerre ne seraient exécutables qu'après en avoir préalablement reçu l'autorisation de S. M.; dès-lors, la haute police de l'armée fut exclusivement remise à la disposition d'un *commis de bureau*. Les corps militaires n'ayant plus, pour ainsi dire, qu'une autorité indirecte sur leurs membres, l'*impunité* en faveur de l'*insubordination* devint générale, et les soldats, sans frein et sans discipline, se réunirent aux factieux.

La vérité, toute la vérité, rien que la vérité, est la formule du serment que les tribunaux font prêter aux personnes qu'ils interrogent : telle est aussi la devise d'un gouvernement éclairé et scrupuleux à remplir ses devoirs. Il doit forcer ses ministres (sous peine d'être eux-mêmes responsables de tous les crimes de la même nature qui se commettraient par la suite) de dévoiler, sans aucune considération de famille ni de personne, et de remettre dans les mains de la *justice*, les noms et l'histoire détaillée de ces hommes pervers, ennemis actifs et acharnés des biens, de la vie et de l'honneur des individus, ou de la tranquillité publique. Cette obligation est indispensable, afin que, prévenu à temps, on puisse, avec connaissance de cause, se garantir des piéges que le génie infernal des scélérats et des factieux tend sans cesse, pour surprendre la bonne foi des citoyens vertueux et confians.

Qui pourra jamais énumérer les maux, aussi variés que destructifs, produits, en Europe seulement, par les suites des *impunités*, des avancemens, des réputations et des faux jugemens que, sous la sauve-garde d'un *défaut de publicité*, des ministres faibles, ignorants ou criminels, ont faits ou laissé faire, pour complaire aux convenances particulières de leur société, ou de quelques autres familles puissantes ?

Les bons citoyens n'ont égard qu'aux intérêts généraux, et non aux convenances particulières.

L'homme d'État sacrifie tout au bien public; l'intrigant fait le contraire.

33. Prescription (la) est la limite du temps fixé par la loi, pour que la possession non contestée d'un bien quelconque devienne, dans les mains de la personne qui en a joui durant l'intervalle prescrit, un titre de *propriété* irrévocable.

Le temps fixé par la loi pour que la *prescription* ait la force d'un acte en due et bonne forme, varie suivant la nature de la *propriété* sur laquelle on veut l'appliquer; il y en a même qui sont imprescriptibles; tels étaient autrefois, en France, les biens du clergé, les terres du domaine, etc., etc.

Les supplices, les punitions judiciaires étant une *propriété légitimement* acquise par ceux qui les ont mérités, la loi l'avait comprise au nombre de celles qui jouissaient du droit de *prescription*. L'intervalle fixé en sa faveur était en France de trente ans; le plus abominable scélérat ne pouvait point être poursuivi par les tribunaux, si son procès n'avait pas été commencé dans les trente années écoulées depuis la consommation des crimes qu'il avait commis.

34. Jurisprudence. C'est la science et l'art d'appliquer la loi sur toutes les causes qui se présentent.

35. Lois naturelles. Pour qu'une loi soit *naturelle*, il faut qu'elle soit immédiatement dictée par la *nature*. La *nature* n'a donné à l'homme, ainsi qu'aux autres animaux, que les *lois* qui lui sont nécessaires pour conserver son existence et propager son espèce. Les lois de convention sont

d'autant meillèures qu'elles se rapprochent. plus des lois naturelles.

36. SAUVAGES. Individus qui, ne faisant partie d'aucune *société politique*, ne sont soumis qu'aux *lois naturelles*.

Si, aux sentiments de ses besoins, on y joint, comme J.-J. Rousseau, celui de la pitié (ce qui n'est pas encore prouvé), les *lois naturelles* seront le résultat des combinaisons les plus prochaines de ces deux principes; je dis les plus prochaines, parce que l'effort d'esprit nécessaire pour en déduire des secondes et des troisièmes conséquences, demande une suite de raisonnements dont le *sauvage* est incapable.

37. DROITS NATURELS, *droits des sauvages*. Ce sont dès prétentions fondées sur les *lois naturelles*, celles d'un homme sans rapports et sans devoirs envers un individu quelconque, et qui, n'ayant rien que ses forces *naturelles*, ne désire que satisfaire ses besoins et ses fantaisies.

L'état de société détruit celui de la nature. Le *contrat social* contrarie à chaque instant le *droit naturel*. Egalité et indépendance individuelle, voilà la maxime du *sauvage* qui ne reconnaît aucune *société politique* : sûreté et *propriété*, voilà les prétentions justes de l'homme policé qui vit dans une *société* civilisée.

38. LOIS POLITIQUES (les) sont celles qui règlent et fixent les droits et les devoirs des citoyens entre eux, ou si on le préfère, envers la société.

39. DROITS POLITIQUES (les) sont les prétentions justes et légitimes que chaque citoyen d'une même société a pour diriger les autres, ou être dirigé par eux.

40. LE DROIT POLITIQUE est une science qui a pour but l'étude des rapports qui lient tous les citoyens entre eux.

Elle pose des principes et donne, dans toutes les circonstances, la mesure des droits et des devoirs de chaque citoyen, envers la société, de la société envers chaque citoyen, et des citoyens entre eux. Cette science s'occupe des relations politiques que les parties de la société ont avec le tout, que le tout a avec les parties, et que les parties ont entre elles.

41. DROIT DES GENS (le) est composé des droits et des égards que les différentes sociétés politiques sont convenues de s'accorder entre elles.

Le *droit des gens* varie suivant la différence des nations qui ont affaire les unes avec les autres.

42. ESCLAVE. Individu incorporé dans la société politique, sans en être membre, et dont la personne appartient à la société ou à quelque partie de cette même société.

43. DROITS D'ESCLAVAGE (les) sont les prétentions justes et légitimes d'un maître vis-à-vis de *son esclave*, et des esclaves envers leur maître.

44. CODE NOIR (le) fixait les *droits d'esclavage* des gens de couleur employés dans les colonies françaises.

Les *droits d'esclavage* ne sont pas nuls, comme les philosophes modernes ont voulu le faire croire :

1° Parce qu'ils existent, et qu'ils ont toujours existé : or, une *chose* qui reparaît constamment sur la scène du monde, depuis les premières traditions de l'histoire, ne peut pas être appelée une *chose nulle*.

2° Ils ne sont point *injustes*, puisqu'ils peuvent être fondés sur des lois justes.

3° Ils ne sont point absurdes ni *insignifiants*, parce que la définition exacte de ces deux mots n'implique aucune contradiction avec le sens qu'ils expriment.

4° Enfin, ils ne sont point *impolitiques*, puisque, dans tous les temps, on a vu un grand nombre d'États, reconnaissant chez eux les *droits d'esclavage*, fleurir et prospérer avec gloire, et pendant des siècles.

5° Ils ne sont point inhumains, parce que les maîtres sont obligés, par intérêt, à pourvoir à la nourriture, au logement, à l'habillement de leurs *esclaves*, à les conserver en santé, à leur procurer un bien-être qui prolonge leur force et leur longévité; et, par les mêmes raisons, à s'occuper avec une tendre sollicitude des femmes et des enfants qui font pareillement une partie de la propriété de ces seigneurs; enfin, ces maîtres, soi-disant absolus et avares, sont engagés, soit par charité, soit par *politique*, soit par ces deux motifs séparés ou réunis, à soigner les infirmes et les invalides qui ont vieilli à leur service. Une conduite contraire découragerait les *esclaves*, les indisposerait contre leur patron, les porterait en diverses occasions à des extrémités qui compromettraient sa sûreté personnelle et celle de sa famille, et diminueraient sûrement ses revenus, si elles ne le ruinaient pas entièrement.

Par le genre de discipline établie dans la presque totalité des troupes de l'Europe, les soldats sont plus assujettis, et ont beaucoup moins de jouissances agréables qu'une infinité d'*esclaves*. Ces deux classes d'hommes ont encore un sort plus heureux et moins précaire qu'une grande partie de paysans et d'ouvriers qui sont *libres*, à la vérité, sans que personne s'en inquiète, et sans que personne les empêche d'éprouver, avec leurs femmes et leurs enfants, les horreurs de la misère et d'un abandon absolu, dès qu'on n'a plus besoin d'eux, et que la famine règne dans leur pays.

Si l'*humanité* consiste à diminuer les causes de mortalité et le nombre des gens physiquement malheureux, on vient de prouver que les *droits d'esclavage* ne sont pas des droits *inhumains*.

6° On pourrait même dire qu'ils sont moraux, parce qu'on a remarqué que cette foule de *gens libres*, battant le pavé des grandes villes, se livrant au jeu, aux excès de la débauche, jamais contenus par personne, et toujours pressés par des besoins réels ou factices, ont, en général, le cœur plus gangrené, et commettent plus de crimes que l'*esclave* surveillé, et qui ne manque jamais du nécessaire.

45. Serf, Vassal, etc. Etat intermédiaire entre l'*esclavage* absolu et l'entière indépendance.

Dans un pays où la servitude personnelle est reconnue par les lois, le souverain viole le *droit de propriété*, quand il donne la liberté aux *serfs* ou aux esclaves qui appartiennent à quelques-uns de ses sujets.

Détruire l'esclavage ou empêcher qu'on ne fasse pas de nouveaux esclaves, sont deux moyens qui entraînent les mêmes conséquences, et qui portent la même atteinte au *droit de propriété*. La hiérarchie de la société change de caractère; les esprits prennent une autre tournure par la réforme du *servage* ou de l'esclavage. Cette réforme produit donc une révolution dans le sein du peuple où on la met à exécution. Or, les révolutions dans les habitudes du peuple et dans ses idées de subordination sont souvent très-dangereuses.

Les philosophes, dont la principale occupation était de fomenter des révolutions, dans l'espérance d'augmenter leur pouvoir et leur fortune, n'ont cessé de rabâcher que la philanthropie et l'humanité *proscrivent* la traite des nègres.

Ces deux vertus *proscrivent* également les guerres, les voyages d'outre-mer, les garnisons malsaines, les manufactures de vert-de-gris, de sel ammoniac, et une grande quantité d'ateliers de diverses espèces où l'on travaille par des procédés chimiques qui, à la longue, altèrent la santé des ouvriers... Mais une saine politique défend impérieusement de se laisser séduire par ces mots *philanthropie, humanité*, que les novateurs hypocrites ont toujours à la bouche.

Force. Puissance agissante contre une résistance : n'importe laquelle.

Force en l'air, force perdue, parce qu'elle n'agit sur aucune résistance.

Force politique, qui agit sur la volonté des hommes.

La politique reconnaît deux espèces de forces, la *force corporelle* et la *force morale*.

Les *forces corporelles* ou *matérielles* sont celles que l'homme trouve dans la puissance musculaire de ses membres; qu'ils soient nuds ou aidés par des chevaux, des armes, ou d'autres machines qui augmentent ses moyens d'attaque et de défense contre les résistances qui lui sont opposées.

Les *forces morales* agissent par la religion, la crainte, l'espérance, la gloire, la honte, les habitudes, et enfin par toutes les passions et tous les sentiments susceptibles de produire des effets moraux dans l'âme des hommes, qu'ils soient isolés ou en masse.

La *force corporelle* ou *matérielle* d'un peuple est la *force réelle* : la *force morale* n'est qu'un prestige qui n'agit que sur l'imagination, mais presque toujours elle est plus puissante que la *force réelle*, pour contenir et diriger la volonté des hommes.

« La *force réelle* est toujours du côté du peuple ; la *force*
» *morale* réside auprès du gouvernement qui n'en a pas
» d'autre pour contenir la *force réelle* de ses sujets.

« La bonté d'une constitution consiste dans un juste
» équilibre entre ces deux *forces*. Si la *force réelle* est trop
» supérieure à la *force morale*, le pays sera sujet à des in-
» surrections continuelles et sans motif : si, au contraire,
» on a donné trop d'ascendant à la *force morale*, le gou-
» vernement deviendra arbitraire.

« Il est évident que dans les pays les plus despotiques,
» le souverain n'agit, même sur son armée, qu'en raison
» de la supériorité que sa *force morale* a acquise sur la
» *force réelle* de son peuple. Les janissaires n'oppriment
» leurs compatriotes que par l'effet d'une *force morale*, qui
» consiste dans une crainte superstitieuse, dans l'intérêt
» personnel et dans l'espoir des récompenses.

« Le principal moyen dont on se sert dans les monar-
» chies tempérées pour prévenir l'effet d'une *force morale*
» trop exaltée, est de la disséminer entre les divers corps
» composant le gouvernement.

« Il faut toujours que la masse de la *force morale* soit
» assez considérable pour balancer la *force réelle* du peuple,
» ou bien la société se dissout.

» Pour qu'une *force morale* subsiste à côté d'une *force réelle*,
» il faut qu'elles ne se mesurent jamais ensemble. Une *force*
» *morale* attaquée ou seulement discutée, est une *force* dé-
» truite. »   (Extrait du *Drapeau blanc*, tome 2, p. 111.)

La révolution a été amenée et s'est réalisée en France,
parce que la *force morale* de la Cour s'était élevée à un degré
d'extension trop au-dessus de l'intelligence de ses gouver-

nànts : parce que Necker mit en présence la *force morale* qu'inspirait le nom du Roi, et celle des institutions qui en dépendaient, et qu'il les fit combattre à champ-clos, avec la *force réelle* du peuple, qu'il avait mis en insurrection, en l'excitant à la révolte, et en soutenant les écarts de ces insurgés, avec la plénitude de l'autorité ministérielle dont il disposait alors soûverainement.

Le gouvernement représentatif n'a si bien réussi dans les îles britanniques, qu'à cause de l'union intime que la *force réelle* des Anglais a eue avec la *force morale* de son souverain, le Roi et les deux Chambres de leur parlement.

Une démocratie pure ne peut pas subsister, si la *force réelle* de son peuple n'a pas une confiance subordonnée à la *force morale* qui lui est inspirée par son gouvernement, par l'amour de l'ordre et de la patrie.

La *force des choses* existe, quand des *forces* indigènes ou étrangères prennent un degré de supériorité qui oblige la *force réelle* et la *force morale* de céder quelques-unes de leurs prétentions.

Force de l'opinion. C'est la *force des choses* produites par quelques assertions, quelques maximes vraies ou fausses, qui dominent l'esprit du public dans un temps donné.

Force de circonstances. C'est la *force des choses* produites par la situation et les circonstances politiques dans lesquelles un peuple se trouve.

Les *forces physiques* dérivent immédiatement des lois que la nature s'imposa à elle-même lors de la création. L'attraction, les besoins, les appétits, etc, sont des *forces physiques.*

Elles sont en général au-dessus des *forces politiques,*

mais en petit; elles l'emportent quelquefois sur celles de la nature. On a vu des grenadiers ivrognes garder des dépôts de vin et de liqueurs enivrantes, sans en boire une seule goutte.

Les appétits des animaux, ces *forces physiques* si puissantes chez tous les êtres qui ont besoin de se nourrir et de se reproduire, sont, sous nos yeux, très-souvent contre-balancés avec avantage par les *forces matérielles*, et les *forces morales* qui ont présidé à leur éducation.

47. FORCE PUBLIQUE. C'est le concours de la force individuelle de chaque individu, employée par la société pour soutenir l'exécution des lois contre leurs infracteurs déclarés.

Quand un gouvernement est faible, que le peuple est porté à la révolte et à l'esprit de faction, il est très-imprudent de réunir sous la même administration la *force publique* et l'armée de terre. Il est à craindre qu'un ambitieux, doué d'un génie et d'un caractère à peu près semblable à celui de PEPIN HÉRISTAL, ayant dans sa dépendance les nominations, les avancements et la disposition de toutes les troupes du pays, n'en abuse pour faire une révolution, se placer chef inamovible de l'État, et rendre son autorité héréditaire dans sa famille.

48. POUVOIRS. L'autorité s'exerce par les *pouvoirs* dont elle dispose.

Il y a deux espèces de *pouvoirs* principaux.

Le *pouvoir* absolu est un *pouvoir* indépendant des hommes sur lesquels il s'exerce. C'est le *pouvoir* des lois.

Le *pouvoir* arbitraire est un *pouvoir* indépendant des lois en vertu desquelles il s'exerce. C'est le *pouvoir* du despote.

Tout *pouvoir* est nécessairement indépendant des sujets qui sont soumis à son action : car, s'il était dépendant des sujets, l'ordre des êtres serait renversé. Les sujets seraient le *pouvoir*, et le *pouvoir* le sujet. *Pouvoir* et dépendance sont les deux extrêmes de l'exercice de l'autorité.

Si l'on daigne prendre un peu de confiance dans les leçons de l'histoire et de l'expérience, on reconnaîtra sans peine que ce qui agit le plus fortement sur la volonté des hommes, c'est l'empire des choses et des circonstances; que ce *pouvoir* suprême n'est balancé que par celui des passions, et ne l'est encore qu'un certain temps; que les *passions* ont plus de force que les habitudes; les *habitudes* plus que les préjugés; les *préjugés* plus que les intérêts ordinaires de la vie; ces *intérêts habituels* plus que les simples idées de justice et de convenance; qu'enfin de tous les ressorts qui déterminent nos actions et notre conduite, le *pouvoir* le plus faible sans doute est celui du *raisonnement*, quelque admirable qu'en soit la logique.

49. Pouvoir législatif. C'est le droit exclusif de faire de nouvelles lois, ou de modifier les anciennes.

50. Pouvoir exécutif. C'est le droit exclusif de faire agir la *force publique*.

51. Pouvoir judiciaire. C'est le droit exclusif d'appliquer la loi dans toutes les causes qui se présentent, et de faire exécuter les résultats de ses applications, qui en ont été faites par ses subordonnés.

52. Souverain. Celui qui a le droit de créer, corriger, et interpréter les lois de l'État, et de surveiller leur exécution, sans pouvoir trouver de résistance légitime.

Le souverain est souvent divisé. En Angleterre, il est en

trois personnes, le Roi et chacune des deux Chambres du parlement. En France, avant la révolution, il était représenté par les actes de la volonté royale, approuvés et enregistrés par la cour souveraine, dans le ressort de laquelle la nouvelle loi devait s'exécuter.

On peut donc dire, sans exagérer, qu'il y avait en France autant de *souverains* différents qu'il y avait de parlements, de chambres des comptes, de cours des aides, de pays d'État, enfin, qu'il y avait de corps constitutionnels ayant le droit et l'obligation, chacun selon sa compétence, d'examiner et de sanctionner la volonté royale, présentée dans des ordonnances qui devaient faire loi dans le royaume ou dans une de ses provinces. Malgré cette diversité de *souverains*, la France, en dépit des fautes multipliées et grossières de ses ministres, était, avant 1789, dans un état très-florissant, et qui, tous les jours, prospérait de plus en plus ; son gouvernement était solide et fort, et il avait une marche rapide : il ne lui a manqué que d'être éclairé, et d'avoir le bon sens de se ressouvenir que *le mieux est toujours l'ennemi du bien.*

Ces différents *souverains* de la France étaient très-distincts les uns des autres, puisque chacun d'eux ne régissait qu'une portion bien déterminée dans l'administration générale ; mais ce partage n'est pas de rigueur : on a vu des États avoir des *souverains* suprêmes qui, selon leur composition, étaient presque toujours en contradiction, et rivaux les uns avec les autres.

Dans l'ancienne république romaine, par exemple, la grande *souveraineté*, surtout dans les derniers temps, résidait dans le *peuple*. Ce peuple avait trois manières différentes de s'assembler, ou de se constituer en *souverain* : par *Tribus,* par *Comices* et par *Curies.* Il s'en fallait de beaucoup que le *peuple romain* eût dans ces trois sortes d'assemblées le même esprit et la même manière d'envisager les lois qu'il allait faire.... Cette bizarrerie ne l'a pas empêché d'être, pendant long-temps, le premier peuple du monde.

Montesquieu définit le *souverain* par la réunion du pouvoir *législatif,* du pouvoir *exécutif,* et du pouvoir *judiciaire.* Je crois qu'il se trompe. Le pouvoir *législatif* est le seul *souverain* : s'il ne l'était pas, il ferait une loi qui soumettrait à ses ordres le pouvoir *exécutif* et le pouvoir *judiciaire.* Ces deux derniers pouvoirs, au lieu d'être des souverains, ne sont donc que des subordonnés.

53. Lois fondamentales. Ce sont celles qui *fondent* les lois du *souverain.*

54. Législateur. Qualification donnée à la personne ou aux personnes qui ont proposé les *lois fondamentales* auxquelles la société s'est soumise.

Chaque société a des *lois fondamentales* différentes.

55. Constitution (la) est le résultat définitif des *lois fondamentales.*

Les *lois fondamentales* se froissent et se modifient mutuellement par les frottements nécessaires et multipliés qu'elles éprouvent entre elles dans la marche du gouvernement. Le climat, le caractère national, mille autres circonstances variées à l'infini, qu'on ne peut pas prévoir et encore moins calculer, aidant ou contrariant de diverses manières les actions et les réactions de ces lois, déterminent enfin ce *résultat définitif* qu'on appelle *constitution.* Il faut attendre, pour la connaître et l'apprécier, que cette machine ait été pendant quelque temps ; que le peuple se soit habitué au jeu de ses ressorts, et qu'une expérience d'une assez longue durée nous ait permis de prononcer à son égard.

Les *constitutions* sont comme le crédit : on ne les fait pas, elles se forment d'elles-mêmes.

Le souverain n'a pas le droit de changer la *constitution* de son pays : s'il le fait, son acte d'exécution n'est jamais *légitime*, puisque les *lois fondamentales* qui lui donnaient le *pouvoir législatif* sont abrogées du moment qu'on en substitue d'autres à leur place. Le souverain n'ayant plus d'autorité *légitime*, rien ne peut s'ordonner *légitimement*; la société est dissoute, et aucun *pouvoir légal* n'a action sur les citoyens.

56. CHARTE. Avant la restauration, les *chartes* étaient des documens officiels qui éclaircissaient quelques points historiques du moyen âge.

Depuis cette époque, la *charte* (par excellence) est l'acte original qui contient les articles constitutionnels que Louis XVIII daigna, dans sa sagesse, donner à ses sujets, en remontant sur le trône de ses pères.

La Charte est donc devenue, par extension, le nom d'une pièce solennelle qui fixe (jusqu'à nouvel ordre) les lois fondamentales, immuables et éternelles d'un gouvernement.

57. LOIS ORIGINAIRES (les) sont les *lois fondamentales* qui ont régi une société à son origine, et qui formaient alors les bases de son gouvernement.

On a souvent confondu les *lois originaires* avec les *lois fondamentales* d'un peuple. C'est une grande erreur ; elle a

été cause de beaucoup de maux, en fournissant aux factieux des prétextes sans nombre, pour opérer des révolutions, dans différentes *sociétés politiques*.

Avant la révolution, les Français croyaient, par exemple, que l'existence des *états généraux* était une *loi fondamentale* de leur constitution. Comment donner ce nom à des
lois qui n'avaient presque jamais été en vigueur, et dont
les effets, depuis deux ou trois cents ans, avaient toujours
été nuls ? Les lois, que le gouvernement ne consulte jamais, et qui ne sont point la base sur laquelle se rapporte
journellement l'administration d'une *société politique*, ne peuvent pas, à coup sûr, s'appeler les *lois fondamentales* de cette
société. Depuis long-temps, la nécessité de rassembler les
états généraux avait perdu sa prérogative d'être un article
des *lois fondamentales* de ce beau royaume. L'histoire de
ses *lois originaires* réclame cette ancienne constitution,
pour la réunir avec celle des Champs de Mars ; des formes
administratives de l'empire romain, du code des Druides,
et des *lois fondamentales* de toutes les sociétés politiques
qui, depuis le commencement de monde, ont été établies
sur le territoire qu'occupe aujourd'hui la France.

On sent quelle confusion et quel vaste champ se découvrent devant les factieux, en rendant synonymes l'expression des *lois fondamentales* avec celle des *lois originaires*,
puisque, sous prétexte d'en revenir aux *lois fondamentales*,
ils renversent le gouvernement d'une société établie, en
persuadant à ses citoyens qu'il faut bouleverser ce qui existe,
pour remettre en vigueur des *lois originaires*, tombées en
désuétude depuis long-temps, et sous lesquelles avaient vécu
leurs aïeux les plus reculés.

Il n'y a point, avons-nous dit, d'autorité légale qui puisse changer ni modifier la *constitution* politique d'un État, mais il y a souvent des personnes qui en ont la force. La société qui souffre cette innovation est dissoute de *droit*, mais non pas de *fait*. Elle se rétablit sur un nouveau plan; une nouvelle *constitution* prend la place de l'ancienne qu'on vient de détruire; et ses *lois fondamentales*, devenant sans force, sont mises de droit au rang des *lois originaires*, qui, dans les temps antérieurs, avaient successivement défini les *souverains* légitimes de ce pays.

58. Lois NATURELLES. Pour qu'une loi soit naturelle, il faut qu'elle dérive immédiatement de la nature; or la nature n'a donné à l'homme, ainsi qu'aux animaux, que les lois qui lui sont nécessaires pour conserver son existence et propager son espèce. (Voyez les mots *Sauvage* et *Droits naturels*, page 43.)

59. Origine des Lois. Les hommes ont renoncé à leur indépendance naturelle, pour vivre sous des lois politiques; ils ont renoncé à la communauté des biens, pour vivre sous des lois civiles.

Les premières lois leur acquirent la liberté, les secondes la propriété.

Les gouvernements ont été institués pour garantir et maintenir la liberté et la propriété, comme les lois les avaient établies.

Leur première conséquence a été la sûreté des personnes, des droits et des propriétés de chaque individu, de chaque famille, ou de plusieurs familles, de plusieurs individus réunis en une corporation, formée et reconnue légale par les lois existantes au moment de leur réglement d'association.

Il est évident que les hommes ne forment une société politique, et ne se soumettent à ses lois civiles, que pour leur avantage et leur salut commun.

L'autorité souveraine n'est établie que pour le bien commun de la société. Cette autorité ne change pas de nature, en s'arrêtant dans les mains d'un sénat ou dans celles d'un monarque; c'est donc une vérité incontestable, que le souverain n'est établi que pour le salut et l'avantage de la société.

Il existe plusieurs formes de souverains et de gouvernements, mais tous ont les mêmes obligations à remplir.

Avant l'usurpation de Jules-César, le gouvernement de Rome était démocratique. Cicéron accusa le peuple, le souverain d'alors, d'avoir manqué à ses devoirs, en promulguant les lois agraires, qui furent si funestes à la république, parce que, dit-il, la Cité n'avait été établie que pour que chacun conservât ses biens.

Les mêmes conditions obligent et soutiennent les monarchies (1).

Chez toutes les nations, les attentats arbitraires contre la sûreté des citoyens et l'expropriation de leurs propriétés, sont des vices radicaux qui minent et affaiblissent à la longue les gouvernements qui en font un fréquent usage, quels

---

(1) Voyez, à ce sujet, l'*Opinion d'un Jurisconsulte, concernant la confiscation, la vente des biens des émigrés, et la confirmation de la vente de ces biens, par l'autorité royale*; par M. *Dard*, ancien avocat à la Cour de cassation; *Paris*, 1821, page 23 et suivantes, dont en grande partie ce morceau est extrait.

que soient d'ailleurs les avantages qu'on puisse en retirer pour le moment.

« C'est en vain que l'on prétexte que les besoins de
» l'État sont si impérieux, qu'ils exigent qu'on commette
» des infractions aux droits sacrés de la sûreté et de la pro-
» priété des citoyens. La maxime contraire me paraît plus
» sage et plus politique; il y a un plus grand nombre, une
» infinité de circonstances où quelques-uns de ces pré-
» tendus besoins de l'État doivent être sacrifiés à la con-
» servation des lois fondamentales et tutélaires de l'em-
» pire (1). »

Les infractions aux lois défensives de la sûreté et de la propriété des citoyens, sont plus dangereuses dans une monarchie que dans une république. Sous ce dernier gouvernement, les chants de victoire des opprimants et de leur clientelle peuvent compenser et étouffer les plaintes des opprimés, agir avec une influence égale sur l'opinion publique, et l'État ne peut rien perdre alors de sa force morale sur l'esprit général de ses sujets; d'ailleurs, chez ces souverains collectifs, tout le monde est censé partager les torts de son souverain, et il n'y a pas une personne à laquelle légalement on puisse s'en prendre en particulier.

Dans une monarchie au contraire, un seul homme, le Prince, répond de toutes les craintes et de toutes les espérances. Les succès et les revers, l'accroissement et le dépérissement de la force publique, le bonheur, la gloire, la

(1) Voyez *Des Orateurs et des Écrivains politiques*, dans un gouvernement représentatif. *Paris*, 1823, page 292.

prospérité, les richesses de son peuple lui sont également attribués. Ses sujets ne reconnaissent que lui ; c'est à sa personne unique qu'exclusivement ils adressent leurs actions de grâces pour les bienfaits de son gouvernement et les événements heureux ou brillants qui arrivent sous son règne ; mais aussi on le rend responsable des torts de ses ministres et des maux qui en surviennent.

Le monarque est sans contredit celui qui, dans ses États, a le patrimoine le plus précieux à garantir contre toute espèce d'attaque. Il est donc le plus intéressé à la conservation des droits sacrés de la propriété. C'est en respectant et en faisant respecter, avec un scrupule religieux, le patrimoine des autres, qu'il peut mettre hors d'atteinte l'intégrité des siens. Ils sont sous sa sauve-garde, mais ils ne lui appartiennent pas ; il n'en a que l'usufruit, substitué de droit à ses successeurs légitimes ; il n'a pas de pouvoirs légaux pour en aliéner la plus petite partie. En général, les revenus, les priviléges, les prérogatives, en un mot, les propriétés de l'État ou de la couronne, ne sont ni ne peuvent être considérés comme un patrimoine à la disposition de son possesseur, parce que le patrimoine est fait pour le bien de son maître ; au lieu que le patrimoine du Prince n'est établi que pour le bien de l'État.

Cette distinction entre le patrimoine d'un simple particulier et celui d'un monarque est très-importante ; elle met la plus grande clarté dans les discussions et les jugements des corps politiques ; elle empêche de confondre le *Roi* avec l'homme qui en porte le titre, les devoirs du chef de l'État avec les obligations de l'homme privé ; enfin, de prime abord, elle rejette avec sévérité ces phrases justificatives :

« Le roi est le maître de faire de son bien ce qu'il veut; il doit payer ses dettes comme les autres; il est libre de prêter, de donner, de jeter son argent par la fenêtre, si bon lui semble; la liste civile est son patrimoine, et ses agents n'en ont aucun compte à rendre. » Enfin, cent apophthegmes pareils de cette jurisprudence fausse, qui a été si accréditée parmi nous, et qui nous a fait tant de mal, doivent être également rejetés.

60. GOUVERNEMENT. La conduite et la manutention des affaires de l'État, c'est l'action du *pouvoir exécutif*, établi par la constitution.

Des constitutions semblables comportent des formes différentes de *gouvernement. Et Vice versâ*, des sociétés avec des constitutions différentes, peuvent être régies avec des formes pareilles dans leurs *gouvernements* respectifs.

61. STABILITÉ. La politique nomme ainsi une invariabilité inaltérable dans les principes et les institutions d'un gouvernement. Cette première loi d'un empire qui veut durer, est, depuis le ministère du duc de Choiseul, tombée en désuétude en France. Aussi, depuis ce temps-là, comment tout a-t-il été dans ce malheureux royaume?

Le peuple qui a le plus constamment conservé ses mœurs, ses manières, les principes et les formes de son gouvernement, est celui de la Chine, et l'empire des Chinois compte plus de cinq mille ans d'existence.

Les factieux connaissent bien la force qu'a la *stabilité* dans un gouvernement : c'est pour cela qu'ils n'ont point permis qu'on changeât, en France, les noms, les usages et les institutions dont ils s'étaient servis avantageusement pendant le cours de la révolution, pas même la *guillotine*.

Les innovations savantes hâtent la dissolution d'un empire ; tandisque la *stabilité* augmente sa force et prolonge son existence.

62. MAGISTRATS. On nomme ainsi les officiers ou les gens d'affaires, munis des pleins pouvoirs du souverain, pour exercer, dans son gouvernement, les fonctions de juges ou de directeurs d'une partie administrative confiée à leurs soins ou à leur surveillance.

Les ministres ne sont, dans la force du terme, que des *Magistrats* de l'État.

On renverse souvent une constitution de fond en comble, sans, pour ainsi dire, qu'il y paraisse, quand, en conservant les formes et les institutions d'un gouvernement établi, on change ou on dénature l'esprit et la composition de ses premiers *magistrats*.

63. MINISTRES MÉDIOCRES. Il faut que tout soit assorti : les ministres bons citoyens, et d'un esprit étendu, conviennent rarement aux princes *médiocres*. Que le hasard, par exemple, eût fait nommer Sully, ministre des finances, sous Louis XV, ou sous un autre de ses successeurs, oseriez-vous parier qu'il fût resté huit jours en place ? Auguste n'aurait sûrement pas eu un règne si long et si glorieux, si Agrippa, son ministre de confiance, eût été un homme aussi médiocre que ceux qui nous ont successivement gouvernés, depuis le duc de Choiseul jusqu'au second ministère de M. Necker inclusivement, sans parler des autres.

Louis XIV forma la Cour de Versailles, telle que nous l'avons vue sous Louis XV, et le commencement de Louis XVI ; mais il maîtrisait ses courtisans ; et ses successeurs, plus que médiocres, en furent les jouets et les dupes (1) ; c'est ce qui les a perdus.

Un excellent ministre ne peut donc pas s'identifier avec un prince médiocre. Il faut à celui-ci des flatteurs, des complaisants, des gens à petites vues qui l'amusent, des favoris ou des favorites qui le rendent esclave de leurs volontés, à moins qu'un génie supérieur et à grand caractère, ne parvienne à le subjuguer, lui et son entourage. Le Cardinal de Richelieu nous présente ce phénomène sous Louis XIII. Ce roi ne fut pas un prince aussi médiocre qu'on le suppose ordinairement. Bon citoyen à sa manière, il s'occupait de ses affaires ; il détestait son premier ministre, mais il sacrifia ses rancunes personnelles au bien de la royauté qui le touchait de si près. Dans les circonstances où il se trouvait, il jugea sainement que ses intérêts, parfaitement calculés, lui présentaient ce prélat comme le seul homme d'État qu'il pût mettre avec avantage à la tête de son gouvernement. Sous un roi plus médiocre, dépourvu de plus de qualités politiques que Louis XIII, le cardinal de Richelieu eût bientôt été éconduit. N'a-t-on pas vu Marie de Médicis commencer le règne de sa régence par renvoyer Sully, d'un ministère qu'il avait si honorablement régi, sous Henri IV, son époux ?

Si, par les mœurs du temps, et d'après des circonstances

(1) De mon temps, sous Louis XV et sous Louis XVI, la principale occupation du cabinet de Versailles a été de se procurer de l'argent, pour ensuite le dilapider en futilités, ou satisfaire le luxe, l'avidité des courtisans et de leurs ayant-cause.

antérieures, un prince médiocre se trouve en société journalière avec des courtisans de médiocre valeur, passés maîtres en intrigues de ruelles, et égoïstes à l'excès, qu'en arrivera-t-il? Ce prince, ses ministres, les actes de son gouvernement, la vie intérieure et extérieure de sa Cour, en un mot tout ce qui constitue son existence de représentation, et les points ostensibles du contact de ce monarque et de ses sujets, se trouveront renfermés presque hermétiquement, dans un cercle circonscrit par la médiocrité. La morgue, la frivolité, les jactances, les prétentions excessives, les caprices du maître et des maîtresses, auxquels il faut, sous peine de disgrâce, se prêter avec zèle, forment l'ensemble du caractère général de ces personnes, qui, dans le fait, sont les véritables souverains de l'État.

De pareilles gens donnent fréquemment de mauvais exemples. Enveloppés dans les rayons éblouissants de l'omnipotence royale, qu'ont-ils à craindre? Personne n'ose les contrarier; et aussi ils ne s'en gênent pas et commettent beaucoup d'étourderies, sans s'en apercevoir; ou s'ils s'en aperçoivent, ils en plaisantent, se les reprochent en riant, et recommencent le lendemain. Le public les regarde, raconte leurs folies à voix basse; elles circulent de bouche en bouche. Les médisances croissent, s'exagèrent, et des calomnies sans nombre finissent par devenir des tissus brodés sur des fonds de vérités. Un ministre, un conseiller intime, un ami sincère de la royauté, au-dessus du médiocre, en gémit; il en avertit ses maîtres, au risque de leur déplaire et de les irriter contre son dévouement; il ne se lasse point de leur prodiguer des avis, des remontrances, de se servir de ses moyens d'influence et de persuasion, et de ceux qu'il peut se procurer pour les engager à se corriger, à mettre plus de réserve dans le choix de leur société privée, plus de retenue et de décorum dans leurs démarches ostensibles. Il s'efforce en même temps, d'affaiblir, de laisser tomber dans l'oubli ces légèretés, surtout celles qui lui paraissent le plus susceptibles de produire des impressions fâcheuses sur la multitude, lorsque des ennemis adroits et persévérants profitent de l'occasion pour répandre et accréditer ces bruits scandaleux, et les revêtir de toutes les couleurs qu'ils sauront y mettre pour les envenimer davantage.

Les ministres, les esprits médiocres à grande place, en crédit à la Cour, au lieu d'arrêter, autant qu'ils le peuvent, le mal dans sa source, applaudissent à ces petites gentillesses, encouragent les premiers auteurs à se les permettre, et leur conseillent de se moquer de ces critiques des rues ou des salons, de ces satires clandestines qui courent sur leur compte; ils leur disent qu'ils doivent se mettre au-dessus de tout le monde, et ne jamais s'abaisser à regarder au-dessous d'eux, ni à s'occuper de ce qu'on dit. On s'en fie aux flatteurs; on va son train, tout s'envenime; quelques indiscrétions éclatent; elles irritent ces médiocrités, au point qu'elles exigent qu'on fasse, sur le champ, une justice exemplaire de ceux qui se sont permis ces propos, ou qui y ont donné lieu. Des procès, des enquêtes, des récriminations, des boutades d'autorité, des mémoires de part et d'autre s'ensuivent; ils pullulent et mettent le public dans la confidence du caractère de ces hauts et puissants seigneurs, de l'étendue de leurs moyens individuels et d'une infinité de détails domestiques qui, trop souvent, ne tournent point à leur avantage, et affaiblissent, de plus en plus, le respect et la confiance que devraient inspirer les conseils et les alentours des augustes personnages dont ils abusent à chaque instant.

L'histoire d'un trop fameux Collier, qu'on ne connaît pas bien encore, en est une preuve palpable et presque contemporaine. Mille anecdotes aussi caractéristiques, et à peu près de même date, s'accumuleraient, en cas de besoin, très-facilement sous ma plume, pour corroborer la vérité de ces faits, et la justesse des conclusions que nous venons d'en tirer. Afin d'éviter les fausses interprétations et les rapprochements irrévérencieux que de malins érudits pourraient y entrevoir, je me bornerai d'en citer un seul exemple, et je préfère le prendre dans l'histoire ancienne, et chez un peuple étranger à la France, précaution que je crois convenable, pour écarter des personnalités, des souvenirs toujours fâcheux, que plusieurs familles existantes s'offenseraient, avec raison, de retrouver ici; et le développement de mon idée n'en sera pas moins éclairci.

Auguste, outré des débauches de Julie, sa fille, et des circonstances obscènes qui les accompagnaient, se décida, dans un premier moment d'humeur, de la faire mourir; mais n'ayant pu s'y résoudre, au lieu de dissimuler ses désordres, puisqu'il ne voulait pas la punir, il ne put s'empêcher de s'en plaindre publiquement au sénat de Rome, en lui envoyant un mémoire où les turpitudes de sa fille étaient dépeintes dans le plus grand détail. Il se répentit peu de temps après d'avoir divulgué ainsi les infamies de ses propres enfants; dans un si juste chagrin, il s'écria plus d'une fois qu'il n'aurait pas commis cette faute, si Agrippa ou Mécénas eussent été vivants. *Horum mihi nihil accidisset, si aut* Agrippa *aut* Mecenas *vixisset* (1).

En retournant la phrase, ne pourrait-on pas dire : Soyez Auguste, *Henri IV,* vous aurez des Agrippa, des Sully, pour ministres, et vous ne serez pas détrôné aussi bêtement que beaucoup d'autres.

64. MINISTRES PERVERS. Dans une monarchie quelconque, despotique ou tempérée, le prince est, de droit, déclaré *impeccable.* Cette clef de la voûte, ce chef suprême, ne peut pas mal faire. Cet axiome de jurisprudence constitue la base fondamentale de la législation de ces sortes de gouvernements. Il est vrai qu'il peut se tromper, parce qu'il est homme; mais on doit toujours le croire de bonne foi. Eh! qui plus qu'un roi de France est intéressé davantage à la grandeur et à la prospérité de son royaume, auquel se rattachent la gloire héréditaire de ses aïeux, son intérêt personnel et les espérances de sa postérité.

Mais des ministres pervers peuvent lui donner de mauvais conseils; ils peuvent trahir leur maître et prévariquer dans l'exercice de leurs hautes fonctions; ils peuvent sacrifier l'intérêt de leur pays à leur intérêt privé, chercher à se perpétuer dans leurs places par des voies illicites, même criminelles, mettre ainsi le roi en chartre privée, éloigner de lui la lumière et empêcher que la vérité n'arrive jusqu'à lui. On en a vu qui ont spéculé sur la misère publique, se faire, de leur autorité privée et avec les fonds qui leur étaient confiés, un moyen d'assouvir leurs débauches, leur

_____

(1) Sénèque, *de benef.*, liv. VI.

ambition et leurs rancunes particulières; procurer des fortunes scandaleuses à leurs familles, à leurs maîtresses, à
leurs complaisants ou à leurs complices en tout genre. On
se rappelle le cardinal Dubois. On en a vu d'autres s'ávilir
aux pieds de la prostitution, fiers de porter sa livrée, et
n'agir que par ses ordres et sous son bon plaisir.

L'histoire nous a conservé les noms des Poyet, des Maupeou et des Necker. Ennemis de leur pays, tous ont
immolé en holocauste les institutions les plus saintes;
fuyant la lumière, tremblant d'entendre la vérité, ils dé-
truisirent des tribunaux éprouvés, en créèrent de nouveaux, remplis de leurs créatures, dégradèrent et affaiblirent plus ou moins l'autorité du roi et la dignité de sa
personne. Ils redoutaient la plume de ces écrivains dont,
d'avance, ils prévoyaient les arrêts. Mais en vain les ont-ils
bâillonnés; des hommes courageux ont attaché les noms
de ces ministres pervers au poteau de l'infamie, et les ont
ainsi présentés aux yeux de la postérité.

Avec de bons ministres, un bon prince peut dormir
tranquille. Philippe, roi de Macédoine, faisant une débauche avec ses courtisans, les encourageait en leur disant :
Buvons, mes amis; il suffit qu'Antipater, mon ministre de
confiance, ne boive pas.

Avec un ministre pervers, un monarque ne doit pas fermer l'œil, ou il risque à chaque instant qu'une catastrophe
terrible ne vienne le réveiller en sursaut, et lui fasse payer
bien cher son assoupissement.

65. MAUVAIS MINISTRES. Un assez grand nombre de
fléaux ravagent le monde : la peste tue, la famine con-
sume, les tempêtes submergent et les tremblements de

terre engloutissent; mais tous ces désastres réunis ne sont pas comparables aux maux dont un mauvais ministère accable une nation! Il semble que Dieu n'en afflige un peuple que pour prouver aux hommes qu'en fait de mal ils vont plus loin que lui.

La peste attaque quelques individus; un mauvais ministre, une mauvaise administration, ravagent une monarchie entière; on échappe à l'une en s'isolant, il n'y a point de réduit qui puisse préserver des funestes effets de l'autre; l'une passe et ne laisse que des tristes souvenirs, l'autre passe aussi, mais la cause des souffrances demeure, et le corps politique, devenu cacochyme, ressent long-temps les effets du venin qu'on y a introduit.

Les tempêtes n'ont au moins qu'une courte durée; quand la bourrasque est forte, l'on ferme les écoutilles, et la galère reste à flot; mais le vaisseau de l'État ne trouve aucun refuge contre les dangers auxquels une mauvaise administration, un mauvais ministre tout-puissant et novateur, expose son équipage; il faut rester sur le pont, assister à la manœuvre, quelquefois l'aider malgré soi, se préparer au naufrage et maudire le pilote ignorant ou criminel qui cingle sur les écueils au lieu de les éviter.

Si les souverains pouvaient apprécier le tort qu'ils se font à eux-mêmes, et la somme des maux qu'ils répandent sur la terre, en confiant les intérêts publics à des hommes hors d'état de les diriger par la faiblesse de leur caractère, l'incapacité de leur esprit, ou, qui pis est, par leur ambition criminelle et un système persévérant de trahison, les gouvernements jouiraient de plus de repos; et, en cas de revers, la conscience de leur chef serait moins tourmentée de regrets, sa vie, sans doute, moins accablée de malheurs, et l'histoire n'aurait pas tant de reproches fondés à lui faire.

Nulle action humaine n'est aussi féconde en résultats funestes que le choix d'un mauvais ministre; les actes d'un particulier peuvent tout au plus nuire à quelques individus, les fautes de l'administration font le malheur d'une population entière; l'un est contenu par les lois, l'autre se rend plus puissant qu'elles; l'un est obligé de se soumettre aux lois existantes, l'autre les abroge à sa fantaisie, et en promulgue de favorables à ses desseins, au détriment de l'État et du prince qui lui a confié son autorité; l'un peut être puni, l'autre se récompense lui-même; le premier est responsable, l'autre ne répond de rien et profite souvent du mal qu'il fait. L'histoire signale, avec raison, à la haine publique, la mémoire des empereurs romains qui ont fait livrer des hommes à la fureur des bêtes féroces; mais n'est-ce pas répéter en grand ce qu'ils faisaient en petit, que d'abandonner tout un peuple à un mauvais ministre, à une administration vicieuse, acharnée à le mal conduire ou à le conduire au mal?

Il y a des pays où le souverain ne se doute pas qu'il y a de mauvais ministres, où ceux-ci se croient une capacité suffisante pour exercer leurs hautes fonctions, et où les peuples qu'ils tourmentent, oppriment, désolent, ne voient point que la cause de tous leurs maux est dans la faiblesse et l'incapacité des chefs de l'administration; mais ces pays ne sont pas ceux où la liberté de la presse existe; là, rien n'est ignoré; tout s'apprécie à sa juste valeur. Il est vrai que d'autres inconvénients atténuent les avantages qui résultent du libre contrôle des actes du pouvoir, que le déchaînement des passions étouffe souvent l'amour du bien public, que des partis se forment, s'acharnent les uns contre les autres, influencent l'autorité, la maîtrisent et vont par fois jusqu'à faire violence à la volonté du souverain, jusqu'à le mettre dans la nécessité de paraître donner sa confiance à des hommes qu'il sait ne pas la mériter; mais ce mal est passager; la force des choses ramène toujours à la tête des affaires des ministres qui ont prouvé qu'ils étaient capables de les conduire.

Concluons de tout ceci qu'il y a des inconvénients attachés à chaque ordre de choses, que sous la forme d'un gouvernement comme sous un autre, la prospérité d'un pays est une conséquence naturelle de la capacité et de la droiture d'intention des hommes chargés de son administration, et que le talent de bien choisir ses ministres est la qualité que les peuples ont le plus d'intérêt à rencontrer dans la personne auguste du prince régnant.

66. PREMIER MINISTRE. En l'absence du monarque; ce qui arrive souvent, dans une monarchie gouvernée despotiquement par des ministres, par un cabinet souverain, tout-puissant et sans frein, on voit presque toujours un assez grand nombre de leurs princes se démettre de leur autorité légitime et la confier en aveugle à un homme plus maître que son maître, qui prend le nom de grand visir ou de premier ministre.

Les hommes tourmentés par l'ambition ne sont jamais contents de leur situation politique, quelle qu'élevée qu'elle soit; et sous un prince faible, dans un État en désordre, tout intrigant veut être premier ministre et quelquefois davantage.

Fils d'un apothicaire de Brive-la-Guillarde, petite ville du Limosin, le cardinal Dubois commença sa carrière par être valet de Saint-Laurent, gouverneur du duc d'Orléans. Il profita adroitement des défauts de ce prince, et il parvint, sous sa régence, à se voir revêtu des honneurs les plus éminents du sacerdoce et du pouvoir le plus étendu en France. Maître absolu du gouvernement et couvert des plus hautes dignités, cet homme, avili et chargé d'opprobre, n'était point encore satisfait de son sort, si, à l'autorité d'un premier ministre absolu, il n'en joignait pas le titre.

Dubois persécuta le régent pour en obtenir le brevet. Le prince en parla à Saint-Simon. C'est à ce sujet que ce véritable ami s'étendit beaucoup sur les maux causés par les premiers ministres ; les exemples se présentaient en foule.

« Un premier ministre, dit-il au régent, est un ambitieux qui prend, selon les circonstances, l'écorce dont il a besoin, mais qui n'a d'honneur, de vertu, d'amour de l'État, ni de son maître, qu'en parure ; qui sacrifie tout à sa grandeur, à sa toute-puissance, à sa sûreté, à son affermissement dans sa place ; qui ne connaît d'amis et d'ennemis que dans ses rapports ; à qui tout mérite est suspect, toute réputation odieuse, toute élévation, par naissance ou par dignité, dure et pesante ; l'esprit et la capacité n'ont qu'à paraître devant lui, pour l'empêcher de dormir en repos. Qu'un autre que lui soit bien reçu du prince, la plus légère marque de son estime ou de son goût l'effraye, les mieux accueillis sont ceux qu'il prend à tâche d'éloigner, trop heureux quand il ne va pas jusqu'à les noircir et les perdre. Sa principale application est de se faire autant d'esclaves et de délateurs de tous ceux qui approchent son maître, et à ceux-ci il donne encore des espions et des surveillants ; son grand art est de ne laisser personne s'introduire dans l'intérieur qui ne soit de sa main, et de prendre ses précautions pour n'y mettre que des gens sûrs, sans que le prince s'en aperçoive. Dans les conseils et dans les affaires, comme toutes les fortunes dépendent de lui, toutes les volontés sont la sienne, et l'on est sans cesse occupé à deviner ses affections ou ses intérêts personnels.

» Un roi n'a pas d'autre intérêt que celui de l'État ; il s'en explique nettement et librement ; sa volonté s'énonce, et l'on sait à quoi s'en tenir. Si l'on croit lui devoir quelque représentation sage, quelque utile réflexion, le zèle qui suspend l'obéissance se montre avec respect, et comme il n'est pas exposé au soupçon de vouloir nuire, il est sans crainte, au lieu que le premier ministre en sera toujours alarmé ; toute difficulté lui est odieuse, plus encore lorsqu'elle est fondée, car elle l'accuse d'un tort. Quiconque a l'air de l'observer, de l'examiner, de l'apprécier, est un homme perdu ; il a dans toutes les affaires un intérêt oblique et personnel, qu'il cache sous autant de voiles qu'il lui est possible ; celui de son crédit et de l'opinion qu'il veut que son maître ait de lui, comme sa place et sa puissance, de quelque façon qu'elles soient établies, ne tiennent qu'à la volonté du prince ; le moindre affaiblissement de son autorité lui annonce sa ruine, et un rien peut la déterminer. Ainsi les plus petites choses auront leur importance pour un premier ministre, et dès-lors de quelle multitude de soins minutieux n'est-il pas occupé, et sur quelle dangereuse glace ne marchent pas tous ceux qui correspondent avec lui ! Ils ont à consulter ses yeux, à interpréter son silence, à se défier même de ses discours, tenus pour les sonder, à ne parler qu'avec incertitude et sans s'expliquer franchement, parce que ce n'est pas leur avis qu'il cherche, mais leur consentement, pour applaudir au sien quand il daignera l'énoncer.

» Dans une place où il décide de toutes les affaires, de toutes les fortunes, il est si exposé à l'envie, à la haine; il est environné d'un si grand nombre de mécontents, il a besoin, dans cette situation périlleuse, de tant de précautions, que rien de tout ce qui peut le garantir et l'affermir ne lui paraît injuste; à cet égard, il peut tout ce qu'il veut, et il est bien souvent à craindre qu'il ne veuille tout ce qu'il peut.

» En récompense de tant de soins, de peines et de frayeurs, un premier ministre accumule sur lui et sur les siens les charges, les emplois, les bénéfices, les décorations, les richesses, les alliances. Il s'accable de biens, de grandeurs, d'établissements, pour tâcher de se rendre redoutable au prince lui-même; mais son grand art est de lui persuader qu'il est l'homme unique dont il a besoin, dont il ne peut se passer, auquel il est redevable de tout, sans lequel tout périrait, pour lequel il ne peut trop faire et sans lequel il ne peut rien faire; qu'il ne peut lui marquer trop de reconnaissance des soins et des travaux dont il est accablé, uniquement pour lui et pour l'État, ni porter trop loin à son égard la confiance et l'abandon; qu'il doit par conséquent traiter ses ennemis comme étant ceux de sa personne, de sa gloire et de sa puissance, et ne distribuer les rigueurs et les grâces qu'à ceux qu'il lui aura désignés, et selon les règles qu'il lui aura prescrites,

A ce tableau, Saint-Simon ajouta celui de l'avilissement d'un prince qui se donne un premier ministre. « C'est, dit-il, la déclaration la plus authentique qu'il puisse faire de sa faiblesse et de son incapacité, peut-être de l'une et de l'autre. Louis XI punit la trahison de son premier ministre en l'enfermant dans une cage de fer. La cage où un premier ministre, enferme son roi n'est pas de fer, elle est d'or et de pierreries; elle est parsemée des plus belles fleurs, elle est au milieu de sa Cour, mais elle n'en est pas moins *cage*, et le prince n'y est pas moins enfermé et bien exactement scellé. Ses plus familiers courtisans en sont les geôliers les plus fidèles; il a donné son nom, son pouvoir, son jugement, sa volonté, ses yeux et ses oreilles à son premier ministre qui, jaloux de garder de si précieux dépôts, empêche bien qu'il n'en revienne au prince l'émanation la plus légère. Ainsi, nulle différence effective entre un premier ministre et nos anciens maires du palais, entre le roi qui se le donne et nos anciens rois fainéants, si ce n'est que ceux-ci se voyaient quelquefois opprimés par des factions, et que le prince dont il s'agit n'est opprimé que par sa fainéantise.

Le prince est long-temps dans sa cage sans y éprouver de malaise; il y dort, il s'y allonge, il y jouit de la plus douce oisiveté; tous les amusements, tous les plaisirs s'empressent de l'y environner et de se succéder pour tromper son ennui, tandis que tout le monde lui vante les travaux sans relâche de son premier ministre, qui se tue pour le soulager, et qui, à tout moment, étonne l'Europe par la profondeur de ses vues et la sagesse de ses opérations.

En même temps, on persuade aussi le prince qu'il fait

lui-même le bonheur de ses peuples et les délices de sa
Cour, et il croit devoir de si beaux avantages à son premier
ministre, sans autres soins que de le laisser faire et de l'autoriser en tout. Quoi de plus commode, en effet, pour un
prince aveugle et paralytique, que de tout faire par autrui
sans sortir du sein du repos, des plaisirs et de l'ignorance!
N'est-ce pas le moyen de ne retenir de la royauté que les
charmes, et d'en écarter les soucis, les travaux et les inquiétudes, et ne serait-ce pas la plus grande folie, à qui le
peut, de ne pas en user ainsi?

» Dans aucune des parties du gouvernement, le prince
ne s'aperçoit ni des fautes commises, ni des abus, ni des
indignes choix, ni des malheurs qui en sont les suites nécessaires. La misère, les plaintes, les cris de ses sujets,
les injures, les vexations, les oppressions, la ruine, le dé-
peuplement dont gémit son royaume, les avantages que
l'étranger tire de ces calamités, ses dérisions, ses mépris,
rien de tout cela ne l'afflige, et le spectacle en est si soigneusement éloigné de sa cage, que le prisonnier peut
vieillir sans en avoir rien soupçonné. Ce prince est même
si enivré des louanges que lui fait prodiguer son premier
ministre, qu'il lui arrive quelquefois de se croire le souverain le plus glorieux, le plus admiré de l'Europe, et de se
persuader qu'il en tient le sort dans ses mains, grâce au
génie de cet homme rare, qui fait sa force et sa grandeur.

» Enfin, pour finir ce tableau, ajoute Saint-Simon, un
premier ministre s'enivre trop souvent de sa propre grandeur, et se croyant au-dessus des revers, il néglige son
prince et les égards qui lui sont dûs, devient superbe et
arrogant, et lors même qu'il s'est rendu odieux à son maî-

tre, il le force à le garder, à le méuager et à le craindre. »

Lorsque Saint-Simon peignit ce caractère, il avait devant les yeux le portrait du cardinal de Richelieu. Il ne
ressemble pas à tous les premiers ministres que nous voyons
figurer dans l'histoire, parce que le génie et les circonstances ont manqué à plusieurs d'entre eux; mais, à quelques exceptions très-rares, l'ambition et la bonne volonté
de lui ressembler trait pour trait ont dominé la généralité
de ces despotes de fortune qui, sous le nom de leur prince,
ont gouverné avec des pouvoirs illimités les États de leurs
maîtres. Ce prélat fut, comme on sait, le fondateur de ce
cabinet souverain consolidé par Louis XIV, qui, jusqu'à la
révolution et long-temps après, a gouverné la France et
l'a entraînée dans l'abîme où, sans des miracles consécu-
tifs, elle devait s'engloutir et se perdre à jamais. Ces deux
règnes affermirent et étendirent presque indéfiniment la
puissance de la Cour et de ses bureaux, mais ils ne donnèrent pas encore à l'autorité royale ce degré de force qui lui
était nécessaire pour se détruire elle-même et de propos
délibéré, comme nous l'avons vu depuis.

Tout se perfectionne et s'agrandit avec le temps.

67. MINISTRES *avant la révolution*. A cette époque paisible où le gouvernement, posé sur des bases solides, n'offrait que peu ou point d'aspérités, il était permis à la
médiocrité de briguer un ministère et d'en garder le porte-
feuille pendant quelques mois. Le mécanisme de chaque
administration était monté d'avance; les rapports se faisaient, s'expédiaient et se plaçaient dans les portefeuilles,
venaient comparaître devant les ministres, sans, pour ainsi
dire, qu'ils s'en fussent mêlés. Ils les signaient, encoura-

gés par les réflexions de leurs commis, et tranquillisés par le rappel que leurs bureaux lui faisaient d'une doctrine à laquelle ils donnaient le nom de principes administratifs. Ces secrétaires d'État se rendaient ensuite près du Roi, pour lui proposer l'adoption de ces divers arrêtés, qui bientôt étaient revêtus du titre, du caractère et de la force d'une ordonnance royale.

Ces heureux ministres n'avaient ensuite qu'à s'occuper de leur représentation vis-à-vis des administrés, c'est-à-dire des audiences publiques et particulières, puis des divers moyens de se rendre agréables au prince, et de se maintenir en faveur.

Avec du savoir-faire, on vient à bout de tout cela. Comme on n'a pu fixer sur soi l'attention et l'estime de son maître qu'en déployant un grand esprit de conduite vis-à-vis de ceux avec lesquels on s'était mis en point de contact, jusqu'à ce qu'on fût arrivé, ce manége préliminaire perfectionne plus ou moins promptement ce savoir-faire si indispensable à ceux qui courent la carrière des grandes places.

Une fois arrivé, on fait croire à des vues neuves, à des modifications d'une utilité évidente, à des réformes indispensables. On a soin de laisser entrevoir des avantages personnels pour celui avec lequel on est entré en confidence, et qui, se trouvant ainsi intéressé à approuver vos plans, se persuade avoir reconnu en vous l'inspiration du génie, le dit à tout le monde, annonce des améliorations miraculeuses et vous fabrique une réputation colossale.

Ce ministre se soutient ainsi plus ou moins long-temps, jusqu'à ce qu'un incident inattendu, une bévue involontaire, un bon mot dont il est l'objet, la survenance d'un nouveau favori, l'obligent à céder le portefeuille et à rentrer dans sa nullité précédente.

Cet homme (1) ne s'étant rendu que le témoin passif des travaux plus ou moins importants dont il avait eu l'air d'être occupé, ne laisse après lui ni regrets, ni haine, ni souvenir; au bout de quelques jours, il est parfaitement oublié; ses économies et sa retraite ont accru sa fortune; (2) il se console de son néant par son opulence nouvelle, et lègue, en finissant sa carrière, le droit à sa famille de compter son insignifiant ministère parmi ses titres d'illustration.

(*Drapeau blanc*, 4e livraison.)

68. Gouvernement de la Médiocrité. Des symptômes nombreux se découvrent à chaque instant et remplissent son histoire. La médiocrité les voit, mais ne s'en aperçoit pas, et continue à vivre dans ses habitudes ruineuses.

Les plus puissants empires ont en général croulé ou se sont considérablement affaiblis, lorsque, pendant plus ou moins de temps, ils s'étaient vus gouvernés par la médiocrité.

S'il y avait un pays où les dépositaires du pouvoir courussent le risque d'être dépossédés, lorsqu'un homme d'une

---

(1) L'auteur ajoute : N'ayant fait ni bien, ni mal, je ne suis point de cet avis. Ces ministres nuls ont fait peu de bien, mais beaucoup de mal par leur ignorance, leur incapacité, ou par leur esprit d'innovation. La révolution n'en est-elle pas une preuve récente et irrévocable?

(2) Pas toujours; on compte en France plusieurs ministres dont on a cru devoir payer les dettes.

stature plus élevée que la leur se présenterait, craignant leur existence, ils feraient mettre une toise devant le palais du prince, et élaguer tous les caractères qui dépasseraient certaines dimensions. Voilà le gouvernement de la médiocrité.

Quand ce gouvernement existe, il y a paralysie dans toute la partie saine de l'ordre social ; rien ne remue que le crime : lui seul conserve ses libertés ; il peut même les accroître, il peut acquérir des immunités ; à peine si on songe à s'y opposer, car ce n'est pas lui qu'on redoute, il n'a pas droit aux entrées au Conseil ; s'il y aspirait, on serait toujours à temps d'éclairer le prince (on le croit du moins) ; cela suffit, il peut agir. Ce qui porte ombrage à la médiocrité, c'est le vrai mérite, car le vrai mérite a des droits, et quand le prince l'a reconnu et commence à s'en servir, la médiocrité tremble de voir finir son règne et d'être envoyée au rebut.

Parfois la médiocrité est présomptueuse et turbulente. Elle touche à tout, remue tout, dérange et bouleverse tout, sans savoir ce qu'elle fait, et prévoit encore moins quelles en seront les suites. Afin de satisfaire ses fantaisies du moment, et de se ménager des cabinets de toilette ou de garde-robe mieux assortis à son goût, elle renverse une muraille maîtresse et la solidité de l'édifice s'affaiblit d'autant. Les très-humbles remontrances l'irritent et lui donnent de l'humeur, comme à un enfant gâté que l'on contrarie ; elle casse, coupe en morceaux et jette par la fenêtre ses meubles et ses supports les plus précieux. La révolte, au contraire, l'effraie et la pétrifie ; la peur s'en empare ; son esprit manquant de ressources, elle devient tremblante et se livre poings et mains liés à la discrétion des rebelles, dont le moindre défaut est la modération envers les vaincus.

Sous une pareille administration, on n'a peur que du mouvement. La gangrène n'est point un mal, elle va sans bruit, on peut même en tirer avantage, car elle paralyse, et pour les hommes d'une certaine trempe, gouverner, c'est paralyser. La médiocrité ne connut jamais d'autre moyen pour conserver le timon des affaires.

N'espérez point qu'elle imprime jamais une direction salutaire au corps social; n'espérez pas même qu'elle favorise les efforts des gens de cœur ou qu'elle accepte leur appui; l'alliance de la médiocrité avec le vrai mérite fut et sera toujours impossible. Ils ne marchent jamais sur un même plan : quand l'un est au haut de l'échelle, l'autre en est rejeté bien loin.

N'espérez pas non plus que l'expérience lui profite; profiter de l'expérience, c'est juger. La médiocrité ne juge point; il n'y a pour elle ni passé, ni avenir. N'espérez pas enfin que l'excès du mal détermine une action sagement calculée, mais ferme et réparatrice. Ce serait attendre le plus de qui n'a su faire le moins, car il faut plus d'esprit et de courage pour réparer le mal, que pour empêcher qu'il ne se fasse. Sous l'empire de la médiocrité, le mal déjà fait devient un obstacle au bien qu'il serait possible de faire encore. Changer de marche, ce serait avouer qu'on s'est trompé. L'homme supérieur peut condescendre à cet aveu, parce qu'il saura bien se corriger et se relever par la suite; mais la médiocrité n'ose pas avoir cette noble franchise; en toutes choses, elle prend le parti le moins généreux, c'est-à-dire le plus mauvais et le plus désavoué par la morale et la politique. Elle préfère laisser envenimer le mal dans le mystère, plutôt que de songer à y remédier, et crainte d'en dévoiler les causes honteuses, en travaillant à la réparation de ses ravages.

Un excellent ministre ne saurait convenir à un prince médiocre ; il faut que tout soit assorti. La souplesse, l'amabilité, un travail facile et qui ne coûte rien, plaisent à son petit esprit et au commérage de sa Cour. De pareilles gens, à la vérité, ne le garantissent point de se mettre dans des embarras sérieux, et ils sont incapables de les en tirer, une fois qu'ils y sont. Si Agrippa leur eût ressemblé, Auguste n'aurait jamais été le maître du monde.

En temps calme ou vent en poupe, le vaisseau de l'État va toujours aussi bien, en apparence, sous la médiocrité que sous tout autre chef. Si le capitaine, à l'instar de son gouvernement, est un demi-savant, à tête légère, entêté dans ses opinions, amateur de nouveautés et envieux à l'excès de remplir le public de sa réputation, par la voie des journaux, des écrivains à la mode et de leurs échos ; il s'amusera, le long d'une douce traversée, à compulser les ressouvenirs de tout ce qu'il a entendu dire ou lu dans les mémoires des académiciens ou d'autres auteurs de même force, sur les pratiques de la navigation. Quelques-uns d'entre eux s'étaient peut-être trouvés dans un port de mer, pendant plusieurs jours ; gens éclairés d'une science infuse, qui, d'un coup-d'œil, avaient aperçu et développé des milliers d'heureuses innovations que, selon eux, le service de la marine, pris dans son ensemble et dans ses détails les plus minutieux, ne pouvait pas se dispenser d'adopter, le plus tôt possible, sans égard aux anciennes habitudes et aux résultats les plus positifs de l'expérience (1) , si l'on voulait enfin la débarrasser de cette foule d'entraves qui l'empêchaient d'atteindre le point de perfection dont elle est susceptible, et qui, jusqu'à présent, avait été la cause de tous ses revers.

Plein d'une confiance implicite dans ses docteurs, les croyant infaillibles, et hors d'état d'ailleurs, par la médiocrité de son esprit, d'analyser, d'approfondir avec un examen sérieux, les avantages et les inconvénients que ces différentes innovations entraîneraient après elles, ce capitaine profitera, avec empressement, de l'autorité que le prince lui a déléguée, des lumières du siècle et du beau temps, pour perfectionner l'intérieur de ses États flottants, et les enrichir des brillantes inventions que nos savants viennent de lui apprendre ou de lui rappeler. Il les essaie successivement, il les entremêle, il greffe les unes sur les autres les plus accréditées et celles qui font le plus de bruit dans le monde, et, tour à tour ou tout à la fois, il dégarnit son gréement, bouleverse son arrimage, dilapide ses approvisionnements, désorganise l'ordre habituel du service; enfin il introduit tant et tant d'améliorations scientifiques sur son bâtiment, en met le matériel et le personnel dans une telle confusion, que les plus expérimentés ne savent jamais où ils en sont.

---

(1) Par décision de l'Académie des Sciences, à Paris, les nœuds du loch devaient avoir entre eux un intervalle de 47 pieds; les marins l'avaient établi de 44 pieds; c'était le plus usuel et celui qui toujours donne le point le plus juste; le chevalier de Borda en est convenu depuis.

Que les routes soient directes ou fausses, la mer étant tranquille, le vaisseau va où on le pousse; on ne s'inquiète pas du reste, si le ciel continue à être serein. Gare l'orage, les tempêtes! La moindre contrariété, une petite bouffée, une sautée de vent inattendue qui coiffe sa voilure, déconcerte mon novateur; sa tête légère n'y tient pas, il ne sait plus que faire, il se brise sur un écueil où très-savamment il fait naufrage par une suite de fautes accumulées et impardonnables, s'il n'est pas protégé. S'il l'est, on impute les causes de cet accident aux cartes, aux étoiles ou à ses meilleurs officiers qu'il n'avait jamais voulu écouter; ce sentiment est aussi durable que le crédit de celui qui l'inspire.

Mais en attendant que ce malheur arrive, ses compagnons de voyage, gloutons de leur nature, ne songent qu'à flatter leur commandant et à attraper de bons morceaux de sa table. Ils admirent à outrance l'utilité de ses innovations, la belle tenue de son navire, le brillant et la célérité de ses manœuvres. C'est un marin parfait, s'écrient-ils à chaque instant; Cook et Suffren ne sont rien auprès de lui. En douter est un crime, et sous peine de mort, d'exil, ou d'une disgrâce complète, il est défendu de le témoigner publiquement.

C'est ainsi que la médiocrité poursuit ses instructions et prononce ses arrêts.

En décrivant le chaos où le gouvernement de la médiocrité se plonge de lui-même, il nous a paru inutile de parler du caractère de ses relations extérieures. On n'acquiert de la considération et de la confiance auprès des cabinets avec lesquels on traite, qu'en proportion de la force et de la sagesse qu'on déploie à leurs yeux. Ces deux qualités sont l'âme des négociations d'État à État. Elles empêchent celui qui les possède d'être la dupe, le jouet de ses alliés, de ses rivaux ou des neutres. Elles conservent les uns, contiennent les autres et ôtent aux troisièmes l'idée d'élever des prétentions indiscrètes. Mais une nation nageant dans la discorde, sans lois, sans principes, sans ministres, sans fonctionnaires publics qui la gouvernent plus de deux jours de suite dans le même sens; poursuivant, mécontentant les bons citoyens; s'entourant, ne prenant conseil que des mauvais, quelle espérance peut-elle avoir de se faire respecter dans les différentes Cours où elle entretient des correspondances diplomatiques? Ses envoyés sont quelquefois les premiers à se méfier de leur commettant, et cherchent plutôt à plaire au maître de leur résidence qu'à celui dont ils dépendent directement. Cette nation rétrograde au lieu d'avancer; elle n'inspire que du dédain. Ses amis l'abandonnent, ses rivaux avides profitent de l'occasion pour l'affaiblir, la déconsidérer, lui faire tirer les marrons du feu, se servir de ses armées et de son crédit pour faciliter leurs projets ultérieurs, quoique contraires aux véritables intérêts de celui qui leur prodigue l'ensemble de ses moyens avec si peu de prévoyance et de réflexion; enfin tout le monde tâche de vivre aux dépens de cette médiocrité, en attendant mieux.

Méprisée, provoquée, insultée et trompée de toutes parts, sur quel fondement une pareille nation espère-t-elle fonder solidement de nouvelles alliances, et quelle garantie même a-t-elle de conserver les amis qu'elle possède déjà? Son inconstance les a tous trahis et les a obligés plusieurs fois à ne pas compter sur elle. Les gouvernements

volatils n'attachent personne; ils n'offrent pas de prise,
aucun point d'appui. Avec la meilleure volonté du monde,
on ne sait comment rester uni quelque temps ensemble.
La monarchie, qu'elle a sauvée la veille, le lendemain devient son ennemie, parce que, au lieu de consolider son
ouvrage en ménageant la confiance et l'amitié du trône
qu'elle a rétabli, elle s'occupe à tourmenter la conscience
de son souverain et à contrarier les habitudes et l'esprit
public du peuple qui lui doit sa rédemption.

Le moyen de s'accorder avec la médiocrité? Elle n'est
jamais d'accord avec elle-même, ni avec aucun principe.
L'inconsistance est son élément; elle y nage, s'y débat,
mais elle n'en sort pas. Ne pensant à rien et se permettant
tout quand elle se croit la plus forte, elle s'effraie à l'apparence du moindre épouvantail qui la menace, et que la
peur grossit à ses yeux. Ses actes de vertus ou de vices,
de vigueur ou de faiblesse, se font toujours à contre-sens;
ils aggravent le mal et ont des effets diamétralement opposés à ceux qu'elle en attendait. Ses choix, les hommes dont
elle s'entoure, qui attrapent momentanément sa confiance
et une partie de son autorité, se ressentent du caractère
de celle qui les a nommés. A la longue, tout se trouve
médiocre sous un pareil gouvernement, et du médiocre au
pire il n'y a qu'un pas. Le dédain des Cours étrangères,
l'indulgence des tribunaux, l'impunité des crimes, la dissolution des mœurs, l'absence de toute retenue et de toute
pudeur parmi les gens en place, enfin un relâchement général dans toutes les parties du corps social, sont des
symptômes certains qui accompagnent et dénoncent à chaque instant le règne de la médiocrité.

L'énergie des tribunaux est la sauvegarde de la faiblesse individuelle. La menace qui retient l'injustice et les abus d'autorité devient l'espoir de la société. Sans force et sans vertu, il ne peut pas se former de gouvernements solides. Elles seules les conservent, les soutiennent et les font prospérer; elles garantissent l'obéissance aux lois, le respect aux magistrats, la confiance aux ministres honnêtes, l'existence et la considération aux bons citoyens. Les morts et les vivants, les tombeaux et les ruines, témoignent en faveur de ces vérités éternelles. Un peuple trop long-temps asservi par la médiocrité ne veut pas les écouter; il est hors d'état de les entendre et d'en apprécier le sens et la valeur; mais la première secousse qu'il éprouve le met en campagne; tous les esprits entrent en agitation, chacun élève ses prétentions et cherche à les satisfaire aux dépens de ce qui se présente..., au risque et péril de l'empire, s'il le faut, pour gagner un sou. Quelle union peut-il y avoir entre gens qui se rivalisent et qui ne travaillent qu'à se supplanter? Les législateurs eux-mêmes, dans ces circonstances, abandonnent l'État à son malheureux sort; ils ne pensent et ne s'occupent qu'à renforcer leur parti ou qu'à bonifier leurs intérêts particuliers.

A la suite d'un régime si mal ordonné, l'État tombe en défaillance, des empiriques médiocres s'en emparent, entreprennent sa cure, et la maladie va toujours en augmentant; d'autres médiocrités remontent à son origine, tâchent d'en dévoiler les premières causes et les jugent tout de travers.

Il n'y a qu'une routine constamment en vigueur depuis des siècles, et suivie avec persévérance par la médiocrité, qui puisse l'empêcher de se tuer elle-même, quand elle est à la tête d'un gouvernement despotique ou presque despotique de fait.

De tout temps, les gens médiocres abondent à la tête des gouvernements ou des administrations essentielles. Que de princes, de ministres, de généraux d'armée, n'a-t-on pas vus sortir de cette catégorie, et combien peu de ces illustres personnages se sont trouvés dignes des places qu'ils avaient occupées? A une ou deux exceptions près, pendant ses trente ou quarante années d'existence, le spectacle de notre révolution ne présente que des médiocrités qui se débattent entre elles et qui se supplantent à tour de rôle. En parcourant l'itinéraire ensanglanté de ces convulsions politiques et des vicissitudes par où elles ont passé, on y rencontre des milliers d'intrigants, et à peine y aperçoit-on un ou deux hommes d'État, encore bien médiocres si on les compare aux Jules-César, aux Mahomet, aux Cromwell et à tous ces grands talents qui ont renversé leurs souverains légitimes, pour se mettre en leur lieu et place.

Aveuglés par leur avidité et les aphorismes d'une vieille routine, aucun cabinet de l'Europe ne songea, en 1788, à calculer les suites que pourrait avoir, au détriment de chacun d'eux, la révolution qui s'annonçait en France avec un si horrible fracas. Cette cécité, vraie ou feinte, égara leur conduite et engagea un ambassadeur de Danemarck à dire à M. de Bourrienne, dans un moment d'effusion : Puisqu'il faut vous parler franchement, je regarde les Rois coalisés comme des filous qui se volent dans les poches, tandis qu'on les mène à la potence. (*Mém. de Bourrienne.*)

Cette abondance de gens médiocres et cette disette d'hommes d'État, pendant tout le cours de notre révolution, n'étonneraient qu'autant que cet intervalle eût été rempli par des guerres civiles, sérieusement disputées de part et d'autre. Ces agitations intestines, ces commotions journalières, mêlées de crainte et d'espérance, de succès et de revers, trempent les âmes, excitent le courage, développent, fortifient et agrandissent les idées et les ressources des individus chez lesquels la nature a placé les germes d'un talent quelconque. Aussi, à l'issue de ces grandes convulsions politiques, l'histoire nous montre-t-elle presque toujours une foule d'hommes supérieurs qui viennent illustrer le siècle qui a vu la fin de ces secousses. Mais une succession non-interrompue de cabinets souverains éphémères et tout-puissants, vrais repaires de petits tyrans qui s'égorgent entre eux, gouvernant sans principe fixe et sans projet arrêté, régnant au jour le jour, ne songeant qu'à se soutenir au pouvoir et à écraser leurs adversaires à l'aide de la canaille, des sicaires de leur parti, et de mille intrigues obscures de complice à complice des différentes factions, qui absorbent tout leur temps et toutes leurs facultés; une pareille école, dis-je, ne peut former que de mauvais sujets habiles à se supplanter et à se nuire mutuellement, et toujours prêts à se liguer de bon accord, quand il s'agit de poursuivre une œuvre de destruction. La terreur, leur arme familière, abrutit les esprits, méprise l'instruction, éloigne les bons citoyens, et la force des choses, jointe au caractère obligé de ces monarques sans-culottes, les force, pour ainsi dire, à ne mettre en évidence et à n'employer ordinairement dans les places importantes que des gens médiocres comme eux, à leur image et à leur ressemblance. Cela s'est vu de tout temps : on se souvient qu'Oxenstiern, le fameux chancelier de Gustave-Adolphe, répondit à son fils, âgé de 21 ans, qui s'excusait de ne point accepter la place de plénipotentiaire de la Suède au congrès de Munster, en 1648, parce qu'il craignait que sa jeunesse et son peu d'expérience ne lui permissent pas de négocier avec les plus fins et les plus habiles diplomates de l'Europe, sans compromettre sa réputation et les intérêts qui lui seraient confiés : Allez, mon fils, répliqua ce vieux ministre, vous prendrez plus de confiance en vous-même, quand vous verrez par quels hommes le monde est gouverné.

« La chose qui m'a le plus surprise, s'écrie madame Rolland, depuis que l'élévation de mon mari m'a donné la faculté de connaître beaucoup de personnes, et particulièrement celles employées dans les grandes affaires, c'est l'universalité des gens médiocres qui les dirigent; elle passe tout ce que l'imagination peut se représenter, et cela, depuis le commis jusqu'aux ministres, aux généraux, aux ambassadeurs et à tous les états. Jamais, sans cette expérience, je n'aurais cru mon espèce si pauvre. »

« Bon Dieu! Bourrienne, que les hommes sont rares! s'écriait Bonaparte; j'en cherche et je n'en trouve pas. Il y a en Italie dix-huit millions d'hommes, et à peine puis-je en trouver deux qui me conviennent : Dandolo et Melzi. » (1) Deux, c'est beaucoup. Nous n'en comptons guère plus

_____

(1) Mémoires de Bourrienne; Paris, 1829, tome I, page 71.

depuis la mort de Louis XIV. Bonaparte avait tort de s'en plaindre. Si le Directoire eût été composé de gens moins médiocres, il ne serait jamais monté sur le trône de France.

Il faut prendre son parti et s'arranger en conséquence. Les gens médiocres gouverneront plus souvent que les grands hommes d'État : la constitution du genre humain le veut ainsi (1).

(Écrit le 25 août 1829.)

69. GOUVERNEMENTS INDUSTRIELS. Aucun État ne devrait adopter le système industriel du commerce et des manufactures, comme la base fondamentale de son gouvernement et l'unique objet de son affection et de ses sollicitudes. La sagesse lui prescrit de ne jamais encourager l'étendue de sa population au-delà de ce qu'il peut nourrir du produit de son sol. Tout accroissement au-dessus de cette proportion est un mal positif. Les propriétaires des terres cessent, dès ce moment, d'exercer une influence salutaire, et les capitalistes prennent alors un ascendant exclusif; les dissentions civiles, la famine, ou un ennemi étranger, mettent les partis aux prises, et après une turbulente anarchie, résultat de la prédominance des opinions démocratiques, la malheureuse nation s'écroule sous l'*ochlocratie*, la souveraineté du peuple ou plutôt de la populace.

---

(1) Voyez l'article *Sottise*, dans mes Préceptes politiques, ou l'Art de s'avancer dans une Monarchie. Paris, 1822; chez Lamy, libraire, page 18 du n° 4.

Les révolutions sont aussi des branches de commerce qui trouvent des ressources abondantes dans un gouvernement industriel.

De toutes les espèces de gouvernements, l'industriel est sans contredit le plus frêle. Un rien l'abat ou le dérange considérablement ; un changement de mode, un changement de route, de nouvelles inventions, le mettent au champ ; les fantaisies ou la mauvaise humeur d'un souverain étranger, quelquefois très-éloigné, et dont peut-être on n'aura jamais entendu parler ; l'avidité insatiable, les fausses démarches, les prétentions démesurées d'une administration si riche et qui veut encore le devenir davantage ; la jalousie, la concurrence et les rivalités des autres nations qui prétendent partager les profits du négoce ; les tracasseries et les guerres sans cesse renaissantes qui s'en suivent ; le luxe, la corruption des mœurs, les impiétés philosophiques, l'honneur et le patriotisme s'évaporant sur les brasiers de la cupidité, de l'égoïsme ou du bel-esprit, et mille effets pareils, sont autant de causes d'affaiblissement et de conséquences inévitables chez un peuple devenu puissant par l'immensité de son commerce, et qui en a fait son principal soutien. Dans le cours de leur existence, certaines époques brillantes éblouissent les vulgaires humains en faveur des gouvernements industriels ; mais, malgré ces lueurs passagères et d'un grand éclat, sujets à des révolutions sans nombre, ils n'ont pas de durée : l'histoire est là pour attester le fait.

Le 12 juin 1827, M. Barbé de Marbois donna à la Chambre des pairs une statistique de la loterie royale. Il se trouva en France huit départements où elle n'avait point de bureaux particuliers, et l'on remarqua que c'étaient ceux où il y avait le moins de crimes commis : il ne faut point en conclure que ces bureaux aient été les causes premières des délits que la justice a été obligée de poursuivre dans les autres provinces. Il n'y a pas de bureau de loterie dans un canton, parce qu'il n'y a pas d'argent de reste, parce qu'il n'y a pas de commerce d'industrie, de manufactures ; parce que, en un mot, on y est pauvre avec une certaine petite aisance.

Dans les pays civilisés par le commerce, les crimes s'accroissent en proportion de l'abondance de l'argent et de l'activité de sa circulation. L'opulence démoralise les individus, et remplace les sentiments de la délicatesse et de la probité par ceux de l'avidité et de la mauvaise foi, chez une nation qu'un gouvernement industriel a élevée au rang des puissances supérieures, à force de l'enrichir. Une auréole de gloire et de succès la suit, et son extérieur en impose pendant quelques années ; mais en même temps l'intérieur se pourrit : surviennent ensuite des crises qui la paralysent et qui l'étouffent. Un excès de richesses, à la longue, affaiblit donc les États, au lieu de les renforcer.

70. TRIBUNAL. Assemblée de magistrats formant un corps qui a légalement le droit, suivant sa nature, de juger les intérêts de l'État ou ceux des particuliers.

Le parlement d'Angleterre est le tribunal de la nation britannique, devant lequel se plaident les grands intérêts de l'État, et qui les juge souverainement.

Les parlements de France étaient autrefois des tribu-

naux devant lesquels se plaidaient les intérêts des particuliers, et qui les jugeaient souverainement.

Au-dessous des tribunaux supérieurs, il y en a d'autres
qui leur sont subordonnés; des troisièmes sont inférieurs à
ceux-ci; ainsi de suite.

L'échelle hiérarchique des tribunaux varie dans presque
tous les gouvernements.

Ce n'est donc pas la souveraineté de ses sentences, mais
le droit légal de les prononcer, qui constitue un tribunal.

71. CENTRALISATION. C'est l'acte de réduire toutes les
branches du gouvernement à dériver d'un seul point, d'un
centre commun, d'un pouvoir unique de centralisation, et
régulateurs de toutes les administrations de l'État. Ce système, par sa simplicité, séduit en théorie; il est commode
et souvent très-fort en pratique; on peut le comparer avec
la puissance magique qui retient et régularise les mouvements
des corps célestes, dans leur cours autour du soleil; mais
il exige aussi que, semblable au trône de cet astre souverain de l'univers, le siège de la toute-puissance de ces gouvernements centralisés, soit placé à la source des lumières,
qu'il soit invulnérable par sa nature, hors d'atteinte de la
fougue des passions et des armées étrangères. Ces États ne
tiennent que par un point; et si l'on s'en empare, tout l'empire est subjugué sans ressource.

74. COMMISSIONS. On appelle ainsi des espèces de Tribunaux éphémères, composés au choix d'un ministre, pour
condamner ou innocenter, suivant sa volonté, ou comme
il lui plaît.

Ce simulacre de justice est une manière très-commode aux ministres pour se débarrasser, sans compromettre leur responsabilité personnelle, des gens qui les inquiètent. Une Commission n'est pas plutôt désignée, qu'on connaît d'avance la sentence qu'elle va rendre. Bonaparte en nomma une pour faire juger le duc d'Enguien; et ce malheureux prince était déjà condamné dans l'esprit de ses juges, avant même qu'ils aient eu le temps de tenir leur première et unique séance.

L'usage des Commissions ne se borne pas à poursuivre les affaires criminelles, ou celles que l'on veut faire passer pour telles; plusieurs ministres s'en sont encore servis pour se ménager des cautions bénévoles qu'ils nommaient et payaient, de manière ou d'autre, à cet effet. Ces Magistrats momentanés sont obligés, par reconnaissance ou sous peine de déplaire à leur patron, d'applaudir le système favori, bon ou mauvais, que ce chef prétend suivre, pour diriger la marche de quelques-unes des principales opérations qu'il compte faire dans son département. Cet administrateur suprême, à l'ombre du conseil factice qu'il vient de se donner, peut alors agir sans craindre de compromettre sa réputation, parce que, en cas de non-réussite ou de suites fâcheuses, il en rejette toujours le blâme sur les membres de la Commission qui ont approuvé et sanctionné officiellement les bévues ou les arrière-pensées criminelles du ministre qui les avait jugées dans cette occasion.

- Feu le baron de Malouet, ministre de la marine immédiatement après la restauration, étant à cette époque incertain du caractère que prendrait le gouvernement futur de Louis XVIII, feignit de se méfier de-lui-même, et nomma plusieurs Commissions, sous prétexte de s'éclairer par l'opinion et l'assentiment de personnes instruites et impartiales en apparence. D'après l'avis de ces conseils ou de ces Commissions dont il dirigeait impérieusement les décisions, il assit et propagea, dans son département, les idées révolutionnaires de son parti. Pour diriger la commission chargée du personnel, il trouva, par exemple, des officiers complaisants qui allèrent au-devant de ses désirs et déclarèrent que les officiers, promus par les ministres de Robespierre, par les complices de l'assassinat de Louis XVI, devaient de droit être préférés, et avoir, dans toutes les occasions, le pas sur ceux qui avaient toujours été fidèles à ce malheureux monarque. Comment a-t-il été possible qu'une commission du *Roi*, nommée par un ministre du *Roi*, sous les yeux du *Roi*, déclarât, de par le *Roi*, qu'un officier du *Roi* dût être dégradé par le *Roi*, pour avoir toujours été fidèle au *Roi*?

C'est pourtant ce qu'on a vu dans la marine, et on pourra s'en assurer en consultant les listes de 1789, de 1794, et celles de 1815, 1816 et 1817.

Sur les commissions, on trouvera un plus ample informé dans le n° 3 du *Correspondant*. Paris, 1817, in-8°, pages 67 et 68.

Dans les pays où les citoyens se piquent encore d'être des hommes respectables, les commissions ont rendu des sentences courageuses et utiles, qui ont fait beaucoup d'honneur à la nation et aux membres qui les composaient.

73. TRIBUNAT. Opposition légale à l'établissement d'une nouvelle loi.

La religion est un tribunat en Turquie, et dans beau-coup d'autres gouvernements qui seraient d'un despotisme absolu, s'ils n'étaient point tempérés par le frein que leur culte oppose, assez souvent avec succès, aux volontés du Sultan.

Le tribunat a aussi le droit de censure et de surveillance sur les magistrats et toutes les branches de l'administra-tion de l'État.

Il n'y a pas de bon gouvernement, s'il n'est pas contenu par un tribunat, bien composé de respectables magistrats, jouissant de beaucoup de considération, dont les person-nes et les votes sont, en très-grande partie, indépendants du pouvoir exécutif.

Un peuple attentif à ses vrais intérêts doit donc réunir tous les efforts de son influence pour assurer la bonté et la force de son tribunat.

Les Français oubliaient ces principes de politique, quand, long-temps avant leur révolution, ils se déchaî-naient contre leurs parlements, et décourageaient les ma-gistrats qui en remplissent les charges. Ils affaiblirent ainsi, dans l'opinion publique, la force du seul tribunat qu'ils eussent pour s'opposer légalement aux innovations de la Cour et aux prétentions des philosophes qui ont fini par détruire l'ancienne monarchie française.

Cet oubli a coûté bien cher à mes compatriotes et à mes contemporains.

72. Tribunat des parlemens. Toutes les espèces de gou-vernements, sans exception, ont besoin, pour leur propre sûreté et la durée de leur empire, qu'un Tribunat les aver-

lisse à temps et les empêche, s'il lui est possible, de se livrer à des écarts qui pourraient leur nuire, et ébranler leur souveraineté. La bonté d'une institution de cette nature et l'excellence des services qu'elle rend à l'État qui la possède, dépendent uniquement de sa puissance, de sa force d'inertie, et de la sagesse des membres qui la régissent. Les Cours souveraines et les Parlements par-dessus tout, remplissaient les doubles fonctions de juges et de Tribunat, par leur droit de remontrances. Ces magistrats appartenant, en général, aux meilleures familles de leur ressort, ayant leur fortune faite, et destinés, suivant l'usage, à borner leur ambition à devenir président ou doyen de leurs chambres, présentaient peut-être la digue la mieux calculée, pour arrêter les égarements des ministres, et les effervescences tumultueuses d'un peuple agité par des factieux. A quelques distractions près, et qui n'ont pas eu de durée, l'histoire de France est pleine des actes de vigueur et de dévoûment périlleux qu'ils ont faits, dans des temps orageux, pour soutenir le respect dû à la religion dominante, les droits du Prince, les priviléges des provinces et le respect dû aux propriétés particulières. C'était une tâche difficile à remplir aux époques où nous avons vécu : des prétentions outrées et contradictoires entre elles pullulaient de toutes parts ; chacun voulait s'emparer de l'autorité ou étendre celle qu'il avait. La Cour visait à se débarrasser des corporations qui gênaient tant soit peu ses fantaisies, et qui pouvaient hâter sa chute et celle de la monarchie ; les philosophes, en opposition, exigeaient qu'on les laissât maîtres de régénérer la nation française, de la ramener à l'origine des sociétés, et de la remettre, sans plus ample informé, sous le joug exclusif des lois naturelles. Un point commun réunissait ces faiseurs d'utopies : le renversement de ce qui existait, afin de le reconstruire à neuf, d'après de nouveaux plans de leur façon, et sur lesquels ces régénérateurs n'étaient pas encore d'accord. Les Parlements, conservateurs des anciennes coutumes, se trouvèrent au milieu de tous ces contendants, remontrant aux uns, frappant sur les autres, et se brouillant avec tous. Il arriva de là que les deux partis opposés se liguèrent contre ces censeurs incommodes, et ils les dénigrèrent autant qu'ils le purent dans l'opinion. Voltaire, patriarche de la secte philosophique, ne resta pas muet en pareille conjoncture; il ne cessa de les taquiner, de les tourner en ridicule, et d'invoquer leur suppression dans ses différents écrits. Ses jolies méchancetés, en vers ou en prose, eurent la plus grande vogue et pervertirent beaucoup de monde. Les brouillons et les étourdis ne cessaient de répéter le passage suivant d'une de ses épîtres, passage qui, selon eux, tranchait la question, et démontrait sans réplique la fatuité de ces conseillers du Parlement,

> Qui, moyennant vingt mille écus tournois,
> S'intitulaient les tuteurs de nos Rois.

Ces deux vers de Voltaire, passés en proverbe, devinrent un arrêt irrévocable de condamnation, qui acquit, dans le public, force de chose jugée.

Nous allons de nouveau nous occuper des Parlements, en nous bornant à les considérer sous le seul point de vue de tribunat légal, et examiner avec impartialité la justice de l'accusation intentée contre eux, d'avoir voulu s'emparer de la *tutelle* de nos Rois, et régir souverainement le royaume, en son nom ou sans son nom.

Il est d'abord faux qu'avec vingt mille écus on pouvait être conseiller au Parlement : ces charges coûtaient à la vérité soixante mille francs, mais il fallait en outre satisfaire à d'autres conditions pour les obtenir. Les traditions de ces Cours rapportent beaucoup d'exemples de sujets qui ont été refusés, quoiqu'ils offrissent de payer cette somme et même davantage.

J'avoue avec la même bonne foi que j'ignore si ces magistrats se croyaient les *tuteurs* de nos Rois, mais je suis sûr que s'ils l'ont été dans quelques occasions, ils n'ont point été des *tuteurs* infidèles, ni spoliateurs. Le maniement des espèces, les recettes et les dépenses du trésor, sortaient de leur compétence; les récriminations innombrables citées contre eux, en mille circonstances, par les courtisans, les philosophes, et même l'Assemblée Nationale, ne les ont jamais accusés d'avoir puisé dans le trésor royal; on ne leur a jamais reproché des motifs d'intérêt, pour consentir et enregistrer les édits qu'on leur proposait. Les ministres sortis de leur corps, et devenus quelquefois leurs plus cruels ennemis, dans les nombreuses disputes qu'ils eurent avec le cabinet de Versailles, n'eussent pas manqué de dévoiler leur péculat et de divulguer les sommes qu'on leur avait distribuées, en rapportant des extraits des registres du contrôleur-général des finances ou d'autres bureaux officiels. Si l'argent comptant avait pu les gagner, il n'y a pas de doute que Mazarin, Law, les Jésuites, Loménie, Necker et la Cour de Rome leur en auraient prodigué maintes et maintes fois, pour lever les obstacles que ces magistrats incorruptibles opposaient avec persévérance à l'exécution des projets désorganisateurs.

J'ignore si ces magistrats ont jamais eu la prétention d'être les *tuteurs* de nos Rois, mais je suis sûr que ni Charles VIII, ni sa Cour, ne leur en firent point de reproches, en 1484, quand, malgré les menées du duc d'Orléans (depuis Louis XII), ce même Parlement contint la ville de Paris dans l'obéissance, et qu'il fut à Melun, par députation, prendre les ordres d'un Roi âgé de 14 ans, faible de corps et sans aucune instruction. Il ne l'abandonna pas au moment où il le voyait attaqué par un prince du sang habile, héritier présomptif de la couronne, jouissant de la plénitude des forces de l'âge mûr, et à la tête d'un parti considérable qui menaçait ces magistrats de ses ressentiments, si, au lieu de se ranger sous les drapeaux de la faction usurpatrice, ils continuaient à contrarier ses vues ambitieuses. Aucun motif de crainte, ni d'espérance, ne fut capable, dans une situation si pénible et si périlleuse pour lui, d'ébranler le Parlement et de le forcer de s'écarter un moment de la fidélité qu'il devait à son Roi légitime. Une conduite si respectable ne se démentit point dans la guerre que ce duc d'Orléans fit à son souverain, ni dans celles qui eurent lieu en Italie sous Charles VIII.

Je suis encore très-sûr que la famille des Bourbons ne fît point ce reproche au Parlement, lorsque, entourée des piques des ligueurs, des séductions de l'Espagne et des menaces de la Cour de Rome, elle le vit rendre, le 28 juin 1593, ce fameux arrêt en faveur de la loi salique, et poser ainsi la couronne sur la tête de Henri IV, proscrit par les Parisiens et repoussé par des rebelles en grand nombre.

Les titres qui lui donnaient le droit légitime de monter sur le trône de France, après la mort de Henri III, son prédécesseur immédiat, ne souffraient aucune contestation légale, mais il fallait du courage et du dévoûment pour oser les promulguer officiellement et les soutenir au milieu d'une foule de factieux furibonds, qui voulaient en mettre un autre à sa place. En supposant que les Parlements aient prétendu être les *tuteurs* de nos Rois, il faudra convenir que, dans ces occasions difficiles, ils ont été des *tuteurs* intègres, fidèles, courageux, esclaves de leurs devoirs, et qu'ils surent, au risque et au péril de leur vie et de leur fortune, défendre et améliorer les intérêts de leur *pupille*. Les descendants de cette race auguste devaient, ce me semble, leur en savoir quelque gré, car sans eux ils n'auraient peut-être jamais régné.

J'ignore si ces magistrats ont jamais eu la prétention d'être les *tuteurs* de nos Rois, mais je suis sûr que, dans mille combats, ils se sont montrés les braves champions de la royauté contre les exigences de la Cour de Rome, les entreprises des grands seigneurs, les superstitions du temps, le fanatisme du peuple, et même contre plusieurs Rois, qui, par faiblesse ou autrement, voulaient à toute force mettre en exécution des plans subversifs et évidemment contraires à l'indépendance de leur trône, à la dignité de leur couronne ou à la sûreté de leur personne. S'ils eussent vraiment été les *tuteurs* de nos Rois, et s'ils en eussent eu l'autorité sous François Ier, ces hérésiarques, disciples de Luther et de Calvin, ces fauteurs de désordres civils eussent été réprimés dès le premier jour de leur apparition en France. Les guerres de religion, les troubles de la ligue, la rébellion de la maison de Lorraine et peut-être l'assassinat de Henri III, n'auraient pas eu lieu et ne figureraient pas dans notre histoire, si ces magistrats avaient été vraiment les *tuteurs* de nos Rois, et s'ils en avaient eu l'autorité.

Sous Anne d'Autriche, régente du royaume, ils eussent d'emblée contenu le cardinal Mazarin, arrêté ses brigandages scandaleux, ceux de cette misérable troupe d'Italiens affamés qu'il avait appelés auprès de lui; et le ridicule soulèvement de la Fronde n'aurait pas existé. Il est inutile d'énumérer en détail tous les biens qu'ils auraient pu faire à la France ou tous les maux qu'ils lui auraient épargnés, s'ils eussent vraiment été les *tuteurs* de ses Rois, et s'ils en avaient eu l'autorité.

D'ailleurs, un principe fondamental de notre législation déclarait formellement que les Rois étaient toujours *mineurs;* il leur fallait donc un *tuteur,* un tribunat capable de résister légalement en certaines circonstances, et autant valait-il que ce fût les Parlements; tout autre n'aurait pas eu la même considération, ni la même force d'inertie. Le malheur voulut que nos monarques n'eussent point de corporation assez sage et assez puissante pour suspendre à propos le cours d'une volonté égarée par de pernicieux conseils, et ils n'eurent que des ministres.

J'ignore si ces magistrats ont jamais eu la prétention d'être les *tuteurs* de nos Rois, mais je suis sûr que le Régent, qui régna neuf ou dix ans au nom de Louis XV, aurait eu besoin d'en avoir un, quand, sur la foi d'un charlatan étranger, et malgré les remontrances du Parlement, il bouleversa toutes les fortunes du royaume et les finances de l'État; quand, au mépris de la religion, de la morale, des mœurs publiques et d'une administration raisonnablement décente, il confia son omnipotence à cet homme sans talents, sans vertus, sans honte et sans pudeur, à l'infâme cardinal Dubois qu'il fit son premier ministre; et quand, secondé par ce vil adjoint, ils jettèrent de concert ces germes de légèreté, d'insouciance, d'innovation, de dévergondage et de dilapidation, qui ont fructifié si bien depuis qu'ils ont fini par s'emparer entièrement du terrain, et étouffer sous leurs ramifications, étendues à l'infini, les vieilles maximes, les anciens usages, les étiquettes de convenance reçues en France, et sous lesquelles elle n'avait cessé de prospérer jusqu'à l'époque de la Régence. Enfin, on écrirait une histoire complète de la monarchie française, si l'on faisait une énumération chronologique de toutes les circonstances majeures où nos Rois ont eu un besoin urgent de *tuteurs*, pour prévenir leurs faux pas et des écarts qui ont compromis leur gloire.

Le bon Henri IV ne serait point omis sur cette liste; son abandon envers ses maîtresses, sa facilité à leur prodiguer des sommes considérables et à leur livrer la gestion et la recette de plusieurs impôts productifs, l'engagèrent, dès qu'il fut Roi, à se mettre en tutelle et à déposer les clefs de son trésor à la disposition et sous la sauvegarde d'un censeur sévère qui le retint dans le cours de ses libéralités et de ses faiblesses. Sully fut cet homme; il le conserva toute sa vie, et les intrigues de sa Cour ne purent jamais affaiblir la juste confiance que son maître eut dans ce serviteur fidèle. La justesse de son jugement, la droiture de ses conseils, l'intégrité de sa conduite et l'inflexibilité de

son caractère, ont fait rejaillir sur ce ministre une grande
partie de la gloire du brillant règne de ce monarque.

Ce prince aimait la vérité; il l'accueillait avec empressement et pardonnait en bon père la dureté des expressions
de celui qui la lui faisait connaître. « Miron, lieutenant-
civil et prévôt des marchands, à Paris, fit à Henri IV des
remontrances très-hardies au sujet des rentes de l'Hôtel-
de-Ville, dont on voulait faire une recherche préjudiciable
à l'intérêt et au repos des familles. Les paroles de Miron,
qui n'étaient que fortes, parurent séditieuses aux yeux des
courtisans. Henri, qui connaissait les vertus de ce magistrat, ne s'en offensa pas; il le reçut avec bonté, quand il
parut devant lui; il le combla d'éloges et lui dit : *Vous
voulez être le martyr du bien public, mais moi je ne veux pas
en être le persécuteur.* »

Ces dernières paroles n'annoncent pas un souverain qui
craignait *les très-humbles remontrances* d'un Parlement fidèle
et dévoué. Il les sollicitait au contraire, les discutait sérieusement, et obtempérait volontiers aux modifications
qu'on lui proposait, si elles lui paraissaient justes et utiles.
Il ne crut pas se mettre sous la tutelle de ces magistrats,
lorsqu'en 1598 il réforma, d'après leur recommandation,
un article de l'édit de Nantes (1), dont il n'avait pas assez

(1) Cet article portait que les Protestants pourraient s'assembler en
tel lieu et en tel temps qu'ils le voudraient, sans en demander permission;
qu'ils pourraient recevoir les étrangers dans leurs synodes, et aller
eux-mêmes à des synodes hors du royaume; article bien dangereux,
dans un moment où l'esprit de faction gouvernait la majorité influente
d'une nation impétueuse et si facile à soulever, sans savoir pourquoi.

bien calculé les funestes suites. Henri IV ne fut point choqué de cette opposition; il revint de la surprise faite à sa religion, fit effacer l'article en question, en estima davantage les membres de son Parlement, et prit plus de confiance en eux.

Les grands Rois de France, despotes ou modérés, ont toujours su apprécier l'utilité qu'eux et leurs sujets pouvaient retirer du tribunat de leur Parlement. Quoique, pendant sa minorité, Louis XIV ait eu beaucoup à s'en plaindre, il les soutint et les protégea. Il en augmenta la considération, et ces charges de la magistrature furent très-recherchées et très-honorées durant tout le cours de son règne. Louis XII leur recommanda de continuer à juger selon la loi, comme ils avaient toujours fait, et de n'avoir aucun égard aux ordres contraires que l'importunité pourrait lui arracher. Ce fut sous Louis XI que le Parlement se permit pour la première fois des remontrances, et en fit d'itératives à ce monarque, contre les prétentions de la Cour de Rome, l'aliénation des domaines de la Couronne, et au sujet de la grande cherté du blé, occasionnée par quelques-unes de ses dispositions antérieures. Ainsi, les Parlements ont été en pleine possession de faire des remontrances et d'agir en tribunat sous le plus absolu de tous nos Rois; mais il s'en faut qu'il ait été le plus mauvais Roi : au milieu de la bizarrerie, des singularités et des petitesses de son caractère, ce despote, doué d'un génie prévoyant, au lieu de s'irriter des remontrances de son Parlement, l'en estima davantage. Il rendit leurs charges inamovibles, afin de leur donner plus de liberté et plus d'assurance dans les observations qu'il pourrait lui faire, pour la bonne administration de son royaume (1), et pour rendre ses sujets moins malheureux, sous la domination du haut-clergé et des orgueilleux seigneurs et possesseurs de grands fiefs.

---

(1) Ce prince plein de vices savait apprécier les hommes vertueux et applaudir aux remontrances des fidèles serviteurs, et pourvu qu'elles réclamassent la justice et le bien public, il en pardonnait facilement les expressions, quelles qu'en fussent la violence et l'âpreté. En voici un exemple :

Le roi Réné eut à Lyon, en 1476, avec Louis XI, une explication particulière qui donna lieu à de vifs reproches de part et d'autre.

Le grand-sénéchal du roi Réné, Jean de Cossa, qui se trouvait présent, blessé des injustes plaintes renouvelées encore par le Roi de France, sur les liaisons que le roi Réné, son oncle, entretenait, à son préjudice, avec Charles-le-Téméraire, duc de Bourgogne, lui dit alors avec franchise : « Ne vous émerveillez, Sire, si le Roi mon maistre a offert au duc de Bourgogne de le faire son héritier, car il en a été conseillé par ses serviteurs et *spécialement par moi;* attendu que vous, le fils de sa sœur et son propre neveu, lui avez fait des torts si grands, que de lui avoir surpris les châteaux d'Angers et de Bar, et l'avez si maltraité dans toutes ses autres affaires. Nous avons bien voulu mettre en avant le marché avec ce duc, afin que vous en eussiez la nouvelle, et pour vous donner euvie de nous faire raison et vous rappeler que le Roi mon maistre est votre oncle.... Mais jamais nous n'eumes l'intention de mener le marché jusqu'au bout. »

Le fidèle sénéchal lui reprocha ensuite, avec la même hardiesse, sa conduite déshonorante envers un Prince respectable, plein de droiture, que ses malheurs et son âge auraient dû garantir de tant d'indignes procédés.

Louis XI ne parut nullement offensé des discours du sincère Jean de Cossa. Il ne l'en traita pas avec moins d'égards, et dès ce moment, il sembla redoubler de caresses pour le roi Réné, afin d'effacer de son âme jusqu'à l'ombre de tout pénible souvenir.

Témoin de cette scène, Philippe de Comine oublia un instant son

C'est aux Parlements que les Rois de France durent leur autorité et leur pleine puissance ; c'est eux qui, en tout temps, soutinrent leur dignité contre les entreprises de la Cour de Rome et l'anarchie des protestants ; c'est eux qui les délivrèrent des factions des grands, de la turbulence des hauts barons et de la noblesse des provinces ; c'est eux qui réformèrent les droits régaux et les priviléges abusifs des feudataires et des seigneurs châtelains, et qui les réduisirent à n'être que des propriétés lucratives ou honorifiques, sans aucun danger pour la tranquillité de l'État ; c'est eux enfin qui établirent l'unité de commandement dans tout le royaume, et qui forcèrent les princes du sang, les grands seigneurs, à se plier sous le joug de la loi, à devenir par-là de bons citoyens et de vrais sujets de leur Roi. Au milieu des orages, des factions et de l'esprit de parti, qui leur ont fait faire beaucoup de fautes, comme à tout le monde, ils eurent pourtant des principes dont jamais ils ne s'écartèrent. La France, malgré la légèreté de ses habitants, leur a dû la conservation presque intacte de ses institutions fondamentales : la loi salique, l'hérédité au trône par droit de primogéniture masculine dans la famille

---

rôle de courtisan, en approuvant hautement l'énergique sortie du vieux sénéchal. Louis XI, son maître, ne lui en sut pas mauvais gré. (*Histoire du roi Réné*, par M. le vicomte F.-L. de Villeneuve-Bargemont. Paris, 1825 ; tome III, livre VIII, page 115.)

Ah ! si, en écoutant les remontrances de ses Parlements, relatives au procès du duc d'Aiguillon, Louis XV avait eu la *bonhomie* de Louis XI, il eût laissé son royaume en meilleur état, et épargné beaucoup de soucis et d'infortunes à ses petits-fils.

des Capétiens, le maintien de la religion catholique, apostolique et romaine, la division en trois ordres, l'université de Paris, les Parlements eux-mêmes et plusieurs autres établissements utiles, dont la plus grande partie datait du règne de Hugues-Capet, et une autre du temps même de Charlemagne ou de la fondation de la monarchie. L'inflexibilité de leur caractère, et leur opiniâtreté à suivre avec persévérance la ligne des vieilles maximes du gouvernement, suffisaient encore, en 1789, pour arrêter les élans révolutionnaires, forcer chacun à rentrer dans son devoir et à se conduire en bon citoyen. Si l'omnipotence royale fût restée neutre et qu'elle ne se fût pas associée à celle des factieux qui les poursuivirent à outrance, oui, secondés par le ministère de Louis XVI, les parlements, pour la seconde fois, eussent sauvé la monarchie et affermi la couronne de Saint-Louis sur la tête de son successeur légitime; mais Necker ne l'a pas voulu, et sa volonté a été accomplie : que sa mémoire soit au moins assimilée à celle d'Érostrate.

Si les Rois de France ont eu les plus grandes obligations aux Parlements, les Français ne leur en doivent pas moins : ils les ont d'abord garantis de l'inquisition et de ces tiraillements toujours pénibles et infructueux entre les autorités spirituelles et temporelles, se débattant dans le sein de la même souveraineté; ils ont assuré l'empire des lois, par conséquent celui de la propriété, base fondamentale de la société; ils ont délivré leur pays de ces guerres intestines et fréquentes de seigneur à seigneur, de paroisse à paroisse, et de tous les désordres qu'elles entraînaient nécessairement après elles; ils ont protégé les petits contre les grands et les grands contre les petits; ils ont débarrassé le peuple de ces milliers de tyrans subalternes qui s'étaient arrogé les droits d'un sultan absolu dans la banlieue de leurs châteaux, obstruaient les chemins, exigeaient des péages et exerçaient des vexations continuelles sur tous les passants, (1) et désolaient les provinces en se mettant au-dessus de toutes les autorités légales; enfin ils ont fait la France et façonné le peuple français, un ou deux siècles avant sa révolution.

---

(1) Voici quelques exemples de ces droits antiques et ridicules, en usage en certains cantons de la Provence : l'origine s'en perd dans la nuit des siècles de la féodalité.

Maréyeur doit poisson à mettre en sauce verte, l'espèce au choix du seigneur.

Hérétique professera foi, sinon fouetté jusqu'au sang.

Maure jettera son *turb*, et paiera, avec sols trébuchants, à la porte du chastel, un chaperon au fermier.

Homme à pied, chaussé ou non, mendiant ou vilain, fera quatre soubresauts.

Homme à cheval fera demi-veille des armes.

Meneurs de chevaux payeront un sol par chacun pied, si mieux n'aiment porter, jusqu'au chastel voisin, le seigneur qu'ils remercieront de sa merci.

Juif mettra chausse sur son chef et dira un *ave*, en parler du pays, s'il ne veut faire son chemin avec coutigs, soufflets et croquignoles.

Pèlerin dira romance en air nouveau et couchera sur paille fraîche.

Fourgonniers, lippeurs et gens de bonne chère, laisseront pièce cuite pour le régal du seigneur, et, s'il n'est au manoir, pièce crue pour le fermier.

Histrions, baladins, mismes, saltimbanques, feront jeux, exercices et galantises, présente madame.

Pour une charge de *larrons*, une corde de six deniers, etc., etc.

(*Lyonel*, par M. de Villeneuve-Bargemont. Tome II, page 142.)

Chargés de la police générale du royaume, ils en établirent une admirable sous laquelle on respecta la sûreté des individus, les droits de la propriété, la tranquillité de l'État, la décence publique et la subordination que toutes les classes de citoyens devaient à l'autorité royale. S'il y avait quelque chose de stable et de bien réglé en France, c'était dans les seules administrations surveillées par les Cours souveraines. C'est aussi sous leur autorité protectrice, et par la persévérance dans leurs principes de fermeté et de justice, que l'on vit un peuple turbulent et factieux par sa nature, s'adonner à l'agriculture, au commerce, aux beaux-arts, aux manufactures, aux arts utiles ou agréables, réussir en tout, hâter les progrès de là civilisation, favoriser la prospérité de leur pays, répandre le bonheur et l'aisance sur la surface entière du royaume. Quand on laissait faire les Parlements, on ne se moquait pas impunément des lois divines et humaines.

Intermédiaires entre le Prince et ses sujets, chargés de faire exécuter les lois et d'avertir en même temps le monarque, par de *très-humbles* et de *très-respectueuses remontrances*, sur ce qui pouvait nuire à ses intérêts ou au bonheur de son peuple, c'était là la double tâche que les Parlements de France avaient à remplir. Tribunal arbitre entre deux puissances capricieuses, exigeantes, et qui souvent n'entendaient pas raison, ils se virent sans cesse et tour à tour en butte aux reproches du public et aux rancunes de la Cour, sous les Rois faibles et indécis. Les annales du dix-huitième siècle, sans sortir de chez nous, en offrent des exemples si multipliés et si connus, que nous croyons inutile d'en rapporter quelques-uns, pour preuve de ce que nous venons d'avancer. J'en épargne l'ennui au lecteur, et je ne reviendrai pas sur la suite fastidieuse de ces controverses continuelles et surannées qui eurent lieu entre les ministres de Louis XV et de Louis XVI et les Cours souveraines en opposition. Ces disputes firent beaucoup de bruit dans leur temps; ces vifs débats sur les questions politiques les plus graves et les plus importantes agitèrent les sociétés de la Cour et de la ville. Les esprits s'échauffèrent et soutinrent avec acharnement le pour et le contre, selon le parti qu'ils avaient adopté. On devait s'attendre à voir jaillir des faisceaux de lumière des chocs réitérés de cette foule de raisonnements et de déraisonnements qui se heurtaient à chaque instant et dont tout le monde s'entretenait; pourtant l'opinion publique ne s'en trouva pas plus éclairée en 1789, et même j'irai plus loin: après quarante ans d'expérience et de savantes discussions, en 1829, au moment où j'écris, elle ne l'est pas davantage.

Je vois tous les jours des hommes instruits, bien pensants et d'un jugement sain, accuser les Parlements, sans aucunes preuves, d'avoir été la cause première de la révolution, en forçant le Roi, ou plutôt Loménie, son premier ministre, de convoquer les États-Généraux. Est-ce l'assemblée des trois ordres, ou la manière dont Necker les composa et en fit élire les membres, qui a rendu si révolutionnaire la majorité prépondérante? Ces émeutes spontanées et répandues sur la surface entière du royaume, ces soulèvements populaires provoqués, soutenus par la toute-puissance ministérielle, soldés par le trésor royal; les principaux agitateurs soustraits aux enquêtes de la justice ou arrachés des prisons par des ordres supérieurs; ces libelles diffamatoires, ces manifestes publiés à son de trompe et distribués avec profusion contre le clergé, la noblesse, la magistrature, les honnêtes gens en général; contre l'ordre accoutumé et l'inégalité des conditions; la subordination graduelle des petits aux grands renversée sens dessus dessous, de sorte que le *sans-culotte* occupa le premier rang dans le gouvernement, et le Roi la dernière place; les déclamations contre les dîmes, les droits féodaux, l'existence des châteaux, des manufactures, et toutes les espèces de propriétés, de quelque genre qu'elles fussent; en un mot, ces primes d'encouragement accordées au crime et à la révolte, en faveur d'une révolution projetée, doivent-elles être attribuées aux Parlements? Leur autorité expirante employa, au contraire, les faibles moyens qui lui restaient pour arrêter ces désordres scandaleux dans leur source. Les derniers jours de leur agonie les montrent encore prononçant des arrêts contre les assassins, les rebelles et les incendiaires, mais en vain; hélas! le glaive de Thémis était sans puissance alors dans leurs mains faibles et défaillantes. Il faut être juste, si l'on veut écrire l'histoire et remonter aux véritables causes des événements que l'on décrit; elle ne marche sans s'égarer qu'avec la vérité, et cette déesse se découvre facilement aux yeux des amateurs qui la recherchent de bonne foi.

Les empiriques acquièrent beaucoup d'influence sur les gouvernements irréfléchis; c'est le règne des charlatans et des niais novateurs. La France a eu infiniment à s'en plaindre; depuis environ 1750, elle dépérissait à vue d'œil, mais les habiles médecins ne la jugeaient pas encore malade ; en 1788, elle n'était qu'incommodée ; les remèdes violents ne lui convenaient donc point : un régime bien réglé et suivi avec persévérance aurait suffi pour rétablir sa santé et lui rendre ses forces naturelles. Les remontrances des Parlements, constitués en tribunat, indiquaient au Prince celui qui leur paraissait le meilleur, selon les circonstances, et les excès dont il devait se garantir. Ils remplissaient auprès du trône les fonctions d'un fidèle serviteur qui, dans les occasions essentielles, avertit son maître des suites fâcheuses et inévitables qu'aurait l'exécution d'une volonté surprise à sa religion, ou à l'enregistrement d'un édit préjudiciable à ses intérêts ; et avant d'y obtempérer, il est de son devoir de l'en prévenir et d'attendre de nouveaux ordres de sa part.

Semblable à de jeunes étourdis dérangés, la Cour voulait des écus et d'aimables *roués* pour les dépenser agréablement à sa fantaisie. Les conseils sans argent l'irritaient et en irritaient bien d'autres, exercés dans les arts de l'intrigue. Les aspirants à une désorganisation totale s'associèrent bien vite avec les courtisans pour dénigrer les Parlements ; et, d'un commun accord, ils s'efforcèrent à représenter leurs remontrances, tendantes à prévenir le mal, comme des actes de rébellion au premier chef, et à peindre leurs auteurs comme possédés de l'ambition de s'installer les *tuteurs* de leur Roi, de s'emparer d'une autorité pareille à celle du sénat de Venise, et à devenir, de fait, les véritables souverains du royaume.

On ne s'imagine pas l'ascendant que les philosophes prirent sur l'opinion publique en France, pendant les cinquante dernières années du siècle passé. Les Rois, les Princes, la bonne et moyenne compagnie caressaient leurs personnes, flattaient leur amour-propre, protégeaient leurs assertions, se montraient les apôtres les plus effervescents de leur doctrine, et sur ces points-là, il régnait un parfait unisson entre eux. Les livres les plus ennuyeux, le *Bélisaire* de Marmontel, *le Système de la nature* du baron d'Holbach, *De l'erreur et de la vérité*, par le docteur Martin, *la vie de Turgot*, par le marquis de Condorcet, sortirent de leurs boutiques. Ces ouvrages eurent la plus grande vogue, et chacun se les arrachait, tandis que les *Odes* sublimes de Lefranc de Pompignan, les *Tableaux de l'histoire moderne* du chevalier de Méhégan, les *Lettres portugaises* de l'abbé Guénée, restèrent dans l'oubli, et leurs auteurs se trouvaient vilipendés et en butte aux sarcasmes perpétuels des aristarques des salons et de notre littérature. La constitution d'alors obligeait chaque citoyen de parler et de penser comme l'exigeaient ces sectaires du patriarche de Ferney, sous peine d'être bafoué et de passer dans le monde pour un imbécille, un taquin d'une humeur contrariante, ou un homme enfin sans jugement, si désagréable et si dangereux, qu'il faudrait l'éloigner, et même, au besoin, recourir au gouvernement pour s'en voir délivrer.

Ennemi des philosophes, Linguet ne cessait de les combattre dans son journal; on le supprima de suite.

A Paris, à Notre-Dame, dans la chaire de la vérité, l'abbé de Beauregard tonna contre ces apôtres de l'impiété et de l'anarchie; il fut interdit par son archevêque.

Fréron, le plus mordant et le plus habile des critiques de Voltaire, se vit exposé, en plein théâtre, aux risées et aux mépris du public, et la majorité des habitués de la Comédie Française, ainsi que les premières sociétés, n'eurent pas de honte de participer à cette basse vengeance, en applaudissant outre mesure aux insultes grossières que l'auteur de l'*Écossaise* prodiguait, dans sa pièce, à ce journaliste, défenseur constant de l'autel, du trône, du bon goût et des bonnes mœurs.

Les Jésuites, corps respectable et qu'on disait si puissant, succombèrent aussi sous les attaques et la savante tactique de ces mécréants.

Ce qu'il y a d'incroyable, c'est que cela dure encore; les disciples de Voltaire, de Diderot, du baron d'Holbach et des autres philosophes de la même époque, continuent d'avoir, sur l'opinion publique, la suprématie qu'avaient leurs prédécesseurs et maîtres. Les journaux se publient par milliers; il y en a bien peu de consacrés au maintien de la religion et de la monarchie. Les libéraux ont une infinité de clubs, de loges, de comités qui ne se désemplissent point, qui croissent et s'augmentent à vue d'œil (1). Ces faits sont certains; ils se passent sous nos yeux, et s'ils ne font pas plus de sensation, c'est que, depuis 1814 ou 1815, nous nous sommes habitués à vivre au milieu d'eux, sans nous en inquiéter davantage.

Hier encore, je rencontrai un homme de beaucoup d'esprit, plein de connaissance et de loyauté, bon citoyen, excellent royaliste, mais toujours imbu de ses premières impressions; il soutenait, sans qu'on pût le dissuader, que les Parlements, avec leurs remontrances, avaient été la cause de la révolution; qu'en ne cessant de contrarier l'au-

---

(1) Ce morceau a été écrit en 1829.

torité, on commence par la dégrader.et on finit par la détruire. C'est vrai, mais à qui la faute? A qui faut-il s'en prendre? A de vieux serviteurs jaloux des intérêts de leur maître, ou à des ministres tracassiers et déprédateurs, qui mettent le gouvernement en état de décadence par leurs intrigues et leurs innovations? J'ose invoquer ici le témoignage d'un auguste personnage dont le nom, le savoir et le parfait jugement sont généralement connus. Il viendra fortifier mes arguments et me rendre inébranlable dans mon opinion.

Dans l'assemblée des notables, en 1787, *Monsieur*, depuis Louis XVIII, ne cessa de penser et de dire hautement « qu'une résistance respectueuse aux ordres du monarque n'était pas blâmable; qu'on pouvait combattre l'autorité par le raisonnement, et la forcer, en quelque sorte, à s'éclairer, sans lui manquer en rien (1) ».

Sans balancier, point de bonne montre; sans tribunat, point de salut pour un grand État.

75. REMONTRANCES DES PARLEMENTS. L'on sait qu'avant la révolution, les Parlements avaient, en France, la double charge d'être Cour judiciaire et Tribunat, dans leurs ressorts respectifs. Intermédiaires entre les prétentions diverses des particuliers, et celles des ministres qui abusaient du nom et de la puissance du monarque, des épines sans cesse renaissantes embarrassaient, à chaque instant, la

(1) Mémoires de madame Campan, tome II, page 35, note. Paris, 1822.

carrière qu'ils avaient à parcourir, d'une manière honorable, aux yeux du public et de la postérité. Ils contenaient les premières, sous le poids de leurs arrêts; mais on ne leur laissait que le droit de remontrances, quand il s'agissait de s'opposer, avec respect, aux abus d'autorité sans nombre, du cabinet souverain qui a si maladroitement gouverné depuis la mort de Louis XIV, l'héritage de Saint-Louis.

Destinée à devenir publique, la rédaction de ces remontrances, offrait des difficultés très-délicates à surmonter. On se voyait forcé de concilier, dans le même écrit, le devoir austère du magistrat, son respect religieux envers son roi, avec la critique sévère des actes qui émanaient de son trône, et l'obligation de contrarier ses volontés, toutes les fois que les mauvais conseils de ses ministres turbulents et à demi-révolutionnaires, sans le vouloir ou à bon escient, surprenaient la religion de S. M.; toutes les fois que ces mauvais conseillers lui suggéraient des édits qui troublaient l'harmonie régnante entre les citoyens de la même ou de différentes classes; qui grévaient le peuple par des surcharges d'impôts, pour subvenir aux fantaisies de la Cour, aux faux frais des courtisans, aux dilapidations du trésor, enfin à des dépenses inutiles et parfois scandaleuses; ou des édits enfin qui mettaient le désordre et la confusion dans les finances et les divers corps de l'État; et finissaient en dernière analyse, par compromettre le nom du prince, et par le déconsidérer de plus en plus dans l'esprit de ses meilleurs et de ses plus fidèles sujets. Ces étourdis ne pensaient pas aux funestes événements que ces infractions continuelles aux lois et aux institutions de leur pays, pouvaient, par la suite, attirer sur ce malheureux royaume, livré aux caprices, on peut le dire, du premier venu qui s'emparait du ministère.

Jamais défilé ne parut plus difficile à franchir, sans s'écarter du respect dû au monarque, ou d'une noble franchise fortement exprimée, lorsque les circonstances appelaient des magistrats à la défense des droits du peuple et de l'ordre public qui, d'après les institutions du royaume, étaient placés sous la sauvegarde des Parlements.

En appeler de l'autorité royale à l'autorité royale elle-même, lui rappeler ses torts en faisant son éloge, contrarier ses volontés, quand elles allaient au détriment de ses véritables intérêts et de sa propre considération, et lui faire entendre raison sur tout cela, ce n'était pas là une tâche facile à remplir, avec la force, la dignité et la circonspection que les hautes fonctions de ces magistrats leur imposaient, lorsqu'ils s'adressaient à leur souverain légitime. Ces considérations, si disparates entre elles, furent heureusement conciliées par le Parlement de Provence, dans ses remontrances à Louis XV, le 4 octobre 1771.

Nous en publions un extrait, avec d'autant plus de plaisir, que l'énergie et un choix convenable d'expressions en font un modèle de style en ce genre, et qu'elles établissent, sur des bases certaines, les liens qui, dans l'ancienne constitution française, devaient unir les intérêts du Roi et l'autorité de ses Cours souveraines.

« SIRE,

» L'étendue de votre pouvoir doit vous effrayer vous-même. Votre Parlement, en reconnaissant qu'il n'est dépositaire que de votre balance et non de votre sceptre, » en annonçant à vos peuples que leur volonté ne peut

» jamais arrêter la vôtre, consacrera ses veilles à vous faire
» sans cesse apercevoir les véritables bornes par lesquelles
» Dieu même a circonscrit l'autorité, la plus absolue qu'il
» ait donnée à un homme sur ses semblables. Les *systèmes*
» *s'écroulent, les prétentions s'oublient, chaque siècle a ses*
» *chimères* ; il reste entre les rois et les peuples une loi
» sacrée, éternelle et inaltérable ; et *cette loi est la justice.*
» Ce que Dieu a défendu à l'homme, ne sera jamais permis
» aux souverains ; tout est réglé par la nature ; nous tenons
» nos droits de notre destination, et il n'est point d'ordre
» humain qui puisse l'intervertir.

» Les Rois nous doivent ce que Dieu leur donne ; c'est,
» Sire, dans ce code immuable, c'est dans votre conscience,
» c'est dans la nôtre ; c'est dans celle de l'univers que nous
» trouverons les lois fondamentales de toutes les sociétés ;
» ces règles, sur lesquelles les hommes n'ont disputé que
» lorsqu'ils les ont méconnues, et qu'ils ont dû chercher,
» non dans les archives de l'histoire, qui n'atteste que le
» règne des passions, mais dans la raison, dans la justice,
» dans l'humanité, en un mot, dans les préceptes sacrés
» sur lesquels le législateur éternel voulut lui-même poser
» les fondements de la société, qui est son ouvrage. Nous
» sommes, Sire, vos officiers et vos magistrats ; vous êtes
» le magistrat et le représentant de Dieu même ; et vous
» venez, plus que jamais, de justifier ce glorieux carac-
» tère..... (En nous conservant le droit de nos humbles
» *remontrances*, quand nous les croirons utiles au bonheur
» de votre peuple.)

« Ce double titre fait remonter vos devoirs et les nôtres
» à une source commune. C'est en ne le perdant point de

» vue, que nous seconderons les plans de votre sagesse;
» et quelle foule d'obligations ils présentent, dans ce mo-
» ment, à nos regards étonnés ! Vous voulez, Sire, que
» nous devenions les interprètes des vœux de votre peuple;
» il en est un que nous nous hâtons de porter aux pieds de
» votre trône. La Provence, en applaudissant à vos bien-
» faits, n'oublie point qu'elle perd des citoyens utiles (1);
» elle a maintenant les yeux sur nous, et semble nous dire :
» *Ministres de la justice du meilleur des Rois, soyez-le encore*
» *du plus tendre des pères.* Vous avez parlé, Sire, et vos
» volontés n'ont essuyé aucune contradiction. Pourquoi faut-
» il que des ordres rigoureux aient été à côté d'une légis-
» lation bienfaisante et utile? Votre justice n'a pas voulu
» punir ; et la paix, la tranquillité, l'harmonie qui accom-
» pagnent vos premiers pas dans la nouvelle carrière qui
» nous est ouverte, annoncent que votre prudence même
» n'avait pas d'obstacles à écarter. Votre bonté nous entend,
» car tout ce qui intéresse votre cœur n'a pas besoin d'être
» développé, pour faire sur lui l'impression la plus vive.
» Quant à votre Parlement, Sire, il est obligé de faire taire,
» dans ce moment, l'enthousiasme de la reconnaissance,
» pour ne s'occuper que de la sévérité de ses devoirs ; et
» c'est par sa constance à les suivre, qu'il doit répondre à
» vos bontés, et s'en rendre encore plus digne (2). »

---

(1) Les magistrats de l'ancien Parlement d'Aix qui étaient exilé dans leurs terres, par ordre de la Cour.

(2) Essais historiques sur le Parlement de Provence, par M. Prospes Cabasse. Paris, 1826; tome III, pages 421 et suivantes.

Ces prières n'étaient pas destinées à être accueillies ; le chancelier Maupeou sentait que son ouvrage commencé par la force, ne résisterait qu'autant qu'il saurait rendre le monarque sourd aux conseils de l'indulgence ; et l'exil des anciens magistrats dura autant que l'existence des nouveaux.

76. PARLEMENTS. — CONFUSION JURIDIQUE. En 1739, le Parlement d'Aix, après un examen scrupuleux, poursuivit l'avocat-général de Séguiran, comme accusé *de cas et crimes de falsification, d'altération de dates et surcharge d'encre dans des billets concernant des affaires d'intérêts pécuniaires.*

Arrêt du 18 mars 1740, qui juge et condamne ledit Séguiran, pour réparation de ce crime, le déclare incapable d'exercer à l'avenir aucune charge publique, et lui ordonne de se démettre de son office d'avocat-général, dans une année, à peine de voir ledit office confisqué au profit du Roi.

Séguiran se pourvut au Conseil du Roi ; des amis zélés y sollicitèrent sa réhabilitation avec chaleur. Ils ne craignirent point, pour justifier l'accusé, d'incriminer le corps entier du Parlement d'Aix, et le Procureur - Général en particulier, qui l'avaient poursuivi ; les clameurs de l'amitié triomphèrent.

En 1744, arrêt du Conseil qui casse l'arrêt du Parlement d'Aix, et en renvoie la connaissance au Parlement de Toulouse.

Le 10 juin 1745, remontrances inutiles du Parlement d'Aix à ce sujet.

Le 10 mai 1748, arrêt du Parlement de Toulouse,

contradictoire à celui du Parlement d'Aix, qui acquitte honorablement cet avocat-général, et lui permet même de poursuivre le procureur-général d'Aix (Monclar), comme calomnieux accusateur.

Le 8 novembre de la même année, Louis XV casse l'arrêt du Parlement de Toulouse, et écrivit en même temps une lettre très-flatteuse au Parlement d'Aix, qui finissait en ces termes :

« Nous vous faisons cette lettre pour vous dire que notre
» intention est que vous n'admettiez plus ledit sieur de
» Séguiran à l'exercice de ladite charge (d'avocat-général),
» et vous témoigner notre satisfaction du zèle que vous
» avez pour le maintien du bon ordre et de la discipline dans
» votre compagnie, et pour l'administration de la justice,
» vous exhortant, et même vous enjoignant d'y vaquer
» comme par le passé. »

Donné à Fontainebleau, le 8 novembre 1748, signé Louis, et plus bas Phélippeaux (1).

Quel tripotage, quelle confusion, quelle faiblesse, quel commérage ! Comment tout cela pouvait-il aller ? Mal, très-mal, à l'époque de la révolution de 1789.

77. Tribunaux. — Mercuriales. La justice et l'honneur ont commandé aux tribunaux de censurer sérieusement les magistrats de leurs corps, lorsque la sainteté de leurs fonctions n'avaient pas suffi, pour les maintenir dans la voie du

---

(1) Essais historiques sur le Parlement de Provence, par M. Prosper Cabasse. Paris, 1826, tome III, page 286 et suivantes.

devoir et des convenances. Mais l'humanité, la délicatesse et les égards dus à la fraternité, les ont autorisés en même temps, à se constituer en tribunal de famille, afin d'apprécier, dans l'équité et le silence, les manquements dont l'impunité rejaillirait scandaleusement sur la magistrature, et porterait atteinte à la considération publique qui doit être son plus ferme appui. Ces procédures domestiques, jugées à huis clos, et les décisions qui en résultaient, en terme de barreau, s'appelaient des *Mercuriales*.

Lorsque la pudeur existait, une admonestation sévère, reçue en présence de ses confrères, et qui, quoique donnée en secret, n'en était pas moins connue de tout le monde, devenait un châtiment, qu'on était honteux d'avoir mérité et subi. Mais dans un siècle de lumières, pourvu que l'on conserve sa place, ou qu'on augmente sa fortune, on se moque des mercuriales et de leur publicité. Qu'a-t-on à craindre aujourd'hui de ces deux freins, si puissants autrefois?

La délicatesse de nos mœurs, la susceptibilité de notre amour-propre, cette tendance générale vers les ménagements et les concessions, n'attenuent-elles pas la force et la valeur des *mercuriales*, et celle des censures du ministère public, des discours des écrivains, des orateurs des deux chambres, et en général de tous ceux qui s'intéressent au bon ordre et au succès des affaires de l'État.

Cette condescendance ôte à ces tableaux toutes leurs couleurs, et à ces reproches toute leur gravité. Autrefois on rendait la plainte dans des termes assez précis, pour être sûr qu'elle atteignait les coupables, mais de nos jours, on cherche à se perdre dans des généralités qui, dissimulant les défauts des fonctionnaires dont ils flétrissent la conduite, semblent les autoriser à ne pas reconnaître leur portrait, pour être dispensé de s'amender. Cependant, combien ne serait-il pas à désirer que la voix du ministère public fût inflexible, devant le relâchement des mœurs et les prétentions des délinquants? Et n'est-ce pas parce que le luxe a fait d'effrayants progrès, et la licence de désastreux écarts, que les *mercuriales* devraient être plus courageuses et plus redoutables ?

C'est encore parce que le monde est plus tolérant pour le vice, et que la religion est traitée avec moins de respect; c'est parce que les liens les plus sacrés de l'amitié, de la fidélité, de la bonne foi éprouvent, quoique en secret, plus de violation; c'est parce que les vertus sévères et graves de nos ancêtres se sont éloignées, et qu'elles devraient se trouver toutes réunies, comme une phalange invincible, dans le cœur et sous là plume du magistrat, dans le sanctuaire de la justice, sur la langue de nos orateurs, et à la tribune de nos chambres législatives, dont les organes sont les augustes ministres qui distribuent officiellement l'éloge et le blâme à qui de droit, avec tout le poids d'une salutaire influence. Les *mercuriales* ne produiront jamais des effets aussi précieux, si les rédacteurs de ces écrits songent plutôt à satisfaire l'homme de goût que le bon citoyen.

L'homme est faible et a besoin de nombreux avertissements, soit pour les écueils, soit pour s'en retirer, lorsqu'il a eu le malheur d'y tomber. Il trouverait une sentinelle avancée, un guide sûr dans ce magistrat officiel ou bénévole, que la loi ou l'usage a établi pour censeur, s'il remplissait sa tâche dans toute son étendue, s'il se mettait lui-même à l'abri de la censure, en imposant silence à toutes les considérations, et en corroborant le style de ses *mercuriales*, avec autant de force que de courage, contre tous les genres d'abus, sans acception des personnes qui les favorisent ou qui en profitent.

Tout est perdu si, au-dessus de la crainte de déplaire, une grossière franchise et une sainte indignation, contre les abus et la perversité des délinquants, ne dictent pas ces *mercuriales* ; si leurs auteurs, si ces officiers publics ont peur de se compromettre ; si les individus composant les classes influentes de la société sont apathiques, d'une indifférence absolue sur le sort futur de l'État et de ses compatriotes ; enfin si chacun pense à soi et jamais à l'ensemble. Alors il faut plier sous la férule des intrigants et sous le faix de l'égoïsme, de l'avidité et de l'insouciance générale, en attendant qu'une *secousse* quelconque vienne ranimer les esprits et l'amour de la patrie. Dieu veuille que cette *secousse* n'entraîne pas des catastrophes après elle, et que tout se passe à l'amiable !

78. Liberté. Un peuple est politiquement libre, quand l'esprit et la force de son Tribunat lui sont un sûr garant que les personnes, et les propriétés des citoyens ne seront attaquées que par le pouvoir judiciaire, avec les formes et dans les cas prescrits par la loi.

La liberté d'un peuple est bien moins conservée par les lois, que par une magistrature ferme et bien intentionnée.

Des lois, dont les dispositifs sont diamétralement opposés, peuvent, selon le caractère de chaque gouvernement, concourir également et avec succès à assurer la liberté des citoyens.

Les Anglais ont toujours conservé leur jugement par jury. Cette base fondamentale de leur jurisprudence donnait de la force aux partis populaires, et une supériorité prépondérante sur celui du Roi. Il était à craindre que, dans le cas d'une grande fermentation dans les esprits, les jurés n'observassent ou ne condamnassent les accusés, non d'après les preuves juridiques de leurs fautes, mais selon qu'ils seraient du même parti ou d'un autre que leurs juges auraient embrassé. L'autorité royale, dans ces circonstances pénibles et orageuses, n'eût jamais pu garantir ses partisans, des abus de justice de ces tribunaux, que les rebelles auraient composés de factieux. Plus de sûreté, par conséquent plus de liberté pour les royalistes, pour les hommes paisibles et pour les bons citoyens attachés à leur ancien gouvernement, si la loi n'avait pas pris la sage précaution de ne permettre l'exécution d'aucune sentence au criminel, avant qu'elle ne fût connue de la Cour, et que le Roi n'eût eu le temps de l'examiner et de la sanctionner.

C'était le contraire en France; le despotisme ministériel avait pris un tel empire, que la liberté et la propriété des citoyens eussent toujours été dans un état précaire, surtout en province, si les tribunaux souverains avaient eu besoin de la permission de la Cour pour faire exécuter leurs arrêts. Aussi la loi prescrivait d'exécuter un coupable condamné, dans les vingt-quatre heures, à compter du moment qu'on lui avait lu sa sentence, Les juges décidaient, eux-mêmes, l'instant où cette fatale formalité devait se remplir; à moins d'un cas extraordinaire, c'était presque toujours immédiatement après que le jugement avait été rendu.

C'est à cette loi salutaire que les Français devaient la liberté raisonnable dont ils jouissaient avant la révolution. Sans ce *palladium*, les provinces eussent été couvertes de suppôts du ministère, envoyés en mission par les derniers commis de ses bureaux. Ces émissaires auraient été chargés d'étendre et d'interpréter au nom du Roi, et au gré des maltôtiers, les lois fiscales; de violer les droits des propriétés foncières les plus anciennes, en les déclarant, sous le moindre prétexte, appartenantes au domaine de la couronne; et de commettre mille autres excès ruineux de ce genre. On les aurait vu établir publiquement, avec scandale et privilége exclusif, des maisons de jeu, des rendez-vous de débauches, et des monopoles de toute espèce, si par bonheur il n'y avait pas eu, dans chaque province, des tribunaux assez puissants et assez respectés pour arrêter les abus de ces perturbateurs ministériels, ennemis déclarés de la fortune et de la liberté des citoyens; mais ces mauvais sujets étaient retenus dans le cours de leur projet de malversation, par la crainte d'être pris, poursuivis et pendus par les ordres légaux d'une cour de justice.

On aurait bien pu, ensuite, réhabiliter leur mémoire : c'était une faible consolation. Mais les résidences des Cours souveraines étaient généralement, en France, assez éloignées de Versailles, pour empêcher que, sans la participation de ces tribunaux, les *lettres de grâce* eussent le temps d'arriver avant l'exécution des individus qu'ils avaient condamnés.

Ils sont incalculables, les bienfaits que les Parlements ont rendus en ce genre aux habitants de la France. Peuple léger et frondeur, pourquoi, pendant les cinquante années antérieures à la révolution, n'as-tu pas cessé de décrier ces Cours souveraines, et les magistrats qui les composaient, cause de ton bonheur et soutien de tes libertés ? Seras-tu toujours l'écho bénévole des perturbateurs qui sont dans ton sein, et n'apprendras-tu jamais à juger par toi-même les institutions et les magistrats, par les services qu'ils te rendent, et non pas, par ce que les novateurs veulent qu'on en dise?

Les ordonnances du Roi qui se succédèrent si rapidement dans le mois de janvier 1789, dans l'intention d'enlever aux Parlements le droit de poursuivre les auteurs de libelles, les fauteurs de rébellion et d'autres délits révolutionnaires qui s'étaient commis et qui se commettaient journellement dans leur ressort, furent les premiers symptômes mortels qui annoncèrent la destruction prochaine de la monarchie française. Les Parlements ont enterré avec eux la liberté que, pendant leur longue existence, les Français avaient eu d'être honnêtes gens et bons citoyens.

Que les peuples qui font cas d'une sage liberté, de la tranquillité publique, et du bonheur privé, réfléchissent sur le sort de la France depuis qu'elle a perdu ses Parlements, et ses principales institutions; qu'ils se ressouviennent, et qu'ils rappellent sans cesse à leurs enfants, qu'un despote, que le seul nom de *liberté* effraie, commence par centraliser les autorités de toutes les Cours de justice, pour les rendre dépendantes d'un tribunal unique qu'il maîtrise à volonté.

Dans les monarchies qui tendent à la démocratie, la loi

qui défend d'exécuter un criminel sans le consentement du monarque, est donc favorable à la liberté du peuple et au soutien du gouvernement; tandis que dans celles qui visent au despotisme, la loi qui permet d'exécuter un criminel sans le consentement de la Cour, est pareillement favorable à la liberté du peuple et au soutien du gouvernement établi.

Selon le caractère du gouvernement, des lois, dont les dispositifs sont diamétralement opposés, peuvent donc être également favorables à la liberté.

79. Liberté d'opinion. La liberté des opinions est un principe consacré en France, depuis que les philosophes se mêlent de sa régénération. Mais voici comme ils l'exigent, et la seule restriction mentale qu'ils y mettent : *Dites et faites ce que vous voudrez, pourvu toutefois que vos paroles et vos actions soient toujours conformes à nos intentions et ne les contrarient jamais.* A ces conditions nous vous permettrons de parler, d'écrire et d'agir, selon votre opinion, avec la plus entière liberté. Par exemple, nous n'aimons point les missionnaires; fuyez-les et n'ayez pas l'imprudence d'assister à leurs sermons; mais fréquentez les loges maçonniques, allez au tripôt, à l'opéra et partout ailleurs, vous serez sûrs de notre protection.

En vous moquant des serviteurs de Dieu,

Craignez de vous trouver dans leurs églises, quand ils y prêchent ou qu'ils remplissent des devoirs de piété, à l'édification des fidèles; prenez-y garde, car alors vous y serez assommés. C'est ainsi que nous prétendons et entendons qu'on ait à définir *la Liberté des opinions* que nous proclamons avec tant d'emphase et de fracas depuis près d'un siècle.

Les différents partis parlent et agissent à peu près de même, chacun dans son sens ; ils ne pardonnent point la contradiction.

Rien ne prouve mieux l'ignorance où nous sommes encore de nos droits et de notre liberté légale, que l'espèce de fureur avec laquelle, en France, ainsi que l'ont fait la vieille monarchie, et surtout le despotisme impérial, on accueille toute opinion franche et hardie qui contrarie la nôtre. On se révolte contre les personnes qui sentent fortement, s'expriment de même, et qui, dédaignant de couvrir de la gaze la plus transparente, leur façon de penser, l'énoncent clairement à tous ceux qui veulent l'entendre. Mais les détours ingénieux, les petites réserves, les malices voilées, les calomnies à mots couverts, les hypocrites réticences, les professions de foi fastueuses et pourtant mensongères, tout cela se trouve au sein d'une société, où la première affaire est de ne pas se compromettre, et où il faut mentir avec des gens qui se mentent à eux-mêmes, et tremblent d'avouer leur opinion sur ce qu'il y a de plus grave et de plus sérieux dans ce monde.

D'un côté on ferait volontiers de la religion une parade de Cour, et on aimerait à en rire dans les salons de ses amis, après la parade. Mais que des voix sévères viennent questionner notre monde religieux sur ces croyances, le voilà qui s'irrite, et éclate en invectives contre l'audace, l'impiété, le scandale ; il demande des peines, des vengeances ; il voterait presque les galères, l'*auto-da-fé* peut-être, en réparation des blasphèmes de ces mécréants qui osent témoigner de légers doutes sur la sincérité des discours qui sortent de la bouche de ces nouveaux théologiens.

Dans un autre sens, le monde libéral a aussi ses colères non moins violentes; prononcez-vous le mot de *prêtre* sans amertume et sans ressentiment, soutenez-vous l'indépendance du clergé catholique contre les prétentions des incrédules qui veulent le traîner à leurs funérailles, quand, avec mépris et publiquement, ils ont violé toutes ses lois; réclamez-vous pour les Jésuites un droit que chaque jour vous réclamez pour vous-mêmes; dès-lors vous voilà suspects, sinon de trahison, au moins de folie et d'ineptie. C'est ainsi que parlent les despotes de toutes les couleurs. Il faut absolument que la philosophie soit toujours aimable et populaire, qu'elle abandonne aux factieux la tactique des passions et des émeutes, si elle veut faire goûter et adopter ses principes; mais si c'est à force de crises, de soulèvements d'écoliers ou de populace, qu'elle prétend nous convaincre de la vérité de ses dogmes impérieux, ses arguments deviennent suspects, et ils violent alors ouvertement ses propres préceptes, les droits sacrés de la raison et la liberté des opinions.

Cette manière frappante d'accorder et de protéger la liberté des opinions, a détruit beaucoup de bons principes consacrés par l'expérience, sans en établir aucun que l'expérience n'ait contredit aussitôt. Elle a merveilleusement contribué à faire admettre et propager les prétextes spécieux qui ont commencé et entretenu la révolution française, accompagnée de plusieurs autres.

80 LIBERTÉ ET ÉGALITÉ. Tel que nos législateurs l'ont défini, le principe de la liberté politique et celui de l'égalité politique sont deux principes absolument incompatibles entre eux, car la liberté tend à donner à tous les hommes les moyens de s'élever, selon leurs facultés respectives, et l'égalité tend, au contraire, à niveler ceux qui s'élèvent. Cela est si vrai que nos révolutionnaires actuels sont obligés d'abandonner l'égalité absolue pour une égalité respective, qui n'est autre chose qu'une inégalité.

Le vrai principe conservateur d'une société politique a été long-temps regardé comme la légitimité.

81. LIBERTÉ. — POUVOIR. Quoique ces deux mots ne soient pas synonymes en Français, on les voit pourtant employés comme s'ils l'étaient, dans plusieurs écrits officiels.

Cicéron se plaint que Jules César a détruit la *liberté* de Rome, c'est-à-dire le *pouvoir* dont lui, Cicéron, et quelques autres sénateurs jouissaient dans cette république.

Nous avons vu, pendant la révolution, plusieurs princes d'Allemagne se plaindre qu'on détruisait les libertés germaniques, c'est-à-dire les pouvoirs dont ces princes jouissaient.

C'est dans ce sens qu'il faut entendre les reproches d'anéantir la liberté, que les Girondins faisaient à Robespierre, lorsqu'il faisait guillotiner, à la grosse, ces orateurs non moins turbulents que lui; c'est-à-dire que les Girondins appréhendaient fort que leur maître en scélératesse ne leur enlevât le *pouvoir* dont ils espéraient jouir, dans l'espèce de république qu'ils avaient imaginé d'établir en France.

82. Portrait du Sauvage. De temps en temps on a trouvé, épars dans les bois, des individus vivant sans aucune habitude sociale, pas même celle de famille, et dans un état auquel, rigoureusement, il convient de donner le nom de vrai *sauvage*. Buffon et plusieurs autres historiens de mérite, en citent un si grand nombre d'exemples authentiques, qu'il n'est plus permis d'en douter. Mais il paraît que cette condition est contre la nature de l'homme; que son instinct le porte à vivre en société, comme beaucoup d'espèces d'animaux qui ne se plaisent qu'ensemble et réunis en troupeau.

Ces exemples paraissent nombreux dans les livres d'histoire naturelle, parce que leurs auteurs ont recueilli la totalité des faits analogues, qu'ils ont trouvés dans les mémoires de tous les temps et de tous les pays, qui étaient parvenus à leur connaissance. Mais si on les sépare et si l'on classe ces sauvages, d'après la date et le lieu où on les a rencontrés, en prouvant que leur existence a été réelle, on s'assurera aussi qu'elle a été imperceptible dans les annales de la race humaine, et par conséquent absolument étrangère aux considérations de la politique.

Cet individu isolé, ce sauvage, n'offre d'intérêt qu'aux études du physiologiste et du métaphysicien, pour remonter, par une chaîne non interrompue de faits comparatifs, aux premiers éléments qui composent le corps et l'esprit de l'homme dans le pur état de nature, et de suivre pas à pas les changements qu'il a éprouvés et qu'on a observés parmi les individus qui ont vécu en société, à des époques fixes et chez une nation donnée.

La politique ne s'occupe que des masses collectives

d'hommes réunis en troupes ou en peuplades. L'étude du sauvage, de cet être solitaire qui ne vit que pour soi et sans rapports quelconques avec ses semblables, n'entre point dans son ressort. Mais cette science participant à la faiblesse humaine, qui tâche d'en pénétrer les secrets, a besoin, comme les mathématiques, d'avoir recours à des abstractions préliminaires, pour commencer la série de ses raisonnements, et pour développer, d'une manière claire et précise, les conséquences pratiques qui s'en déduisent et qu'on observe tous les jours. Le *portrait du Sauvage* est donc en politique ce que le *point* sans dimensions est en géométrie. Ce sont les motifs qui nous ont engagé de l'insérer dans ce LEXICON.

Tout semble éloigner du véritable homme sauvage la tentation de se donner de nouvelles jouissances et des moyens pour tâcher d'être mieux. Son imagination ne lui peint rien, son cœur ne lui demande rien, ses modiques besoins se trouvent si aisément satisfaits, qu'il n'a ni prévoyance, ni curiosité. Le spectacle de la nature lui devient indifférent, à force de lui devenir familier. C'est toujours le même ordre, ce sont toujours les mêmes révolutions; il n'a pas l'esprit de s'étonner des merveilles qui passent sous ses yeux; ses facultés intellectuelles n'ont pas assez d'étendue pour l'engager d'observer une fois ce qu'il voit tous les jours. Son âme, que rien n'agite, se livre au seul sentiment de son existence actuelle, sans aucune idée de l'avenir, tel prochain qu'il puisse être; et ses projets, bornés comme ses vues, ne s'étendent pas jusqu'à la fin de la journée. Tel est encore le caractère du Caraïbe; il vend le matin son lit de coton, et vient pleurer le soir pour le racheter, faute d'avoir prévu que la nuit suivante il lui serait nécessaire pour s'y coucher.

L'homme sauvage, seul, oisif, et toujours voisin du danger, doit aimer à dormir et avoir le sommeil léger, comme les animaux qui pensent peu et dorment, pour ainsi dire, tout le temps qu'ils n'agissent pas. Sa propre conservation faisant presque son unique soin, ses facultés les plus exercées sont celles dont l'objet principal est relatif à l'attaque et à la défense, soit pour subjuguer sa proie, soit pour se garantir de devenir celle d'un autre. Ces moyens acquièrent donc, dans le sauvage, une grande perfection. Les organes qui ne se perfectionnent que par la mollesse et la sensualité, doivent au contraire rester dans un état de grossièreté qui exclut en lui toute espèce de délicatesse. La puissance de ses sens se trouvera donc partagée sur ce point; il aura le toucher et le goût d'une rudesse extrême; la vue, l'ouïe et l'odorat de la plus grande sensibilité.

Dans l'état primitif, les hommes, n'ayant ni maisons, ni cabanes, ni propriétés d'aucune espèce, se logeaient au hasard et souvent pour une seule nuit. Les mâles et les femelles s'unissaient fortuitement, selon la rencontre, l'occasion et le désir, sans que la parole fût un interprète bien nécessaire pour les choses qu'ils avaient à se dire. Ils se quittaient avec la même facilité qu'ils s'étaient réunis. La mère allaitait d'abord ses enfans pour son propre besoin, mais l'habitude les lui ayant rendus chers, elle les nourrissait ensuite pour le leur. Sitôt que les enfants avaient acquis assez de force pour se suffire à eux-mêmes, ils abandonnaient leurs mères; et comme il n'y avait d'autres moyens de se retrouver que de ne pas se perdre de vue, ils en étaient bientôt réduits à ne pas se reconnaître les uns les autres.

L'homme sauvage, privé de toutes sortes de lumières, n'éprouve que les passions excitées par la simple impulsion de la nature. Ses désirs ne passent point ses besoins physiques; les seuls biens qu'il connaisse et qu'il recherche dans le monde sont la nourriture, une femelle et le repos, et les seuls maux dont il ait l'idée sont la douleur et la faim; je dis la douleur et non pas la mort, car il faut vivre avec ses semblables, et avoir un esprit assez perfectionné pour songer aux événements futurs, avant de savoir ce que c'est que mourir. Les bêtes qu'il tue à la chasse le lui montrent bien, mais elles ne le lui apprennent pas, parce que le caractère essentiel de son intelligence est de ne jamais réfléchir sur ce qu'il voit. La connaissance de la mort et de ses terreurs est la première acquisition que l'homme fasse en entrant en société, et en s'éloignant de la condition du sauvage.

Toutes les connaissances qui demandent de la réflexion, toutes celles qui ne s'acquièrent que par l'enchaînement des idées, et ne se perfectionnent que successivement, sont hors de la portée de l'homme sauvage, faute de communication avec ses semblables, et des besoins qui la rendent nécessaire.

Le sauvage n'est pas méchant, parce qu'il ne sait pas ce que c'est que d'être bon; car ce n'est ni le développement de ses lumières, ni le frein de la loi, mais le calme des passions et l'ignorance du vice, qui l'empêchent de mal faire avec malice.

Si Dieu n'était pas venu à son secours, l'homme, de même que tous les animaux, ne serait qu'une machine ingénieuse à qui la nature a donné des sens et des organes pour se remonter elle-même, et pour se garantir, jusqu'à un certain point, de ce qui tendrait à la déranger, avec cette différence que les impulsions de la nature déterminent seules les actions de l'animal, au lieu que celles de l'homme, sorti de l'état sauvage, sont souvent le résultat de ses réflexions.

J.-J. Rousseau croit que la perfection de notre race se trouve dans l'état sauvage; cette assertion a été contredite par beaucoup d'autres philosophes, ses confrères. Mais si on l'admet, il a raison d'assurer que la réflexion est contre notre nature, et que l'homme qui médite est un animal dépravé.

Arrêtons-nous ici; considérons, hypothétiquement, les hommes réduits à l'état de pure nature, et voyons la politique qui pourrait régner parmi ces vrais sauvages. (*Voyez* ci-après, Mission des Jésuites chez les Sauvages.)

83. Politique du Sauvage. Errant dans les forêts, sans industrie collective, sans parole, sans domicile, sans guerre et sans liaisons; n'ayant ni amour, ni amour-propre; sans nul besoin de ses semblables et sans arrière-pensée de leur nuire; peut-être même sans jamais en connaître aucun individuellement, l'homme sauvage est sujet à peu de ressouvenirs. Il se suffit à lui-même, et il n'a que les sentiments propres à son état. Sans relations morales ni devoirs connus envers les êtres de son espèce, il ne saurait avoir ni haine, ni désir de vengeance, ces passions ne pouvant naître que de l'opinion d'une offense reçue. Ne

souhaitant que les choses qu'il connaît, et ne connaissant que les choses qui sont en son pouvoir ou qu'il lui est facile d'acquérir, enfin son instinct lui fournissant tout ce qu'il lui faut pour vivre heureux et sans souci dans son état de sauvage, à quoi lui servirait la politique, ou l'art de diriger la volonté des hommes vers un but proposé, puisqu'il n'a d'autre ambition que de jouir du moment présent, et qu'il possède en lui-même les moyens de satisfaire ce seul et unique besoin?

J'entends toujours répéter que, dans l'état de pure nature, les plus forts opprimeraient les plus faibles; mais que l'on m'explique ce qu'on veut dire par ce mot d'oppression? Les uns domineront par la violence, les autres gémiront, asservis à leurs caprices; voilà ce que j'observe dans les nations civilisées; mais je ne vois pas comment cela pourrait se dire d'hommes purement sauvages, à qui même l'on aurait bien de la peine à faire entendre ce que c'est que servitude et domination.

Les liens de la servitude n'étant formés que de la dépendance mutuelle et des besoins réciproques qui les unissent, il est impossible d'asservir un homme sans auparavant l'avoir mis en contact avec d'autres hommes, et sans l'avoir retiré de l'état de sauvage, pour le placer dans celui d'une société. Cette situation, incompatible avec l'état de nature, rend vaine la loi du plus fort pour celui qui vit isolé, sans aucun attachement quelconque qui l'enchaîne.

Rien n'étant si tranquille que l'âme d'un vrai sauvage, et rien n'étant si borné que son esprit, il est si difficile de se persuader que, dans cet état primitif, un homme ait plutôt besoin d'un autre homme, qu'un ours ou un blaireau n'en a de son semblable. Ce besoin supposé, quel motif pourrait engager cet autre homme à y pourvoir? Et dans ce dernier cas, comment pourraient-ils tous les deux convenir des conditions qui les lieraient ensemble? Ils seront donc tous égaux et indépendants à cette époque, en donnant à ces deux mots la plus grande extension possible. On ne verra jamais parmi eux ni chefs, ni subalternes, ni supérieurs, ni inférieurs, car le commandement exige une prévoyance et une sujétion incompatibles avec leur tournure d'esprit et leur manière de vivre. Quel est le vrai sauvage qui voudra s'en donner la peine, et se priver de son indépendance individuelle, pour jouir d'une suprématie précaire, dont il n'a pas même l'idée? Dans ces familles, s'il y en a, l'enfant n'obéit plus à sa mère, du moment qu'il peut se passer de son soutien et de ses soins.

La politique, comme les autres arts, n'a pu se cultiver que dans le sein de la société; le sauvage, vivant isolé, n'en sent pas le besoin; son autorité lui suffit pour conduire à son gré sa femme et ses enfants en bas âge. Mais dès qu'ils sont devenus assez forts pour lui résister, ils s'échappent et vont former de nouvelles familles, aussi isolées et aussi indépendantes que celles dont ils sortent.

Chez les hommes qui n'ont pas abandonné l'état primitif où la nature a fait naître leur espèce, il est donc démontré, pour nous servir du langage des mathématiciens, que leur politique, tant active que passive, se réduit à *zéro*. En effet, l'homme vraiment sauvage n'a jamais pensé à s'en servir; elle n'a aucune prise sur lui, si l'on ne commence pas à en faire un homme de société, et à lui apprendre à se traîner dans les premiers éléments de la civilisation.

84. Politique envers le Sauvage. L'homme sauvage n'a donc aucune politique pour lui; mais il peut se trouver dans son voisinage des hommes perfectionnés on détériorés par la société, qui prétendent avoir une politique envers lui, et diriger sa volonté vers un but proposé. Le problème change alors de face, et devient celui-ci : *Quelle est la politique que l'on doit employer pour soumettre le Sauvage aux habitudes d'une vie civilisée.* La réponse est simple : l'asservir par la force, ou l'apprivoiser avec adresse, en lui donnant des craintes et des besoins absolument nouveaux pour lui.

Le Sauvage a un sentiment intérieur si prononcé de son indépendance, que le souvenir de ses besoins ne peut pas même l'assujettir. La moindre contrainte le révolte. Les Iroquois et les autres Sauvages du Canada n'ont jamais pu comprendre comment on pouvait passer la nuit dans une ville fermée, ne fut-ce que pour y dormir; et ces peuples n'étaient qu'à demi sauvages.

Le Sauvage étant robuste, leste et infatigable, sa garde et sa surveillance en deviendraient pénibles et onéreuses; et les services qu'il rendrait seraient nuls ou presque nuls. C'est ce qu'on a remarqué en Amérique, toutes les fois qu'on a voulu les employer, comme esclaves, dans les ateliers des colons européens. Il paraît donc constant que vouloir les subjuguer par la force, est un projet d'autant plus chimérique, qu'épars dans les forêts, l'on ne pourrait les rassembler qu'en petit nombre, sans que leurs travaux ne compensassent les peines et les embarras qu'on aurait eus pour les ramasser, et les empêcher de déserter de leur toit domestique. On peut croire que ce n'est point manque de bonne volonté, ni sans avoir tenté plusieurs essais, qui, sans doute ont été infructueux, que les européens établis depuis long-temps dans l'Amérique septentrionale, n'auront pas pu soumettre à l'esclavage quelques-unes de ces tribus sauvages, errantes dans les bois de cette vaste partie de la terre, qui est presque encore inconnue et déserte; et puisqu'on ne voit point de sauvages parmi eux, c'est une preuve, sans réplique, qu'il a été impossible d'en enchaîner aucun au joug de la servitude.

On ne peut disconvenir que la vie d'un vrai sauvage ne soit remplie de privations; elles lui sont indifférentes, puisqu'il n'a aucune idée de ce qui lui manque. Si, par hasard ou autrement, il rencontre un de ces produits des arts, capable d'augmenter son bien-être, il ne tarde pas à en sentir les avantages, et il s'y accoutume bien vite. Si, par exemple, il trouve, la nuit ou dans le mauvais temps, une cabane bien fermée et bien couverte, il préfère s'y réfugier, plutôt que de se mettre à l'abri sous un arbre ou dans un antre, où il risquerait de se voir le compagnon de couche d'un tigre, d'un serpent ou de quelque autre bête féroce. Si cette chaumière est au milieu d'un jardin fertile en racines et en fruits de son goût, il s'habituera facilement à cette demeure, où il trouve logement et nourriture, sans exiger le moindre travail de sa part; enfin, il ne quittera plus cette demeure enchantée, si, par un bienfait de la nature ou d'une main secourable, ces comestibles se reproduisent à mesure qu'il les consomme, car un vrai sauvage ne demande que la nourriture, un abri et du repos; la paresse est pour lui le souverain bonheur.

C'est alors qu'il goûte le plaisir de vivre en famille, avec sa femme et ses enfants. Ceux-ci s'accoutument, dès leur bas âge, à ces besoins factices, que les arts procurent, en modifiant, plus convenablement à notre usage, les produits bruts de la nature, dont l'homme ne peut s'écarter, sans s'approcher en même temps d'un état plus civilisé. Ces habitudes artificielles une fois contractées, ce sauvage et sa postérité ne peuvent plus s'en passer, et rentrent de droit dans la classe des êtres réunis en société politique.

Cette cabane, ces jardins, furent les piéges que tendirent les jésuites, ces profonds politiques, lorsqu'ils voulurent attirer, réunir, apprivoiser et soumettre à leur volonté les sauvages du Paraguay et de la Californie. Ils construisirent des abris, les enrichirent de petits meubles commodes, les pourvurent de provisions; enfin, profitant avec adresse de leur indolence et de leur amour du repos, ils les rendirent sédentaires et leur donnèrent l'habitude de vivre ensemble, c'est-à-dire qu'ils les retirèrent de l'état sauvage, pour les placer dans celui des peuples à demi civilisés. La supériorité des lumières de ces missionnaires, jointe à beaucoup de douceur, de patience, de fermeté et de persévérance, leur acquirent une autorité despotique, dont ils n'abusèrent jamais, sur ces hommes simples et inexpérimentés; et sans violence, ils leur apprirent à reconnaître de nouveaux besoins et un maître. Ils consolidèrent ensuite leur empire, en établissant un culte et en inspirant à leurs nouveaux sujets des sentiments religieux, en faveur de leurs chefs, et du bonheur public de la nouvelle nation qu'ils venaient de conquérir sur la nature brute.

Les sauvages sont comme les enfants; on les attire facilement avec des bonbons, ou bien on les retient comme de petits oiseaux dans une cage où ils se trouvent bien, et dans laquelle ils restent volontiers. Ces hommes, y vivant mieux que dans leurs forêts et ne désirant rien, ils sont dociles à la voix de leur maître; avec le temps, leur intelligence se perfectionne assez, pour qu'ils deviennent susceptibles d'avoir des sentiments d'amour, de vénération et de reconnaissance envers ces êtres, surnaturels à leurs yeux, qui les retiennent soumis par une continuation de bienfaits, de nouvelles jouissances de corps et d'esprit; et par des tours de physique et de chimie que, dans leur ignorance, ces sauvages prennent pour des miracles.

Ces espèces de miracles frappent les esprits grossiers et les portent à reconnaître la toute-puissance de l'Être-suprême, qui daigne, d'une manière si sensible, se manifester devant eux. La vue de ces prodiges si merveilleux, selon eux, inspire à ces sauvages un foi implicite et une soumission aveugle aux ordres qu'ils croient émaner du ciel, et une confiance sans bornes aux législateurs habiles et persévérants qui travaillent à les retirer de leurs forêts, à les réunir, à les rassembler dans des domiciles fixes, afin de les amener à l'état de sociabilité, et à former un corps de nation; c'est ainsi que Manco-Capac, au Pérou, et que les jésuites, au Paraguay et en Californie, parvinrent à créer de puissants empires avec des moyens si simples; bien différents en cela des philosophes, qui ont presque toujours fini par dégrader et réduire à bien peu de chose des États florissants qui ont été assez fous pour les écouter et suivre leurs conseils. La théocratie et les missionnaires sont donc les principaux instruments que doit employer la politique, à l'égard des sauvages qu'elle veut s'attacher.

85. Des Peuples barbares et des Peuples civilisés.

Les peuples barbares détruisent les vieux empires, et sur leurs débris, ils en fondent de nouveaux, remarquables par la vigueur de leur gouvernement, de leur caractère politique, et par la compacticité de leurs sentiments.

Les peuples civilisés, ramollis, énervés sous le joug de ce qu'on appelle les aisances de la vie, dont ils ne peuvent plus se passer; par les frottements continuels des sociétés privées et des affaires commerciales; par la manie que ces nations ont toujours eue, de s'entourer et de s'applaudir au milieu de leurs théâtres, de leurs musées, de leurs académies, de leurs monuments d'architecture, de leurs chefs-d'œuvre littéraires et des beaux-arts; ces peuples, dis-je, si fiers de ces brillantes acquisitions, se laissent facilement séduire par le prestige de ces merveilles artificielles, qui finissent presque toujours par décomposer l'esprit national dans des dissolutions, plus ou moins actives, de sybarisme et de pusillanimité. Cette opération chimique détruit la compacticité des sociétés les mieux organisées. Leurs éléments se réduisent en poussière et ne présentent plus qu'un amas d'innombrables petites concrétions, taillées en facettes brillantes, détachées les unes des autres, et souvent très-discordantes entre elles.

Les peuples barbares, plus rapprochés de la nature, s'abandonnent, sans calcul et sans réflexion, aux premières impulsions de leur âme; toutes leurs actions sont ordinairement frappées au coin de l'énergie et de l'honneur, tel qu'ils se le figurent.

Les peuples civilisés se composent, en général, d'individus isolés, dont le cœur, affadi par l'égoïsme, n'est susceptible de s'émouvoir qu'au son de l'avidité ou de la peur de compromettre sa personne, sa fortune ou sa tranquillité. Chez eux, les sentiments les plus nobles s'effacent volontiers devant un résultat d'arithmétique, pour peu qu'il flatte la grande ou la petite ambition de ces esprits, façonnés à la mode du jour par la civilisation.

En voici des exemples :

PEUPLES BARBARES.

Edwy, successeur d'Edmond, roi d'Angleterre, dans le dixième siècle, vivait publiquement avec une concubine, et scandalisait ses sujets au dernier point, par les accessoires de ce commerce criminel. Le zèle de Dunstan, évêque de Worcester, s'enflamma d'une si sainte colère, qu'entrant un jour dans l'appartement où le roi était enfermé avec sa maîtresse, il arracha d'entre ses bras l'objet de sa tendresse. Cette pieuse boutade déplut à S. M., et cet évêque si rigoureux fut exilé.

Odon, archevêque de Cantorbéry, ami de Dunstan, voyant que le roi n'écoutait point ses remontrances, envoya des soldats à la Cour, avec ordre d'y enlever de force cette femme, cause principale d'un scandale public, et après qu'on l'eut défigurée avec un fer chaud, on la traîna en Irlande. Dès qu'elle fut guérie de ses flétrissures, elle voulut reprendre la route d'Angleterre; mais les gens de l'archevêque l'arrêtèrent, lui coupèrent les jarrets et la firent mourir misérablement.

Dunstan, revenu de son exil, fut nommé archevêque de Cantorbéry; Edwy étant mort vers l'an 960.

Le même degré de faveur dont Dunstan avait joui,

sous Edmond, prédécesseur d'Edwy, lui fut continué par Edgard, successeur de ce prince débauché. On le consultait toujours sur les affaires les plus importantes; sa fermeté était extrême; un seigneur, qu'il avait excommunié, ayant obtenu des lettres du pape qui ordonnait de lever la censure, « Aucun mortel, répondit-il, ne m'empêchera jamais d'observer la loi de Dieu » (1).

N. B. Quel ascendant la vertu ne donne-t-elle pas sur les peuples grossiers, enthousiastes de leur religion et des bonnes mœurs, et quel surcroît de force un souverain ne retire-t-il pas de ses sujets, quand il a su les animer par de pareils sentiments ?

PEUPLES CIVILISÉS.

En présence de Louis XV, Roi de France, et d'un notaire, la comtesse du Barry sortit nue de son lit, se faisant donner ses pantoufles par le Nonce du pape et par le grand-aumônier, le cardinal de la Roche-Aimond. Ces deux prélats se trouvèrent trop dédommagés de ce vil et ridicule emploi, en jetant des coups-d'œil furtifs sur les charmes secrets d'une beauté qui n'avait alors rien de caché pour eux (2).

N. B. Que d'argent, que de honte, que de causes d'affaiblissement d'État, le ciel n'eût-il pas épargné à la France, si sa bonté divine nous eût donné, pour archevêques de Paris, une succession non interrompue de Dunstan?

(1) Abrégé chronologique de l'histoire ecclésiastique, par Macquer.
(2) Vie privée de Louis XV; 1788, tome IV, page 210.

Les Parisiens et leurs compatriotes se seraient faits aux manières un peu brutales de leurs prélats, et, somme totale, les Français n'en auraient que mieux valu, et il eût été plus difficile de les enflammer par des idées révolutionnaires et régicides.

PEUPLES BARBARES.

Les philosophes de nos jours ne disconviendront point que la France ne fût, dans le quatorzième siècle, dans un état très-approchant de la barbarie.

En 1347, les Anglais prirent la ville de Calais. Les bons citoyens de cette place, les Français fidèles à leur Roi, émigrèrent, pour ne point vivre sous la puissance des ennemis de leur souverain légitime, et pouvoir les combattre, en toute occasion, sous les drapeaux de leur prince bien-aimé. Philippe de Valois fut si transporté du dévoûment de ces braves Calésiens, et des grands sacrifices qu'ils faisaient en faveur de sa personne, qu'il ne voulut pas se voir en reste avec eux. Sur-le-champ, il accorda à ces émigrés « toutes les forfaitures, biens, meubles et héritages qui écherront au Roi, pour quelque cause que ce soit, comme aussi tous les offices, quels qu'ils soient, vacants, dont il appartient au Roi, ou à ses successeurs, d'en pourvoir, jusqu'à ce qu'ils soient, tous et un chacun, récompensés des pertes qu'ils ont faites à la prise de leur ville, et pour cause de leur émigration. »

On n'en excepta que les offices du Parlement, parce qu'ils doivent être donnés pour mérite et suffisance, et non en dédommagement de pertes.

N. B. La fidélité, dans ces temps là, n'était donc pas

10*

aussi bête qu'un bel esprit a voulu nous le faire croire en 1814; ou bien Philippe de Valois fut un grand benêt de lui témoigner des égards si flatteurs et si mérités, dans cette occasion.

Cette *sottise* de Philippe de Valois, cet acte de reconnaissance en faveur des *voltigeurs de Saint-Louis*, qui avaient tout perdu à son service, devint pourtant une source de conséquences heureuses, dont profitèrent, par la suite, les enfants et les petits-enfants de ce prince à courte vue (d'après les idées modernes) et la monarchie en général.

Par l'élan d'un monarque généreux et reconnaissant, Philippe renforça de plus en plus l'amour que les Français portent naturellement aux enfants de Saint-Louis. Ces sentiments d'honneur et d'abandon de soi-même, dictés par la religion et le devoir de citoyens respectables, s'incrustèrent davantage, par l'effet inévitable de cet édit du Roi, dans le cœur de ses bons et fidèles sujets; car en récompensant avec munificence le dévoûment, un prince augmente de beaucoup le nombre des personnes qui se dévouent à sa personne, à sa cause et à celle de ses successeurs.

L'énergie patriotique que les Français montrèrent sous Philippe de Valois se maintint dans sa pureté primitive à travers les quatorze années du règne désastreux et imbécile de son fils Jean. Charles V, quoiqu'il fût encore dauphin, ou lorsqu'il devint Roi, éprouva les heureux effets de la politique, aussi habile qu'édifiante, que son grand-père avait tenue à l'égard des Calésiens. Ce prince, dit *le sage*, que je mettrais volontiers au-dessus de Henri IV, en homme d'État, d'un esprit vaste et ferme dans ses desseins, favorisé par son génie et par l'attachement incorruptible de ses sujets, que son aïeul lui avait soigneusement conservé, se délivra des factieux qui tourmentaient sa capitale, des étrangers qui ravageaient son royaume, et qui déjà s'étaient emparés de plusieurs de ses provinces. Il força le gouvernement de fait à se soumettre au gouvernement de droit, et il rétablit l'ordre à la place des confusions menaçantes qui entourèrent les premiers jours de son administration souveraine.

PEUPLES CIVILISÉS.

Quels changements les lumières de la civilisation n'ont-elles pas apportés dans les mœurs de la France et la façon de penser de ses souverains, depuis 1347 jusqu'en 1814? Que les émigrés qui n'avaient jamais abandonné la cause de leur Roi légitime, qui ne rentrèrent dans leur patrie qu'à la suite de S. M., à l'époque de sa première restauration; que ces victimes de l'honneur et de la fidélité, ces *voltigeurs de Louis XIV*, eussent été heureux de retrouver la France plongée dans un état de barbarie, semblable à celui qui avait dicté cet édit dû à la satisfaction généreuse de Philippe de Valois. Le voyage sentimental de Gand n'aurait peut-être pas eu lieu depuis.

Voilà une différence bien notable entre la barbarie du quatorzième siècle et la civilisation du dix-neuvième, au désavantage de la royauté et de l'esprit public.

PEUPLES BARBARES.

Dans un siècle d'ignorance et chez un peuple non lettré, un prince barbare, le sultan Amurat II, abdique en 1444, et remet les rênes de son empire à Mahomet II, son premier-né et son successeur légitime. Quelque temps après, il lui prend fantaisie de remonter sur son trône, et, en fils respectueux, Mahomet II en descend, et s'honore de redevenir le premier sujet de son père, de celui à qui il devait le jour, le trône, et de si bonnes leçons dans l'art de régner glorieusement.

Amurat II mourut en 1451, et le règne de Mahomet II, qui vint ensuite, est un de ceux qui ont le plus illustré la maison des Ottomans.

PEUPLES CIVILISÉS.

Dans un siècle de lumières et chez un peuple civilisé, un prince instruit, Victor-Amédée, roi de Sardaigne, abdique le 8 août 1730, épouse la marquise de Spigo, et remet les rênes de son gouvernement à Charles-Emmanuel, son premier-né et son successeur légitime. Quelque temps après, on le soupçonne d'être *suspect* d'avoir la fantaisie de vouloir remonter sur son trône. Le roi régnant ne se soucia pas d'en descendre, et, par ses ordres, on alla, une belle nuit, le 8 octobre 1731, arrêter son père dans sa chambre à coucher, l'arracher avec violence de son lit et des bras de sa femme. On le transféra tout de suite dans un château fort, où, en fils très-irrespectueux, Charles-Emmanuel garda prisonnier, jusqu'à sa mort, celui à qui il devait le jour, le trône, et de si bonnes leçons dans l'art de gouverner les hommes.

Victor-Amédée mourut le 10 novembre 1732, et le règne de Charles-Emmanuel, son successeur, est encore un de ceux qui ont le plus illustré la maison de Savoie.

N. B. Philippe II, fils de Charles-Quint, n'eut pas plus

de déférence pour son père, qui lui avait cédé toutes ses couronnes. Quand on a la toute-puissance, il faut la garder, ou renoncer à toute espèce de prétention ultérieure; et ne s'attendre à aucune complaisance d'un successeur; fût-il son fils, que, de soi-même et de bonne volonté, on se sera donné pour seigneur et maître.

PEUPLES BARBARES.

Pierre-le-Grand travailla toute sa vie à retirer ses peuples de l'état de barbarie, et aux trois quarts sauvages, où il les trouva, lorsqu'il monta sur le trône des Czars. Ce ne fut qu'à sa mort, arrivée en 1725, et sous ses successeurs, que les Russes commencèrent à prendre rang parmi les nations civilisées de l'Europe; mais avant, ils ne présentaient qu'un amas d'esclaves superstitieux à l'excès, végétant et asservis sous le despotisme de mille petits tyrans ou *boyards*, pleins de faux préjugés, et d'une ignorance aussi crasse que celle de leurs vassaux.

Les habitants des provinces septentrionales et presque polaires étaient encore moins avancés que leurs compatriotes vivant dans le voisinage de Moscou, ou sous des climats plus doux et plus rapprochés des pays où le commerce et la civilisation avaient déjà commencé à faire quelques progrès.

Le district d'Archangel, situé dans une zone comprise entre le 55e et le 65e degrés de latitude-nord, ne jouit point d'une de ces températures favorisées par la nature. L'âpreté de son climat en éloignait les voyageurs, et il a resté pendant long-temps étranger et presque inconnu au reste de l'Europe. Les Anglais, vers le milieu du seizième siècle, songèrent à explorer ces côtes glaciales, afin de connaître leurs ports, leur gisement, leurs ressources, dans l'espoir d'y étendre leur commerce, et de tirer de grands profits de la simplicité de ces pauvres provinciaux, congelés les deux tiers de l'année.

Trois vaisseaux anglais, commandés par le chevalier Hugues Willongbly, partirent pour cet effet, en 1553; deux s'élevèrent jusqu'au 72e degré, sur la côte du Spitzberg, et y périrent corps et biens. Le troisième découvrit le port d'Archangel, et retourna à Londres rendre compte de sa mission à ses commettants.

Différentes expéditions mercantiles furent faites en conséquence, mais de loin en loin; c'était plutôt des caboteurs qui allaient passer un mois dans ces parages, et visiter les fermiers de leur banlieue pour y faire des échanges avantageux, qu'un commerce régulier entre ces deux pays. Ces tentatives, d'ailleurs, étaient si rares, et à des intervalles si éloignés les uns des autres, qu'elles n'avaient aucune influence sur les mœurs et l'esprit de cette population à demi sauvage, qui conservait ses habitudes nationales, et se garantissait en même temps de la somme des vices que la civilisation entraîne ordinairement à sa suite.

Un de ces bâtiments, chargé de marchandises et mouillé dans le port d'Archangel, aux environs de l'an 1600, perdit, soit par le froid, soit par les maladies ou quelque autre accident, la totalité de son équipage. Ce vaisseau resta seul et passa l'hiver dans cette contrée barbare, à la garde de Dieu, sans surveillants, et sans que personne ne prît le moindre intérêt à sa conservation, ni à celle des effets qu'il contenait.

Les marchands de Londres y envoyèrent, l'été d'ensuite, des commis, pour en avoir des nouvelles. Ils le retrouvèrent comme on l'avait laissé, et *sans qu'il y manquât une épingle.*

PEUPLES CIVILISÉS.

Maintenant que le peuple d'Archangel est civilisé, et que la moralité de ses habitants est parvenue à la hauteur de celle des autres places de commerce maritime, je doute qu'un négociant osât y laisser, pendant un hiver entier, un bâtiment et sa cargaison, à la bonne foi du public, sous la seule sauvegarde de l'indifférence de ces Russes pour le bien d'autrui qu'on abandonne à leur discrétion; un essai de cette nature pourrait lui coûter cher. Je vais plus loin : je crois fermement qu'il n'y a, chez aucune nation civilisée, de port de mer où une semblable expérience ne soit fatale aux intérêts du spéculateur trop confiant qui la risquerait. Si le lecteur en connaît un seul susceptible de supporter pareille épreuve, et de s'en tirer avec honneur, je le prierais de m'en instruire; je partirais aussitôt pour y aller corriger cet article, et le rédiger en sens contraire à celui qu'on vient de lire.

86. CIVILISATION. La *civilisation* a ses charmes. Les soldats d'Annibal en trouvèrent beaucoup aussi, dans les délices de Capoue.

Les individus réunis en société éprouvent, de toute nécessité, des frottements continuels les uns contre les autres, qui les usent et les polissent jusqu'à un certain point. La marche et les résultats de ces mouvements qui agitent mutuellement les membres de ces différentes peuplades, s'appellent civilisation.

« Ce qui a déterminé la marche brillante de la civilisa-
» tion de la Grèce, c'est la jeune et belliqueuse race des
» Hellènes, qui vint briser le joug sévère des prêtres ;
» comme aussi, plus tard, la puissance de ces illustres
» héros fut détruite par l'esprit de liberté des villes floris-
» santes qui s'élevèrent de toutes parts à la faveur du com-
» merce (1). »

Les princes jaloux de conserver intacte, dans les mains
de leurs successeurs légitimes, l'autorité et la considération dont ils jouissent chez leurs sujets, doivent donc,
selon M. Schlegel, gêner, au lieu de favoriser, cet esprit
de commerce, qui élève dans leurs États tant de villes florissantes, qui sous peu affaibliront et détruiront graduellement la puissance de ces souverains imprévoyants.
Ce sont de magnifiques tombeaux qu'ils préparent pour
leurs prochaines obsèques, mais qui ne dureront pas long-
temps après eux.

Cette conclusion, qui se présente d'elle-même au premier exposé de son assertion, a sans doute empêché l'auteur d'aller plus loin, car en poursuivant les conséquences
de son raisonnement, il se serait aperçu qu'à la faveur du
commerce de ces villes si florissantes, les Grecs perdi-
rent leur énergie, leur liberté et la sublimité de leur littérature. Ce furent les résultats inévitables de l'esprit mer-

---

(1) Réflexions de M. Frédéric Schlegel, insérées dans la Biblioth-
que universelle du mois d'août 1826, page 345.

cantile qui s'empara de ces cités. Il les rendit plus riches, plus brillantes, plus peuplées, mais en même temps il corrompit les mœurs de leurs habitants, affaiblit leur caractère, la force de leurs institutions religieuses et politiques, accorda une funeste influence aux sophismes des charlatans et aux menées des ambitieux de toutes les espèces.

Sparte ne dut la conservation de ses mœurs et du superbe caractère national de ses habitants, qu'à l'attention de Lycurgue, leur législateur par excellence, de les éloigner, de leur inspirer un dégoût dédaigneux pour tous les objets qui tiennent au luxe, tant de la littérature et des beaux-arts, que pour ceux, plus matériels, amenés de force par le commerce et la civilisation. Pauvres, ignorants et grossiers, ils en imposèrent, pendant 6 ou 700 ans, à la Grèce entière, et subjuguèrent la brillante Athènes, remplie de richesses, de beaux-esprits et de monuments dont les ruines ou les débris font encore aujourd'hui l'admiration de toutes les personnes instruites. Mais enfin tout s'use; et sous des prétextes assez frivoles, Lysander, un de leurs derniers rois, ayant introduit les monnaies d'or et d'argent, au lieu de celle de fer, jusqu'alors en usage à Lacédémone; cette république enfreignant ainsi le principe fondamental de sa constitution, perdit sa force, devint comme tous les autres gouvernements, et bientôt après on n'en parla plus.

L'extrême civilisation arrête l'essor des sentiments naturels, et fait regarder leur manifestation en public comme une inconvenance qu'un homme de la bonne compagnie ne doit pas se permettre. « Le duc de Villeroi et le comte de Brienne, ex-ministres de Louis XVI, n'étaient certainement pas des êtres courageux; ils mentaient sans cesse à

leur conscience et se prosternaient devant un *bonnet rouge.*
Villeroy refusa, en prison, de jouer une partie de piquet,
parce qu'on lui présenta des cartes aux insignes de l'ancien régime. Le lendemain, il alla à la mort avec une
grande résignation et beaucoup de tranquillité. J'ai vu, au
contraire, des gens de la lie du peuple marcher au supplice en jurant, sacrant, prenant le ciel et la terre à témoin
de l'injustice qu'on leur faisait, et de la scélératesse de ceux
qui l'avaient ordonnée (1). »

Le contraste entre ces deux classes d'hommes, de conditions si différentes, est frappant : les uns avaient de la résignation, et les autres de l'énergie; les premiers allaient
au supplice comme des agneaux, non sans tache, qu'on
mène à la boucherie; et sous le couteau de la guillotine,
ils flattaient encore les idées favorites de leurs assassins,
afin de ne point se brouiller avec eux, et de s'entretenir
dans leurs *bonnes grâces;* tandis que les gens du peuple,
mûs par les fortes impressions d'une âme vigoureuse, se
débattaient à leur corps défendant, et jusqu'au dernier
moment, ils se livraient sans réserve aux élans que la nature leur inspirait; une rage d'indignation animait leur
courage, et, sans crainte de se compromettre, ils ne cessaient d'accabler d'injures les révolutionnaires qui les envoyaient à la mort, et les valets de bourreau qui allaient
les exécuter.

Si la chance eût tourné, si une révolte, un coup de

---

(1) Mémoires sur les Prisons, par Riouffe, tome I, page 85, collection des Baudoins.

main, une tentative d'insurrection, eussent présenté un rayon d'espoir de secourir, de sauver un de leurs camarades d'infortune, de se venger de leurs oppresseurs, et de les soumettre à la loi du talion, on aurait vu ces hommes grossiers, sortis de classes inférieures et presque incivilisées, s'élancer dans l'arène avec un zèle, un dévoûment et une témérité qui, quelquefois, leur eût assuré la victoire. Les riches propriétaires, les seigneurs de la Cour et de la ville, et même beaucoup de gens riches en place, dans ces moments de crise, se seraient au contraire tenus à l'écart, crainte de se compromettre en se mettant trop en évidence, prêts à profiter du succès des autres, et à en oublier les auteurs, presque aussitôt qu'ils croiraient n'avoir plus besoin de leurs bras, ni de leurs services.

Cette dissimilitude de caractère entre les concitoyens de la haute et de la basse classe de la société, provient uniquement de ce que, par les habitudes de leur vie entière, les gens du peuple se trouvent moins civilisés que les personnes de la bonne compagnie.

Passé certain degré, la civilisation énerve le corps et l'esprit des nations qui s'y livrent avec trop de complaisance. Elle obstrue le bon sens par des subtilités, les leçons de l'expérience par des arguties d'avocat, le fond par des formes insignifiantes et dispendieuses, et substitue les vices aimables aux vertus austères; les convenances de la société privée aux devoirs que la société générale exige, le calcul au sentiment, l'égoïsme au patriotisme, enfin l'amour de soi-même à celui de sa patrie.

Un État, jaloux de prolonger la durée de son existence, court donc de grands risques s'il veut trop civiliser ses sujets. Cette assertion, si opposée aux idées du siècle, n'en est pas moins prouvée par l'histoire de tant d'empires qui, après avoir jeté un brillant éclat dans le monde, ont fini par succomber sous le poids de leur extrême civilisation.

87. DE LA SOCIÉTÉ. Dès que les hommes se réunirent en société, ils eurent plus de rapports entre eux, ils se connurent davantage, se prêtèrent de mutuels secours, et, par les ouvrages qu'ils entreprirent en commun, ils diminuèrent considérablement la somme des travaux que chacun d'eux, s'il fût resté dans l'état sauvage, eût été obligé de faire et de renouveler journellement à lui seul. Il y eut plus de stabilité dans leur établissement, et les hommes jouirent de plus de loisirs ; les passions, ces mouvements produits par les agitations de l'âme et de l'esprit, commencèrent alors à faire sentir leur influence ; les idées devinrent plus générales et s'augmentèrent par leur communication réciproque ; les langues se formèrent, se perfectionnèrent et s'enrichirent ; cet art merveilleux de rendre ses pensées n'a pu naître que dans le sein de la société ; mais en même temps, il en est devenu le plus grand charme et le plus ferme soutien. Enfin, si dans l'état de société, l'homme a perdu de sa force individuelle et de son indépendance originelle, son espèce y a beaucoup gagné en nombre et en puissance, puisqu'elle a soumis à ces lois, et souvent même à ses caprices, la totalité presque entière des productions de la planète qu'elle habite.

Dans l'état de nature, *l'homme est un ;* il a partout le même esprit et le même caractère : travaillé par la société, il se montre sous plusieurs faces différentes, et, dominé par son imagination, on le retrouve dans les disparates et les extrêmes les plus opposés. Il n'est donc pas étonnant que le sauvage assujetti par ses seules habitudes, ait presque toujours préféré la vie vagabonde de ses pères, au séjour tranquille de nos cités ; et que, d'un autre côté, on ait vu des originaux sortir de leur état de civilisation, quitter les villes, abandonner leurs familles, leur patrie, leurs habitudes, et s'incorporer dans des nations de sauvages. Il faut d'abord se ressouvenir que les individus de ces nations n'étaient pas absolument dans l'état de nature ; nous ne les avons connus que dans celui d'une société à demi civilisée. Mais y eussent-ils été ? Ces exemples, en petit nombre, forment un argument bien faible, en faveur de ceux qui soutiennent que la vie sauvage est plus convenable aux hommes que celle des société ordinaires.

Tous les sauvages se sont successivement réunis en corps de société, plus ou moins civilisée ; et l'on ne connaît point encore de société politique dont l'ensemble des individus soit entré de plein gré dans l'état de pure nature. L'expérience fait donc présumer que l'état de société est celui qui nous convient le mieux. L'état sauvage est l'enfance ou le bas âge des hommes ; la société commence son adolescence, fortifie son âge mur, et suivant qu'elle est bien ou mal gouvernée, elle retarde ou hâte sa décrépitude et sa corruption. Ces groupes politiques, ces associations de famille en corps d'état, se font une à une, en différents temps et en différents lieux, par des circonstances accidentelles qui, en général, nous sont inconnues. C'est à l'époque de leur formation que l'homme, sentant la force et l'étendue de ses moyens, sort de la classe des *Quadru-*

manès, pour s'élever au-dessus de tous les animaux, et les assujettir sous sa verge de fer.

Les individus réunis en société s'usent et se polissent mutuellement, par les frottements continuels qu'ils éprouvent entre eux. La marche et les résultats de ces mouvements intestins et pacifiques qui, à l'égard les uns des autres, animent chacun des membres de ces différentes peuplades, s'appellent *civilisation.* Malgré ces avantages palpables, la civilisation, à l'instar de tous les établissements humains, entraîne après elle, beaucoup de grands inconvénients. J. J. Rousseau, avec son éloquence et sa logique ordinaire, les a dépeints de manière à ne laisser aucun doute à ce sujet. C'est maintenant aux politiques à se décider, entre les leçons de l'histoire de tous les peuples et de tous les siècles, et les raisonnements profonds d'un écrivain supérieur; entre l'état de société et celui de la nature; entre le possible et l'impossible; entre la réalité et la chimère. Une fois sortis de l'état primitif de la nature, les hommes civilisés n'y rentrent plus de plein gré. La société offre des plaisirs à la portée des sensations du sauvage; mais à coup sûr, l'abnégation de toutes choses, même de la prévoyance, qui fait le charme de sa vie, ne sera enviée par la totalité d'aucune société, déjà formée depuis quelque temps. Le genre humain, civilisé, peut être comparé à ce Satrape de Perse qui connaissait les délices de son pays, et qui ne pouvait pas se faire une idée de ceux que le Spartiate goûtait à Lacédémone.

L'erreur des écrivains politiques qui infestèrent l'Europe de leurs fausses maximes, et qui finirent par la bouleverser à la fin du dix-huitième siècle, provient uniquement de ce qu'ils ont confondu des idées spéculatives, des abstractions métaphysiques, sur l'essence et le caractère de l'homme primitif, avec l'art de le gouverner, lorsque rassemblé en masse au milieu de ses semblables, il fait partie d'une société politique. Les individus isolés dans les bois, jouissent entre eux d'une indépendance et d'une égalité parfaite; c'est l'esprit du vrai sauvage, et la base fondamentale du droit naturel qu'on nous a tant prôné. L'homme vivant chez un peuple civilisé, s'envisage sous d'autres rapports; et vouloir le ramener à l'état de nature, c'est rompre la société et replacer ses citoyens immédiatement après la création de notre race; c'est travailler comme un architecte *philolithe* (1) qui ferait abattre un édifice somptueux et solide, pour permettre aux pierres qui le composent de rentrer dans les carrières naturelles dont on les avait tirées.

Ce projet, des plus absurdes, est celui que des fous, avant d'être révolutionnaires, tentèrent d'exécuter, lorsqu'ils eurent acquis une autorité souveraine, sous le nom d'une assemblée soi-disant *nationale*. Ils tâchèrent de ramener toutes les institutions sociales et politiques de la France au droit de nature, qui, par sa *nature*, n'admet aucune institution, et dont le principe fondamental est une indépendance et une égalité parfaite parmi tous les individus.

Dans l'hypothèse que nous venons de risquer, cet archi-

---

(1) *Philolithe* signifie *ami des pierres*, comme *philanthrope*, *ami des hommes*.

tecte *philolithe* s'indigna de voir que des pierres sorties de
là même carrière, toutes du même grain, susceptibles de
recevoir les mêmes formes, le même poli, et de rendre le
même service, en un mot ayant intrinsèquement les mêmes
qualités, fussent respectivement rangées dans des situations
aussi déplacées, les unes à l'égard des autres. Son zèle le
transporte; il se plaint amèrement, et ne se lasse point de
répéter des reproches virulents contre ses compatriotes, de
ce qu'en violation des droits de la nature, ils laissent subsister des distinctions aussi dégradantes, parmi toutes ses
productions d'une origine commune. « Vous observerez,
leur dit-il, à votre honte et à celle des lumières du siècle
où vous vivez, que le plus grand nombre de ces pierres
ont été dédaignées, laissées brutes et enfouies dans l'obscurité des fondements, avec la charge de soutenir, à elles
seules, tout le poids de l'édifice, sans jouir d'aucune considération, ni d'aucun de ses avantages; tandis que d'autres, taillées et façonnées avec soin, sans avoir plus de
mérite que leurs sœurs d'une même origine, attirent les
regards des observateurs, souvent leur admiration, et
jouent les premiers rôles aux approches de la clef de la
voûte, que la plus privilégiée d'entre elles remplit avec
splendeur. »

L'ensemble était beau, imposant, solide, et depuis des
siècles il remplissait parfaitement le service qu'on en attendait, quand on l'a bâti. La vue, la durée et l'utilité de
cet admirable édifice, touchèrent peu cet architecte, ainsi
que les brouillons, ses confrères. Le plan sur lequel il avait
été exécuté contrariait trop les droits imprescriptibles que
la nature avait octroyés à chacun de ses éléments constitu-

tifs, pour qu'on dût conserver plus long-temps un pareil ouvrage, élevé d'après des principes si *dénaturés*. Aussitôt, ces patriotes, ces chefs de bandes noires, invoquant la justice éternelle, sous le prétexte spécieux de rendre à chacun la place qui lui était due, abattirent, à coups de hache révolutionnaire, ce monument consacré par le temps et la sagesse de nos pères. Ils le renversèrent; la multitude, qui d'abord avait applaudi aux premiers essais de ces opérations destructives, au lieu d'un surcroît de bien-être et de la perfection des choses que ces empiriques lui avaient promis, fut fort étonnée de se trouver sans asile, au milieu de ces superbes palais, de ces églises magnifiques, démolis sous ses yeux. Tel sera, nécessairement, le sort de toutes les sociétés politiques un peu étendues, qui voudront se donner une nouvelle forme de gouvernement et de nouvelles institutions administratives, principalement basées sur le droit naturel.

C'est en abandonnant cette liberté indéfinie de l'homme individuel, et en se soumettant, sans restriction, aux lois de la propriété, que les sociétés s'établissent et se maintiennent dans l'ordre, en méritant les éloges des hommes d'État et des vrais politiques.

88. BONHEUR DU PEUPLE (le) est le mot d'ordre, le cri de ralliement de tous les novateurs, bien ou mal intentionnés, qui ont voulu opérer des changements et même des révolutions dans les gouvernements qui ont été assez sots pour les écouter, et donner dans leur sens.

Que de nations ont perdu leur bonheur réel, en abandonnant les principes de leur ancien gouvernement, pour

11*

se livrer, sans réflexion comme sans retenue, à de nouveaux systèmes de législation, de composition et de recomposition des sociétés politiques qui, selon leurs auteurs empiriques, devaient agrandir et consolider à jamais le bonheur du peuple !

D'ailleurs, chaque nation, suivant l'esprit qui l'anime à certaine époque, diffère sur l'idée qu'elle attache au bonheur du peuple. Cette expression n'a jamais eu un sens bien déterminé, qui fût généralement reconnu et adopté dans tous les États. Les Athéniens plaçaient le bonheur du peuple dans la prospérité de son commerce et dans les jouissances des beaux-arts. Par le mépris et les privations de ces superfluités, les Lacédémoniens, au contraire, croyaient faire le bonheur du peuple. Avant la destruction de Carthage, les Romains mettaient leur bonheur à conquérir et à dominer leurs voisins; après cette époque, ils ne se crurent heureux qu'au milieu des richesses et du luxe qu'elles entraînent avec elles..... *Ce qui fait le bonheur de l'un fait le malheur de l'autre*, est un vieux proverbe dont la sagesse se vérifie à chaque instant.

Un peuple doit se croire heureux quand il est libre, c'est-à-dire quand son gouvernement conserve et défend, avec un respect religieux, les propriétés des citoyens, leur sûreté personnelle et leurs habitudes nationales.

89. Principe fondamental d'une bonne Législation. Chaque peuple doit avoir des lois et une constitution analogues à son caractère et à ses habitudes. Ce principe posé deviendra un point de reconnaissance qui ralliera les opinions égarées, leur indiquera un rendez-vous commun, et dirigera la route des gouvernements sur cette mer d'incertitude où, depuis plus d'un siècle, les souverains de l'Europe sont ballotés par les vagues tumultueuses que les différents systèmes politiques ont soulevées tour à tour.

La conséquence la plus prochaine qu'on tirera de ce principe sera de chercher dans l'histoire les mœurs et les habitudes du peuple dont le gouvernement nous est confié, quel est le fond primordial de son caractère, les institutions qui ont le mieux réussi chez lui, les variations de son esprit national, leurs causes, les effets des innovations qu'on a faites dans ses constitutions successives, enfin les suites, bonnes ou mauvaises, des changements qu'on y a introduits.

Cette méthode, d'aller du connu à l'inconnu, assimile la politique et la législation à celles de toutes les autres sciences. Cette similitude est déjà une découverte précieuse, puisqu'elle nous donne une règle de conduite à suivre; c'est que, dans l'art du gouvernement, il faut aller pas à pas, tout amener, et ne brusquer que le moins possible. Il n'y a qu'un désordre extrême, une anarchie ou une révolution fortement prononcée, qui justifie l'adoption d'un système absolument opposé; encore, on réussit souvent mieux à se sauver de ce danger, en frappant sur les factieux, en conservant les institutions intactes, en les composant de personnes honnêtes, fermes et instruites.

Ainsi vous voyez comme tout s'enchaîne; des deux principes que nous venons de trouver, on en tire une conséquence qui n'est pas la moins utile, savoir: Tout législateur doit régler son gouvernement selon les leçons de l'expérience, et ne jamais souffrir qu'on régénère le peuple qui lui est confié, d'après les chimères philosophiques et les raisonnements des métaphysiciens, qui, jusqu'à présent, n'ont produit que des troubles et des convulsions, aussi funestes aux souverains qu'à la prospérité de leur empire. (Extrait de l'Épître dédicatoire de l'*Art de faire les Lois*. Paris, 1820; in-octavo.)

90. HUMANITÉ. Mot assez insignifiant en politique, au nom duquel on a pourtant fait commettre beaucoup d'*inhumanités*.

91. SALUT PUBLIC. Funeste expression qui renferme le sacrifice de la morale, à ce qu'on est convenu d'appeler l'intérêt de l'État, c'est-à-dire à ce qui est favorable aux passions de ceux qui gouvernent dans le moment.

92. DROIT CIVIL ET DROIT POLITIQUE. Toute relation du gouvernement avec les citoyens, et tout ce qui intéresse l'État est du domaine de la *loi politique*; tout ce qui règle les rapports des citoyens entre eux, est du domaine de la *loi civile*.

Un gouvernement s'individualise quelquefois, et alors ses transactions sont soumises à la loi civile, comme celles des particuliers.

Lorsque le gouvernement m'impose une contribution, ou m'appelle à un service militaire, je suis sous l'empire du droit politique; parce que c'est en vertu de ce droit qu'il m'impose des obligations partagées avec d'autres, rangées dans la même catégorie.

Quand le gouvernement fait librement un marché avec

un fournisseur, ils sont tous les deux sous l'empire du droit civil.

Dans le premier cas, le gouvernement agit comme prince, ou souverain, et dans le second, comme un individu contractant avec un autre, et tous les deux, par conséquent, sont passibles devant tous les tribunaux ordinaires.

« Il ne faut donc pas décider, par les règles du droit » civil, des affaires qu'il s'agit de décider par le droit poli- » tique (1). Pour conclure des droits d'un particulier à » ceux d'un État, il faudrait une assimilation parfaite entre » l'État et un particulier; or, c'est ce qui n'existe pas. » L'État est une abstraction composée, non de ce qui est » aujourd'hui exclusivement, mais de ce qui a été et de ce » qui sera. L'État est le corps social, en y comprenant son » existence passée, présente et future. Un particulier, au » contraire, est un être présent, fugitif, limité dans son » existence et dans ses rapports positifs. Comment donner » les mêmes droits à deux êtres d'une nature si diffé- » rente? (2) »

93. RELIGION. Mot céleste et tout-puissant, qui vous enlève de dessus la terre pour vous transporter dans les cieux.

On ne raisonne point sa religion; on la croit avec confiance, ou l'on n'en a pas.

---

(1) Montesquieu, *Esprit des Lois*; livre XXVI, chapitre 18.
(2) Sur la cause et la marche des effets de la Révolution, par M. Taillandier. Paris, 1820; page 180.

La religion combat et terrasse toutes les passions humaines; elle n'en conserve qu'une, celle de plaire à la Divinité qui est l'objet de son culte.

L'homme religieux méprise les richesses, foule aux pieds les vanités du monde, et n'a d'autre ambition que d'obtenir des souffrances et une mort qui soient agréables à son Dieu.

Avec de telles dispositions, on fait des hommes ce qu'on veut; on élève leur âme, on change leur caractère, on leur inspire des sentiments favorables à des desseins prémédités; enfin, avec la religion, on fabrique des armes enchantées et toutes-puissantes pour la politique qui sait s'en servir. Mahomet, le Vieux de la Montagne, et une infinité d'autres faux prophètes en ont beaucoup abusé; mais quels effets sublimes et inconcevables de pareils abus n'ont-ils pas produits dans des mains habiles?

Si la religion n'enseigne pas la morale et ne tend pas à rendre les hommes meilleurs et plus vertueux, elle n'est qu'une absurde et plate momerie; la propagation de la vertu doit être son objet politique.

94. INDIFFÉRENTISME. L'*indifférentisme* est le zéro mathématique, en fait de religion; et la suite naturelle de la parfaite égalité et du libre exercice que, dans un même pays, on accorde indistinctement à tous les cultes (1). Cette secte,

---

(1) Si l'on faisait en France plus d'attention aux conséquences des lois que l'on promulgue, l'édit du cardinal de Loménie, concernant les non-catholiques, et les articles de la Charte qui donnent indéfiniment

depuis la révolution française, a beaucoup augmenté en Europe le nombre de ses partisans.

L'indifférentisme enseigne à s'occuper uniquement de son bonheur charnel, et d'être d'une extrême indifférence pour tout le reste.

Ne pas s'inquiéter le moins du monde du sort de son âme, de sa patrie, de sa famille, de ses amis et de ses voisins; ne penser qu'à soi et à satisfaire ses goûts, voilà, en peu de mots, le catéchisme de la secte, et le dernier terme de perfection où, selon la doctrine qu'elle a adoptée, l'homme doit prétendre atteindre.

L'indifférence détache; la politique, au contraire, veut tout lier. L'indifférentisme est donc incompatible avec une bonne législation (1).

« Tout peut être excusé, a dit Casalès, dans son fameux discours sur les ministres, hormis la lâche indifférence pour la chose publique. Les mesures les plus violentes, les principes les plus exagérés, sont les suites de la *faillibilité* de l'esprit humain. Des actions peuvent être atroces et des intentions pures; mais comment excuser ces âmes froides et viles, que n'échauffa jamais le saint amour de la patrie;

à tous les cultes, le libre exercice de leur religion, eussent été mieux rédigés.

Voyez, sous le masque du persifflage, la critique de ces deux ordonnances, en faveur d'une tolérance indéfinie, les excès légaux et scandaleux qu'elles entraînent, et qu'aucun tribunal ne peut réprimer, parce que le texte de la loi les autorise formellement.

(*Tydologie*, tome II, pages 573 et suivantes.)

(1) Voyez ci-après le mot *Tolérance religieuse*, p. 172, n° 96.

ces âmes concentrées dans l'abjection du *moi* personnel, s'isolant de la chose publique, parce que la chose publique est en danger, gardant une honteuse neutralité quand les plus grands intérêts se balancent, qui se cachent lâchement lorsque les méchants s'agitent, et que les factieux se saisissent du timon de l'État. »

95. Athéisme. Négation absolue de l'existence de Dieu. Point de Dieu, point de religion.

L'athéisme est donc une croyance destructive de tous les cultes possibles, passés, présents et à venir. Il fait, par conséquent, partie nécessaire d'un traité sur les avantages et les inconvénients politiques qu'ont les dogmes religieux dans un État, de la même manière que les considérations sur le froid, ou l'absence absolue du chaud, entrent de droit dans un cours de *calorisme*, ou de la science qui s'occupe de l'origine, de la marche et des effets de la chaleur.

Malgré leur indifférence prononcée sur les récompenses et les punitions qu'on doit espérer ou craindre après la mort, les athées n'en sont pas moins un corps redoutable de propagandistes, exclusifs dans leurs dogmes et fanatiques dans leurs œuvres, comme et plus qu'aucune autre secte connue. L'expérience ne nous l'a que trop démontré. Les philosophes, ces apôtres infatigables de l'athéisme, de l'impiété et des principes anarchiques et subversifs des sociétés existantes, commencèrent leur mission par prêcher la tolérance, le libre exercice, irréfléchi et inconsidéré, de toute espèce de culte dans un même pays; par discréditer, diffamer et rendre odieux l'inquisition et les tribunaux souverains et respectables, chargés de surveiller la morale publique et les actions des citoyens ; et par se préparer d'avance des garanties contre les poursuites et les vindictes judiciaires que ces perturbateurs craignaient, et dont ils auraient eu justement beaucoup à souffrir. Vrais Caméléons, ces prédicateurs de l'athéisme, des crimes et du désordre, prirent les couleurs les plus douces, les formes les plus attrayantes, et le ton d'une philantropie pleine de sensibilité, et enflammée du désir ardent de faire le bonheur de tous les peuples, en les liant par le *contrat social*, sous le joug des lois naturelles. Cette duplicité, ces moyens parfaitement ourdis d'une trahison préméditée, engagèrent, sous leurs drapeaux, une troupe de fripons qui les entendirent, et une foule de sots qui ne les entendaient pas.

Forts par le concours de ces diverses associations, ces Athées philosophes lèvent le masque, et écrasent sans pudeur, sans pitié, et sans remords, les institutions et les individus qui contredisent leurs raisonnements et humilient leur amour-propre. Ces frères et amis du libre exercice de tous les cultes, en prêchant toujours la tolérance, se montrent les êtres les plus intolérants. Ils abattent les temples, ils brisent les autels, massacrent les prêtres, dépouillent les corporations pieuses, s'emparent et partagent, entre eux et leurs complices, le bien des églises et celui des pauvres. Confondant ensemble, et avec raison, le clergé et les honnêtes gens, ils tuent indifféremment les membres de ces deux corps, les volent tous, et les abandonnent ensuite aux insultes de la canaille qu'ils ont soulevée contre leurs victimes. Ils laissent, par ces dévastations, qui ont le malheur de ne pas être exagérées, un champ stérile, couvert de ruines et de cadavres, sans rien substituer à la place de ces liens sociaux, qui, dans les autres systèmes de gouvernement, unissent et consolent les hommes.

Voilà ce que nous avons vu, voilà ce que nous voyons, et ce que l'on verra toujours. Ces vues perpétuelles des suites inévitables de l'athéisme, prouvent, sans réplique, que l'autorité de ses prédicants, et de leurs prosélytes, est cent fois pire que celle des magistratures qui ont poursuivi, avec persévérance, ces athées législateurs, au grand avantage des États où elles étaient établies, et des princes qui les ont soutenues.

L'athéisme régnant en France depuis 1790, a le droit de se vanter, à juste titre, d'avoir sacrifié un million de victimes, en expiation, aux mânes de chaque Juif, que les inquisitions réunies d'Espagne et de Portugal, ont fait périr, sur un auto-da-fé, dans le cours de leur existence.

Un athée de conviction, n'ayant point de confesseur, ne doit compte à personne des secrets de sa conscience. Mais il devient criminel, dès l'instant qu'il essaye de propager sa doctrine ; et les lois ne sauraient prendre trop de précautions, pour garantir les peuples des maux que ces philosophes leur préparent, dans leur cours public de l'athéisme.

96. TOLÉRANCE RELIGIEUSE. Quoique la révolution ait été préparée, entreprise, poursuivie et non pas achevée par des académiciens chargés de fixer la langue française, et de donner la vraie définition des mots, ces savants linguistes, par une distraction singulière, ou par des arrière-pensées plus criminelles, ont confondu, dans leur dictionnaire, la *tolérance religieuse*, avec les droits d'une égalité parfaite,

accordée à l'universalité des cultes, de suivre, d'exercer librement, et sans la moindre exception, les rits, les préceptes et les cérémonies de toutes les religions du monde.

D'après cette définition, la tolérance religieuse, au lieu d'être une vertu politique, en devient un vice, puisque toutes les sectes ont des maximes, des obligations, des cérémonies, et des usages différents ; que dans le nombre beaucoup se contredisent et sont incompatibles les uns avec les autres, en ne reconnaissant point de religion dominante. En accordant indistinctement une autorité légale à tous les cultes, on introduit dans l'État une cacophonie, source de querelles inépuisables ; et on crée, dans les tribunaux et dans le commerce de la vie, une quantité prodigieuse d'incertitudes sur ce qu'on doit *tolérer*, ou sur ce qu'on doit défendre.

Les chrétiens fêtent le dimanche, les juifs le samedi, les mahométans le vendredi ; les habitants de Bénin, tous les cinq jours, changent l'époque de leur sabbat. Quelle règle suivra-t-on, pour établir les jours de férie dans les tribunaux, et comment rassembler, en corps de magistrature, des juges chrétiens, juifs, mahométans et béninois qui, tous, par leur religion, ont des jours différents à sanctifier, par le repos et la cessation de toute affaire temporelle ? Comment fixer les époques fixes du paiement des lettres de change, des assignations de justice, de l'arrestation des débiteurs, de la confection des travaux publics, du balayage des rues, et mille autres objets de police générale, qu'il est impossible d'effectuer, en même temps, à des jours marqués d'avance par la loi, sans scandaliser, et peut-être révolter une portion plus ou moins nombreuse de ces divers sectaires, habitant une grande ville populeuse et commerçante?

Les cours d'assises pourront-elles sans enfreindre, condamner, en certaine occasion, un assassin qui se dira de la religion des anciens mexicains, et qui prouvera avoir tué son homme dans l'exacte observance des rits de son culte? Comment prononceront-elles une sentence contre un inceste avec sa sœur, si l'accusé est un guèbre? De quel droit puniront-elles un bigame, un trigame, et un quadrigame, si le coupable est juif ou musulman, puisque Jacob eut quatre femmes, et que l'alcoran permet d'avoir en même temps quatre épouses légitimes? Cette énumération serait longue, si nous voulions la compléter. Mais, de bonne foi, aucun individu, atteint et convaincu d'avoir commis un des crimes dont nous venons de parler, peut-il être soumis à la vindicte des lois, sans violer ouvertement, et de propos délibéré, l'article 5 de la charte, qui dit en termes exprès :

Chacun professe sa religion avec une égale liberté, et obtient, pour son culte, la même protection.

Son texte est formel; si l'on se permet de l'entendre, de le modifier et de le rectifier selon qu'on le juge à propos, la charte cesse d'être le code fondamental de notre gouvernement, et ne présente plus, comme l'ancienne mythologie, qu'une suite d'allégories, que chacun a le droit d'expliquer et d'appliquer à sa manière. Ne serait-il pas urgent de la traduire en bon français, afin de lui faire dire ce qu'elle veut dire, et qu'écrite en langage clair, précis et intelligible, on ne soit plus obligé d'avoir recours à des interprétations qui, presque toujours, donnent, à chacun de ses articles, un sens diamétralement opposé à celui des phrases qui la composent ?

Dans un pays où toutes les sectes jouiront d'une parfaite égalité dans les exercices de leur culte, les individus seront d'une indifférence absolue pour la religion qu'ils professent, ou bien des rixes et des disputes les diviseront sans cesse entre eux, surtout si, par leur caractère national, ces peuples, sont, comme en France, querelleurs et *partisans de la bataille.* Ces inconvénients du mélange de plusieurs religions, sur un même territoire, ne sont pas plus vivement sentis dans le Languedoc que dans le Poitou, dans les pays méridionaux que dans ceux du nord.

Les temps de la ligue, dit-on, sont passés ; mais les éléments, avec lesquels elle s'était formée et soutenue, existent encore dans le cœur humain. Si l'esprit du siècle empêche un enthousiasme religieux d'enflammer les hommes d'aujourd'hui, les philosophes ont créé, en remplacement, un fanatisme anti-religieux et spoliateur, plus redoutable, et dont nous avons nouvellement ressenti les tristes effets. Parmi ces sectes qui vivent tranquilles avec la foule des autres, sous la protection des lois, n'y en aurait-il point quelques-unes dominées par des congrégations ambitieuses, habiles et persévérantes ? Elles se soumettront avec une pleine confiance et une parfaite subordination, sous l'autorité d'un consistoire central qui, dans le silence, cimentera ses liaisons, préparera ses moyens, fanatisera ses prosélytes, en augmentera le nombre, et ne lèvera l'étendard de la révolte et de ses prétentions à l'empire exclusif de son pays, qu'au moment où, se confiant sur ses forces, il se croira sûr de vaincre et d'assujettir sous un joug de fer, les restes de leurs compatriotes qui ne penseront pas comme ces nouveaux fanatiques, sur la manière dont on doit faire son salut.

Les sectes faibles implorent la tolérance ; elles deviennent plus exigeantes, à mesure qu'elles se renforcent, et on les voit intolérantes et persécutrices, du moment où leur autorité acquise leur permet de l'être impunément. Lisez l'histoire de la ville de Nîmes, et vous y verrez les horreurs que les protestants du Languedoc commirent en 1789, 90 et 91, contre leurs compatriotes catholiques. C'est-là la marche qui est assez généralement suivie par les passions humaines.

- L'homme est un être impérieux et intolérant par sa nature. La tolérance illimitée de tous les cultes n'est point compatible avec son caractère. Elle n'est jamais que passagère chez une nation quelconque. Un peuple ne peut se garantir de ses funestes effets, que par la force d'une religion dominante, ou par une indifférence totale pour tout principe religieux. Les premiers philosophes, qui ont préparé les éléments de la révolution, le savaient bien. Ils n'ont prêché la tolérance avec tant de zèle, que pour soulever les sectaires contre les magistrats qui les contenaient ; exciter des haines et des indignations contre la religion dominante et son clergé ; se ménager des complices et des collaborateurs, pour renverser le gouvernement existant en France, et en substituer un autre, régénéré suivant leurs principes, et dans lequel ils espéraient avoir une influence et une autorité despotique.

On a beaucoup fait valoir, en faveur de la tolérance religieuse, la foule des ouvriers, des artistes et des hommes de mérite, en tous genres, qu'on attirait et qu'on fixait dans un État, en leur accordant liberté et protection, pour y exercer le culte qui leur convenait.

Aux lieux communs de la philanthropie, les avocats de cette cause joignaient les progrès de l'industrie, les avantages du commerce, et les bénéfices que le fisc en retirerait. Ces raisons sont palpables, quand on fonde une colonie dans un désert ou dans un pays sauvage qu'on veut peupler et civiliser au galop, afin de jouir promptement des profits qu'on s'en promet ; mais aux yeux d'une saine politique, quel spectacle lui présente ce ramassis d'hommes professant toute espèce de culte et de morale, et ne pratiquant, pour ainsi dire, les préceptes d'aucun ? Hors de leurs défenses personnelles contre les attaques des barbares qui les entourent, n'est-il pas indispensable de contenir et de gouverner, par le pouvoir presque arbitraire d'une police active et surveillante, ces vagabonds venus des quatre parties du monde ?

Quoi qu'il en soit, tolérer que quelques personnes pratiquent leur culte en particulier, ou accorder à leurs rits, à leur morale, à leurs préceptes, à leurs prêtres, une autorité et une considération égales à celles de la religion dominante, *c'est tout à fait différent*. La promulgation, à son de trompe, d'une tolérance religieuse et indéfinie, n'est donc pas nécessaire dans cette occasion.

Quant au bénéfice du fisc, provenant des avantages du commerce et des progrès de l'industrie, ces motifs si puissants sur des souverains qui ont toujours besoin d'augmenter leurs recettes, se trouveront illusoires, si l'on consulte l'expérience et l'esprit du siècle.

I.

Il entrait dans l'éducation de quelques négociants, artistes et artisans, nos contemporains, comme une nécessité,
l'usage de se faire naturaliser *hollandais*, avant d'exercer leurs
professions, afin de n'avoir aucune difficulté de fouler aux
pieds un crucifix, quand cette formalité pouvait leur permettre de commercer au Japon, ou de se fixer dans tout
autre pays, où ils espéraient gagner de l'argent. Dans ce
cas, la tolérance ou l'intolérance religieuses, les touchaient
peu ; et ils les comptaient pour rien dans les calculs de
leurs spéculations. En fut-il autrement ? Ce n'était point
à une petite portion de sectaires, à faire, chez un peuple
étranger, la loi à la grande majorité de ses habitants, qui
professaient la religion dominante.

On comptait en France, avant la révolution, 26 ou 27
millions d'âmes, et dans ce nombre, il n'y avait pas un
million de calvinistes. La quantité des juifs et des autres
dissenters est si faible en proportion, qu'il est inutile de les
compter. Je ne doute point que parmi ces protestants, on
y trouvât des personnes honnêtes, instruites, capables
d'occuper des places importantes, et d'en remplir digne-
ment les fonctions ; mais, par les mêmes raisons, les catholiques en présentaient 25 à 26 fois davantage. Ainsi
l'État avait de la marge, et ne courait aucun risque d'être
mal servi, en exigeant que les fonctionnaires publics profes-
sassent tous la même religion. Le déficit de bons magistrats
et de bons officiers en tout genre, attribué, en France, à l'exclusion des protestants de ces emplois, a été au moins, dans
le cours du règne de Louis XVI, une chimère qui ne pouvait
prendre de consistance que chez un peuple plus empressé de
décider sur ce qu'on lui dit, que de réfléchir sur ce qu'il voit.

Cette exclusion était d'ailleurs généralement éludée. On voyait des calvinistes remplir des places municipales, des charges de notaires, porter la croix de Saint-Louis, entrer dans tous les corps, et participer, sans différence, avec les catholiques, aux grâces et aux avancements qui y étaient attachés ; et la plupart d'entre eux, quand ils avaient acquis une certaine aisance, faisaient élever leurs enfants dans la religion dominante. Le souvenir des dragonnades était passé ; on ne songeait plus à le rappeler, et la tolérance religieuse était à son comble. Elle tendait, par des moyens doux et invincibles, à l'unité du culte, à l'extinction des sectes et des querelles religieuses ; quand on vit les philosophes, frémissant de se voir enlever ce levain si puissant de discorde, faire insérer avec emphase, dans les *droits de l'homme*, une tolérance religieuse et indéfinie, pour avoir le droit d'être les persécuteurs les plus intolérants de la religion catholique, qui était la dominante en France.

Les principes religieux sont intimement liés avec ceux de la politique. Il y a des religions qui favorisent ou contrarient les gouvernements dans lesquels on les professe. La mahométane soutient le despotisme, la catholique les monarchies, et le calvinisme les démocraties pures. Donnez à cette dernière une prépondérance indiscrète dans une monarchie : ses sectaires seront sans ferveur, ou ils la réduiront bien vite en un état républicain, ou à peu près. C'est une considération que les souverains, de quelque religion qu'ils soient, ne doivent jamais perdre de vue.

On ne doit point oublier que tolérer vient du verbe latin *tolerare*, qui veut dire supporter. Le vrai sens de ce mot

12*

implique donc toujours une sorte de contrainte, de répugnance à tolérer, à supporter ce qu'on ne peut, ou ce qu'on ne veut pas empêcher. Ce sont des symptômes de faiblesse ou d'insouciance, dont il faut se méfier en politique.

Ainsi la tolérance religieuse est un vice politique, capable d'amener les excès les plus désastreux dans un État, si elle n'est pas contenue et restreinte dans de justes limites.

« Oui, disait Louis XVI à Malesherbes, quand ce magistrat était son ministre, dans les premières années de son règne; oui, je conviens avec vous que l'humanité réclame la tolérance. La persécution ne convertit point; elle ne fait que des hypocrites et des traîtres. La douceur qui persuade vaut mieux que la sévérité qui aigrit : aussi ne veux-je pas qu'aucun soit recherché et puni, pour l'unique fait d'opinion religieuse. La loi qui statue sur le sort des protestants, est une loi de l'État : l'auteur en est Louis XIV. *Les cours souveraines sont d'avis de la maintenir.* Ne déplaçons pas les bornes anciennes; la sagesse les a posées. Défions-nous surtout des conseils d'une aveugle philanthropie.

» Où est donc, ajouta le roi, l'atteinte portée à la justice ? Le salut de l'État n'est-il pas la suprême loi ? Depuis près de deux cents ans, des guerres de religion agitaient la France; Louis XIV, en éloignant de la grande famille quelques membres turbulents, voulut ramener la paix dans son sein, comme c'était son devoir. Que les protestants, s'ils trouvent ma domination trop dure, vendent ce qu'ils possèdent dans mes États, et qu'ils aillent s'établir ailleurs : je ne les en empêche pas. Mais la justice est-elle de sacrifier au bien-être d'un petit nombre de mes sujets, la tranquillité de tous?

» M. le cardinal de Loménie obtint peu de temps après cette tolérance pour les protestants ; sous son ministère, les protestants ont joui d'un état civil. Cette faveur méritait de leur part quelque reconnaissance. Vous savez, comme moi, ajouta Malesherbes à M. Hue, que le roi n'a pas eu de plus mortels ennemis.

» Pour être un bon ministre, l'instruction et la probité ne suffisent point. Turgot et moi en sommes la preuve : Notre science était dans les livres, et nous n'avions aucune connaissance des hommes (1).

97. IMPIÉTÉ. Un particulier est un athée, et non pas un impie, s'il ne prend pas à tâche d'afficher et de proclamer son irréligion,

Mère et fille d'une tolérance religieuse et indéfinie, l'impiété est une bête féroce, rugissant de colère, dès qu'elle entend prononcer le nom de Dieu, aiguisant ses dents, préparant ses griffes pour renverser les autels, dévorer leurs ministres, et arracher du cœur humain les sentiments religieux qui l'animent et le bonifient.

L'impie ne se contente point de nier l'existence de Dieu : il ne tolère pas, il défend à chacun d'y croire ; et si l'athéisme a ses disciples, l'impiété a ses séides.

Ces prédicateurs impérieux, ces apologistes du néant, ces précurseurs révolutionnaires, ces blasphémateurs fana-

_____

(1) Voyez les *Conversations* entre Malesherbes et M. Hue, dans l'ouvrage intitulé :

Dernières années de Louis XVI, par M. Hue ; imprimerie royale, 1816, pag. 414. — 15.

tiques ; ces propagandistes sacriléges, ces perturbateurs
infatigables des consciences timorées, ces impies, en un
mot, sont les ennemis les plus redoutables qu'une société
puisse avoir dans son sein. Leurs entreprises excitent les
troubles, leurs maximes encouragent la révolte, leurs discours portent à l'anarchie, et leurs plans avoués et secrets
tendent, sans distraction, à presser l'achèvement de leur
projet favori, de couvrir de ridicule et d'insultes la vénération et le culte qu'on doit à la divinité, afin de les détruire plus aisément, et d'anéantir, par contre-coup, les
institutions, les liens sociaux et la subordination dans tous
les ordres de l'État. Si tous les impies n'ont pas ce but infernal en vue, ils y mènent au galop, sans s'en apercevoir ;
ils sont aveugles, mais non pas innocents. Les impies et
les conspirateurs contre un gouvernement établi, étant également coupables aux yeux de la justice divine et humaine,
ils méritent qu'elles les condamnent aux mêmes supplices.

98. Blasphémateurs. « *Dieu*, disent les philosophes,
*a-t-il besoin du secours des rois, pour se venger des injures que
les blasphémateurs profèrent contre lui ? Et quand le Tout-
Puissant souffre l'égarement de quelques faibles créatures, de
quel droit d'autres créatures, tout aussi faibles, osent-elles
être plus sévères que lui ?*

» Ah ! sans doute, Dieu n'a nul besoin des hommes,
quels qu'ils soient ; il est autant au-dessus de nos injures
que de nos hommages ; nous ne le dégradons pas plus par
les unes, que nous ne l'honorons par les autres. Sa majesté
divine est toute entière dans son essence ; elle est indépendante de tout ce qui n'est pas Elle. Mais si l'homme

183

n'est pas nécessaire à Dieu, qui osera dire que Dieu n'est pas nécessaire à l'homme ? Dieu est le véritable maître, dit Saint-Augustin, parce qu'il n'a pas besoin qu'on le serve ; et s'il veut être servi, ce n'est pas pour son propre avantage, c'est pour l'utilité de ceux auxquels il fait une loi de le servir.

» En effet, dans le système social, comme dans celui du monde, Dieu est une condition rigoureusement nécessaire ; il est à la tête de la société, comme à celle de l'univers ; ni l'un ni l'autre ne saurait exister sans lui. Or, si les peuples sont forcés, sous peine de la vie, de porter des lois contre les auteurs des outrages faits aux rois, qui tiennent la place de Dieu sur la terre, ou aux magistrats qui tiennent la place des rois, comment ne serait-il pas essentiel à leur existence, d'en décerner contre ces blasphémateurs insensés qui insultent celui par qui règnent les rois, et par qui les peuples existent ?

» Attaquer la société dans son chef suprême, c'est l'attaquer dans sa partie la plus noble ; c'est l'anéantir autant qu'il est en soi ; c'est se rendre coupable du plus grand des forfaits, et appeler sur sa tête toute la sévérité des lois, la sainte indignation de la société, et la juste rigueur du prince. » (Extrait du *panégyrique de Saint-Louis*, prononcé par M. l'abbé *Bérault*, à Paris, le 25 août 1823.)

99. Inquisition. C'est un Tribunal composé de moines, auquel l'Espagne doit la conservation de ses doctrines, la garantie de son ordre social, la bonté de son esprit public, le maintien de la tranquillité intérieure et l'avantage inestimable d'avoir résisté à la tentation de se livrer aux guerres

civiles de religion, qui ont été si longues et si communes en Europe, depuis la réforme de Luther.

Remarquez que c'est sous les règnes de Ferdinand et d'Isabelle, de Charles Quint et de Philippe II, aux époques où l'inquisition était la plus forte, que l'Espagne a été dans l'état le plus florissant.

Les philosophes qui s'étaient faits les *Don-Quichotte* de la félicité du genre humain, afin d'avoir un prétexte de le tourmenter et de bouleverser tous les gouvernements, dans l'espérance de profiter de quelques-uns de leurs débris, n'ont cessé de jeter les hauts cris contre l'inquisition. C'est tout simple : les criminels ne tarissent jamais en invectives contre les gendarmes qui les arrêtent, dans le cours lucratif de leurs exploits.

Par l'acharnement de nos écrivains politiques, le nom de l'inquisition était pourtant devenu odieux à toute l'europe, excepté au royaume d'Espagne qui l'aimait. L'histoire de ce royaume, depuis la dernière invasion que les français y ont faite, le prouve sans réplique. L'inquisition eût-elle été cent fois plus abominable qu'on nous la représentait, des étrangers qui, par leur position, étaient à l'abri de ses coups, ont-ils eu le droit d'en exiger la réforme. Eh ! mon Dieu ! on a tant de peine à se bien gouverner chez soi ! On aurait bien dû s'en tenir là, et laisser aux autres États le droit de se régir comme il leur convenait.

100. CONGRÉGATION. On demande ce que c'est qu'une congrégation. Sous l'empire de la charte, ce mot est vide de sens quant aux personnes.

On n'a nul besoin de la permission de l'autorité pour s'unir spirituellement, par des croyances, suivre les mêmes pratiques, porter le même habit, soumettre sa volonté, et faire de sa liberté et de ses droits civils tel usage positif ou négatif que l'on trouvera bon. *On n'a nul besoin de la permission de l'autorité*, pour reconnaître, dans son intérieur, un chef, obéir librement à ses statuts connus ou inconnus; enfin *on n'en a nul besoin* pour vivre en commun sous le même toit, en quelque nombre que ce soit, sauf, dans tous les cas, à répondre personnellement, devant les tribunaux, des actions condamnées par les lois.

C'est la seule vraie *liberté politique* à laquelle les bons citoyens puissent et doivent prétendre.

101. MISSIONS DES JÉSUITES. Les jésuites sont ceux qui ont le plus approfondi et le mieux pratiqué la politique envers le sauvage. Après avoir exposé les préceptes de l'art, (Voyez ci-devant, article n° 78.) nous allons en donner ici des exemples; ils sont, en totalité, extraits de *l'histoire philosophique et politique des établissements des européens dans les deux Indes*, par l'abbé Raynal, auteur non suspect aux philosophes, et l'un des plus éloquents propagateurs de leurs principes.

» Le Brésil fut découvert vers 1500, par Pierre Avarès Cabral.

» Tous les ans, depuis sa découverte, il partait, de Lisbonne, un ou deux vaisseaux qui allaient au Brésil porter tous les scélérats du Portugal, et ils en rapportaient des perroquets, des bois de teinture et de marqueterie. On voulut y joindre le *Gingembre*, mais il ne tarda pas à être prohibé, crainte de nuire au commerce qu'on en faisait avec les indes orientales.

Ces échappés des prisons de Lisbonne n'avaient pas disposé les brésiliens à recevoir patiemment le joug dont on voulait les charger ; mais que pouvaient des sauvages contre les armes et la discipline des soldats d'europe ?

La cour de Lisbonne jugea convenable, en 1549, d'envoyer un chef pour régler un établissement abandonné jusqu'alors aux fureurs et aux caprices de quelques brigands. Thomas Sousa, en bâtissant *San Salvador*, donna un centre à cette nouvelle colonie ; mais la gloire de la faire jouir de quelque calme et de la mettre en valeur, était réservée aux jésuites qui l'accompagnaient.

Ces hommes intrépides et persévérants, à qui la religion ou l'ambition (1) firent toujours entreprendre de grandes choses, se dispersèrent parmi les indiens. Ceux de ces Pères qui, en haine du nom *portugais*, étaient massacrés, se trouvaient aussitôt remplacés par d'autres, qui n'avaient dans la bouche que les tendres noms de *paix et de charité*. Cette magnanimité confondit ces barbares qui ne savaient jamais pardonner. Insensiblement ils prirent confiance en des hommes qui ne paraissaient les rechercher que pour les rendre heureux, et leur penchant pour les missionnaires devint par la suite une passion.

---

(1) Quelle ambition que celle de vivre avec des sauvages, ou d'être mangé par eux ! Nos philosophes, aussi ambitieux assurément que ces missionnaires, ne l'ont pourtant jamais été jusqu'à ce point-là. Leur amour pour la liberté et le pour bonheur du genre humain, ne les ont pas encore portés à se soumettre à tant de privations, ni à une abnégation si absolue d'eux-mêmes.

Lorsqu'un jésuite devait arriver chez quelque nation, les jeunes gens, avertis, allaient en foule au-devant de lui, en se cachant dans les bois situés sur la route. A son approche, ils sortaient de leur embuscade; ils jouaient de leurs fifres, battaient du tambour, et remplissaient l'air de leurs chants d'allégresse; ils dansaient et n'omettaient rien de ce qui pouvait marquer leur satisfaction. A l'entrée du village étaient les anciens qui montraient une joie aussi vive, mais plus réservée. Un peu plus loin, on voyait les jeunes filles, les femmes dans une posture respectueuse et convenable à leur sexe. Tous réunis, ils conduisaient le saint apôtre en triomphe, dans les lieux où l'on devait s'assembler. Là, il les instruisait des principaux mystères de la religion; il les exhortait à la régularité des mœurs, à l'amour de la justice, à la charité fraternelle, à l'horreur du sang humain; et il les baptisait ensuite.

Comme ces missionnaires étaient en trop petit nombre pour tout faire par eux-mêmes, ils envoyaient, à leur place, les plus intelligents d'entre ces indiens. Ces hommes fiers d'une destination si glorieuse, distribuaient des haches, des couteaux, des miroirs aux sauvages qu'ils trouvaient, et leur peignaient les portugais doux, humains, bienfaisants. Ils ne revenaient jamais de leurs courses, sans être suivis de quelques brésiliens, dont ils avaient excité la curiosité. Dès que ces barbares avaient vu les jésuites, ils ne pouvaient plus s'en séparer. Quand ils retournaient chez eux, c'était pour inviter leur famille et leurs amis à partager leur bonheur; c'était pour montrer les présents qu'on leur avait faits.

Si quelqu'un doutait de cet heureux ascendant de la

religion et de la bienfaisance sur l'âme vierge des sauvages, qu'il compare les progrès que les jésuites ont faits en très-peu de temps, dans l'Amérique méridionale, avec ceux que les armes et les vaisseaux de l'Espagne et du Portugal n'ont pu faire en deux siècles. Tandis que des milliers de soldats changeaient deux grands empires (le Mexique et le Pérou) en déserts de *sauvages errants*, les jésuites transformaient des sauvages errants en nations policées. Les cours catholiques, le pape à leur tête, ont écrasé, vers 1760, sous le poids de leur puissance, ce corps qui leur avait rendu de si grands services. La Prusse, la Russie, l'Angleterre, ces souverains hérétiques ou schismatiques, seuls ont donné asile à ces moines malheureux. C'est le 18me siècle, et les philosophes modernes qui les ont poursuivis à outrance; c'est donc eux qui sont responsables de toutes les atrocités, du sang répandu, des souverains renversés dans cette partie du monde; c'est le duc d'*Aranda*, le marquis de *Pombal*, et leurs successeurs, et non pas *Bolivar*, qui ont mis l'Amérique en révolution générale.

Les sauvages du Brésil avaient eu trop de sujets de haïr les portugais, pour ne pas même se méfier de leurs bienfaits; mais un trait de justice, qui fit un grand éclat, diminua cette méfiance.

Les portugais avaient formé l'établissement de Saint-Vincent, sur le bord de la mer, au 24me degré de latitude australe; ils y commerçaient paisiblement avec les *Cariges*, la nation la plus douce et la plus policée du Brésil. L'utilité qu'on retirait de cette liaison n'empêcha pas qu'on n'enlevât 70 de ces sauvages, pour en faire des esclaves. Les jésuites prirent fait et cause contre cette violation du droit des gens. L'auteur de cet attentat fut condamné à ramener ses prisonniers où il les avait pris, et à faire les excuses qu'exigeait une si grande insulte. Deux jésuites, chargés de faire recevoir ces réparations, que sans eux on n'eût jamais obtenues, en donnèrent avis à *Farancaha*, l'homme le plus considéré et le plus accrédité de sa nation. Il vint au-devant d'eux, et les embrassant avec des larmes de joie, « Mes Pères, leur dit-il, nous consentons à oublier » le passé et à contracter une nouvelle alliance avec les » portugais : mais qu'ils soient désormais plus modérés et » plus fidèles aux droits des nations, qu'ils ne l'ont été jus- » qu'à présent. Notre attachement mérite au moins de l'é- » quité. On nous traite de barbares, *cependant nous respec- tons la justice et nos amis.* » — Avis aux souverains des peu- ples civilisés.

En preuve de sa bonne foi, *Farancaha* remit, comme otage, un neveu chéri, à ces bons Pères, pour qu'ils sur- veillassent son éducation. Plusieurs *Cariges* imitèrent cet exemple, et y envoyèrent leurs enfans pour y être élevés. Les jésuites étaient trop adroits pour ne pas tirer un grand parti de cet événement ; mais rien ne fit soupçonner qu'ils cherchassent à tromper les indiens, en les portant à la sou- mission. Le crédit qu'ils avaient alors à la cour de Lis- bonne, les faisait assez respecter dans cette colonie, et rejaillissait naturellement sur leurs élèves et sur leurs néophytes.

L'abbé Raynal nous rappelle encore qu'en 1637 les jésuites espagnols entreprirent de former une mission, entre les rives de l'*Amazone* et celle du *Napo*, jusqu'au confluent de ces deux rivières. Un seul missionnaire,

accompagné d'un seul homme de sa nation, se chargeait
de haches, de couteaux, d'aiguilles, de toutes sortes d'ou-
tils de fer, et s'enfonçait dans des forêts impénétrables et
inconnues. Il passait des mois entiers à grimper sur des
arbres, pour voir s'il ne découvrirait pas quelques cabanes,
s'il n'apercevrait pas de la fumée, s'il n'entendrait pas
quelques tambours ou quelques fifres. Dès qu'il s'était assuré qu'il y avait quelques sauvages dans les environs, il
s'avançait vers eux ; la plupart fuyaient, surtout s'ils étaient
en guerre. Ceux qu'il pouvait joindre, se laissaient séduire
par les seuls présents dont leur ignorance leur permit de
faire cas. C'était toute l'éloquence que le missiónnaire put
employer et dont il eut besoin.

Lorsqu'il avait rassemblé quelques familles, il les con-
duisait dans les lieux qu'il avait choisis pour former sa
bourgade. Rarement réussissait-il à les y fixer ; accoutumés
à de continuels voyages, ils ne pouvaient supporter l'obligation de ne pas changer de demeure. L'état d'indépendance où ils avaient vécu, leur paraissait préférable à
l'esprit de société qu'on voulait leur donner ; et une aversion insurmontable pour le travail, les ramenait naturellement dans leurs forêts, où ils avaient passé leur vie sans
rien faire. Ceux mêmes qui étaient contenus par l'autorité,
ou par les soins paternels de leur législateur, ne man-
quaient guères de se disperser à la moindre absence qu'il
faisait. Sa mort enfin entraînait la ruine entière de l'établissement.

L'esprit d'ordre et de persévérance des jésuites parvint,
à force de patience et d'efforts assidus, à vaincre cettefoule
d'obstacles qui paraissaient insurmontables. Leur mission

sur le fleuve des *Amazones*, commencée en 1637, réunissait, en 1766, dix mille familles, distribuées en 36 bour-
gades, dont 12 étaient sur le *Napo* et 24 sur le fleuve,
distantes les unes des autres de 2, de 3, 5, 10, 15 et
quelquefois de 20 journées. La plupart comptaient des individus d'un grand nombre de nations différentes, tous
opiniâtrément attachés à leur idiome, à leurs mœurs, à
leurs coutumes, et auxquels on ne pouvait jamais persuader
de se regarder comme membres d'une même société. Mais
les générations suivantes, plus traitables, ne présentaient
qu'un peuple et qu'une nation homogène.

Il est impossible qu'un lecteur réfléchi ne se demande
pas à lui-même par quelle étrange manie un individu qui
jouit, dans sa patrie, de toutes les commodités de la vie,
peut se résoudre à la fonction pénible et malheureuse de
missionnaire, au milieu des sauvages ou des peuples barbares; s'éloigner de ses concitoyens, de ses amis et de
ses proches; traverser les mers, pour aller s'enfoncer dans
les forêts, s'exposer aux horreurs de la plus extrême misère; courir, à chaque instant, le risque d'être dévoré par
les bêtes féroces, et à chaque pas, d'être massacré par des
hommes barbares; de s'établir au milieu d'eux, se prêter à
leurs mœurs, partager leur indigence et leurs fatigues;
rester à la merci de leurs passions ou de leurs caprices,
aussi long-temps, au moins, qu'il en faut pour apprendre
leur langue et s'en faire entendre.

Si c'est par enthousiasme de la religion, quel plus
puissant ressort peut-on imaginer que celui-là? Si c'est
par respect pour un vœu d'obéissance à des supérieurs
qui vous disent : *va*, et auxquels on ne saurait, sans parjure

et sans apostasie, demander raison de leurs ordres; que ne peuvent point, soit en bien, soit en mal, des maîtres qui ont acquis un ascendant si souverain sur l'esprit de leurs subalternes? Si c'est un sentiment profond de commisération pour une portion de l'espèce humaine que l'on s'est proposé d'arracher à l'ignorance, à la stupidité et à la misère, je ne connais pas de vertu plus héroïque. Quant à la constance, ces hommes rares persévéraient dans une carrière aussi rebutante; j'aurais pensé qu'à force de vivre avec des sauvages, ils le deviendraient eux-mêmes; je me suis trompé dans ma conjecture. Enfin, c'est de toutes les vanités humaines, la plus louable qui les soutient. »

Le *Bigotisme* des 16 et 17mes siècles a fait naître toutes ces merveilles; la philosophie des 18 et 19mes siècles les a détruites: Qu'a-t-elle substitué à leur place? des *révolutions*.

102. PÉCHÉ ORIGINEL. Les chrétiens sont convaincus que le péché originel a été la source de tous les crimes et de tous les maux qui ont affligé et déshonoré le genre humain, depuis la création du monde.

L'arbre de la science du bien et du mal a produit la civilisation, la civilisation l'industrie, l'industrie le commerce, le commerce le luxe, le luxe la corruption; et de la corruption sont nés les athées, les égoïstes, la mauvaise foi, les scélérats, le despotisme d'un seul ou celui des cohues anarchiques, enfin tous les vices qui affaiblissent les empires et dégradent l'état social de l'homme.

Il en est de même du petit au grand, du sort des États particuliers au sort du monde entier. La corruption qui a fini par les dissoudre, avait la même origine ; et ses degrés de filiation ont constamment suivi l'ordre généalogique que nous venons d'indiquer : l'histoire universelle en fait foi.

Les annales du monde sont pleines de ces effroyables catastrophes qui ont renversé des empires puissants, ou qui, du moins, les ont mis à deux doigts de leur perte. Si, partant de l'une de ces époques déplorables, on suit de siècle en siècle, et on remonte le courant des négligences, des légèretés, des bévues, des faiblesses et des abus d'autorité qui ont dénaturé l'esprit primitif d'un peuple, et celui des organes de son gouvernement, on arrive à la source, à la connaissance du péché originel, dont les conséquences inévitables, après avoir tourmenté ce même peuple par les angoisses d'une agonie plus ou moins longue, et plus ou moins pénible, l'ont enfin entraîné à une mort honteuse. Le ciel quelquefois étend son bras miséricordieux sur une nation que les fautes antérieures de ses chefs avaient ainsi mise aux abois et réduite à la dernière extrémité. Il lui envoie, à propos, un rédempteur, un homme extraordinaire, capable, par son génie, sa sagesse, et par d'heureuses circonstances, de retremper les principaux ressorts de cet État tombé en défaillance ; de lui rendre cette vigueur d'ensemble qui, jusqu'alors, l'avait soutenu et fait prospérer. Jeanne d'Arc, Henri IV, Gustave Waza, et aujourd'hui même (20 mars 1828), le sultan Mahmoud, fournissent des preuves incontestables de ce que nous venons d'avancer.

L'histoire deviendra beaucoup plus instructive, si on la reprend ainsi à rebours : De la fin au commencement des

I. 13

faits passés sous nos yeux, aux événements les-plus pro-
chains dont ils sont dérivés; en remontant toujours, pas à
pas et graduellement, des effets aux causes, des annales
du jour à celles de la veille, des traits historiques qu'on
désire éclaircir, à ceux qui les ont immédiatement précé-
dés; ainsi de suite, jusqu'à ce que l'on soit parvenu à la
date la plus ancienne où l'on ait résolu de s'arrêter, sauf à
remettre ces récits dans un ordre chronologique, lorsqu'on
rédigera le fruit de ses études et de ses réflexions.

De cette manière, on façonne une succession d'anneaux
contigus, s'enchaînant les uns dans les autres, qui lient,
sans interruption, les effets dont on veut éclaircir l'origine, avec les causes primordiales et accessoires dont ils
sont dérivés directement ou indirectement. Rien n'étonne
plus dans l'histoire.; la somme des ministres, des hommes
en place, à grande influence, ignorants ou pervers, qui
ont gouverné et perdu les États confiés à leurs soins, est si
nombreuse, que personne ne doit plus être surpris de les
retrouver sous sa main, dans quelque pays qu'il habite, ou
dont il scrute les annales. Les élans glorieux, les catastrophes terribles de diverses nations, dont les fastes de
l'antiquité, qui sont parvenus jusqu'à nous, nous ont conservé la mémoire, s'expliquent d'une manière assez naturelle, par les circonstances et dépendances d'événements
à peu près semblables, arrivés dans les derniers siècles de
l'histoire moderne, d'où l'on tire cette conclusion prover-
biale : *Rien de nouveau sous le soleil*, et que la lecture et
l'expérience démentent rarement.

Nous voyons, par exemple, 300 ans avant notre ère, une
poignée de Macédoniens entrer dans la Perse et l'envahir en

un instant, chasser son roi de dessus son trône légitime; et Alexandre, leur chef, se proclamer solennellement le souverain unique de ce vaste royaume, en recevoir les hommages et en exercer l'autorité. Environ 2,000 ans après, et à 2,000 lieues de distance, 1,200 aventuriers partent de l'île d'Elbe, entrent dans la France et l'envahissent dans un instant, chassent son roi de dessus son trône légitime; et Bonaparte, leur chef, se proclame solennellement le souverain unique de ce vaste royaume, en reçoit les hommages et en exerce l'autorité.

Quoique réels, ces faits n'en sont pas moins incroyables. On se perd dans un dédale de fausses assertions, si l'on tente de les expliquer par une supériorité inouie de courage et de tactique que les Macédoniens et les échappés de l'île d'Elbe n'avaient sûrement pas sur les persans et sur les français de leur temps. Mais les préliminaires et les suites de la dernière invasion que nous connaissons dans le plus grand détail, nous permettent de préjuger, d'une manière assez plausible, comment Alexandre a pu terminer, avec tant de promptitude, une entreprise si téméraire, qu'on l'aurait qualifiée extravagante, si le succès n'eût pas prouvé la possibilité de la voir réussir.

Une grande partie des provinces de la Perse n'aurait-elle pas été, comme de l'Egypte, fatiguée de la domination de leur *satrape*, qui traitait leurs administrés en maître arrogant, ambitieux et avare? Ces peuples, peut-être, attendaient et reçurent Alexandre comme leur libérateur. Il se forma donc une conspiration de gens puissants dans l'empire de *Darius*; ces factieux applanirent les obstacles, facilitèrent les victoires et permirent l'entrée de leur pays aux macédoniens qui, sans ce secours intérieur, auraient été, selon les apparences, dans l'impossibilité d'y pénétrer et de s'y maintenir.

On a vu la même chose arriver en 1792 et 93. Les hollandais vinrent au-devant des français, qu'ils croyaient ne vouloir envahir leurs pays, que pour en remettre la souveraineté au parti opposé à celui du Stathouder. L'expérience les a bientôt trompés; mais elle ne les a pas détrompés. Ce n'est pas à nous à les blâmer, car nous en avons fait autant.

Pour en revenir à l'expédition d'Alexandre, elle est donc moins celle d'un conquérant, que le chef-d'œuvre d'un politique profond et persévérant, qui a su tramer, entretenir et attacher fortement à sa personne une conspiration puissante, dans l'intérieur d'un empire dont il projetait de s'emparer par la force de ses armes, de ses intrigues, et au moyen de ses complices, de ces persans à haute influence qui trahissaient leur souverain légitime. Aussi ce héros de la Grèce resta, dit-on, dix ans à faire ses préparatifs : il n'en fallait pas tant pour lever et discipliner quelques phalanges. Mais une conspiration de cette étendue, dans un pays étranger, à 200 lieues de ses États, ne s'organise pas aussi vite, et demande plus de temps que la levée d'une armée bien peu nombreuse, en comparaison de celle du puissant monarque qu'elle allait détrôner.

Lisez avec attention les conversations du jeune Alexandre avec les ambassadeurs persans, envoyés à la cour de Philippe, son père, et roi de Macédoine, et vous serez convaincus, de plus en plus, que l'assertion que nous venons d'avancer n'est pas absolument dénuée de fondement.

Avant leurs invasions respectives, Alexandre et Bonaparte s'étaient assurés qu'une conspiration puissante, tramée par de hauts fonctionnaires, éclaterait à la première présence des troupes étrangères, soutiendrait et aiderait, de tous les moyens de son influence et de son autorité, l'usurpation projetée par chacun de ces ambitieux insatiables. Envisagé sous ce point de vue, un péché originel, de la même nature, aurait également favorisé la réussite de ces deux expéditions. C'est donc leurs complices, plutôt que leurs soldats, qui ont porté en triomphe ces fameux capitaines, sur un trône qui ne leur appartenait pas.

Les mémoires de la Perse, contemporains des siècles ou des années qui ont immédiatement précédé la chute de *Darius*, ne nous étant parvenus qu'à travers des traditions informes et très-suspectes, il nous est impossible, dans l'ignorance où nous sommes d'une foule de particularités caractéristiques et relatives à ce sujet, d'assigner au juste l'espèce de péché originel, dont les conséquences ont entraîné, avec elles, la défection totale des principaux employés de ce vaste empire, au seul aspect des phalanges macédoniennes. On pourrait peut-être conjecturer, par analogie, que les progrès du commerce et du luxe avaient convenablement préparé l'extinction de la race royale de Persépolis, et que les soldats grossiers d'Alexandre trouvèrent beaucoup de facilité, pour réduire un peuple gâté par les aisances d'une vie pleine de mollesse et des besoins factices d'une vanité insatiable, au milieu des agréments aussi nombreux que variés que leur procurait journellement la perfection des sciences et des arts. Ces causes y ont sans doute, beaucoup contribué; mais sont-elles les

seules, et ont-elles été les plus prépondérantes dans la décision de l'affaire qui nous occupe ?

Les maladies politiques qui tourmentent un empire, et
qui finissent souvent par le tuer, proviennent presque toujours de la tête, d'un affaiblissement ou d'un dérangement
héréditaire, dans le cerveau de ceux qui l'ont gouverné,
pendant plus ou moins d'années ou de siècles.

Un état absolument despotique, ne reconnaissant aucun
frein, remis dans les mains d'un prince fainéant, sans volonté à lui, esclave d'une cour corrompue, la dupe ou le
jouet des étourdis, des *grugeurs* et des fripons des deux
sexes qui le tiennent isolé, en charte privée, dans le cercle
étroit d'une société particulière et réservée, etc., etc. Un
pareil gouvernement, dis-je, doit immanquablement finir
par se remplir de mécontents, que la faiblesse encourage
ensuite à devenir factieux, à se ranger sous les drapeaux
des chefs ambitieux qui sollicitent, de toutes mains, des
révolutions, des changements de dynasties, des dépéce-
ments de territoires, des massacres, des bouleversements
généraux, enfin des désordres de tous les genres, qui puissent faire naître des occasions favorables d'augmenter leur
fortune et de monter le plus haut possible, sur les échelles
graduées de l'ordre social. Ces conspirateurs ressemblent
aux filous qui mettent le feu à une maison, dans la flat-
teuse espérance de s'enrichir par la capture des effets qu'ils
pourront dérober dans l'incendie.

Depuis quel temps, et par quelle raison, le gouvernement
intérieur de la Perse était-il sur son déclin ? Nous ne connaissons point assez la cour de *Darius*, ni l'esprit qui avait
constamment dirigé son ministère, ni celui de quelques-

uns de ses prédécesseurs immédiats, pour risquer la moindre réponse aux questions qu'on pourrait nous faire à ce sujet. C'est pourtant là que nous trouverions le péché originel que nous cherchons à découvrir, et qui a permis qu'Alexandre se plaçât à la tête de tous les conquérants du monde.

Nous sommes plus riches en matériaux historiques, sur l'irruption que Bonaparte fit en France, en 1815. Malgré cette abondance de documents, bien des ressorts secrets, dont les actions combinées ont joué un si grand rôle dans ce changement de décoration, nous sont encore cachés. Mais ceux dont nous avons connaissance suffisent, et au delà, pour nous indiquer la source, la faute primordiale, le péché originel qui a, dans les cent jours, attiré tant de honte et tant de désastres sur notre malheureuse patrie. Un poëte atrabilaire, dès 1814, nous en avait déjà donné une définition exacte, dans les quatre vers suivants :

> De l'honneur maintenant on ne suit plus la loi.
> Quand on est honnête homme, il faut rester chez soi,
> Et ne point aspirer à ces faveurs royales,
> Apanage exclusif des âmes déloyales.

Voilà, en quatre vers, l'origine du péché originel qui a attiré sur la monarchie française toutes les tribulations qu'elle a éprouvées depuis 1814.

Battez vos amis, comblez de biens et de caresses vos ennemis, et vous aurez bientôt plus d'ennemis que vous n'en voudrez.

Il ne fallait pas être grand sorcier, pour deviner que tout cela arriverait.

(Voyez l'article FAVEUR PAR INIMITIÉ, dans les *préceptes politiques*. Paris, 1822.)

103. Prosélytisme. « On ne peut pas défendre aux instituteurs d'enseigner leur religion à leurs élèves, ou de ne leur enseigner aucune religion. Tout cela est absurde, monstrueux, hors de la compétence de tout pouvoir humain, contraire à la liberté de conscience qui permet d'enseigner, et à la liberté des cultes qui permet de choisir. Et d'ailleurs, à parler philosophiquement, on ôterait plutôt à l'air sa fluidité, au feu sa chaleur, à l'homme même, la faculté de parler, que le prosélytisme à l'erreur ou, à la vérité. Tous les systèmes de politique, de morale, de philosophie, de littérature, de physique, en un mot, tout ce qui est un objet de croyance et de pratique, cherche à gagner du terrain et à pénétrer les esprits. Il n'y a que l'ignorance et la barbarie qui, ne sachant rien, n'ont rien à enseigner; et si elles font des prosélytes, c'est à coups de sabre.

» Plus il y a d'esprit et de connaissances dans la société, plus il y a, parmi les hommes, d'erreurs ou de vérités en circulation, plus il y a d'efforts, de passions, de moyens de les répandre. Le développement de l'intelligence, et les progrès des lumières ne s'obtiennent que par la communication que les hommes se font, les uns aux autres, de ce qu'ils savent ou de ce qu'ils croient savoir.

» Comment voudrait-on, après cela, que la religion, le premier intérêt de la société, l'affaire la plus importante de l'homme, n'eût pas son prosélytisme? Le prosélytisme est un devoir pour la vérité; il est une nécessité de l'erreur.

» Une religion qui ne fait plus de prosélytes est finie, comme une religion qui fait des martyrs, eût-elle vingt siècles, ne fait que commencer, et a toute la ferveur de ses premiers temps. Certes, il n'y a pas eu de prosélytisme plus ardent que celui des philosophes du dernier siècle, où l'on faisait, d'après les conseils de Voltaire, des livres impies, à six sous, pour les cuisinières. Que n'ont pas fait les révolutionnaires de toutes les époques? Que ne font-ils pas encore aujourd'hui, pour répandre leur doctrine? Ils ont employé depuis la guillotine jusqu'aux chansons; et la grande entreprise *biblique* qui court le monde, est du prosélytisme le plus étendu, si l'on n'aime mieux n'y voir qu'une adroite spéculation de commerce. »

Les jacobins n'ont tant crié, dans cette occasion, contre le prosélytisme de la religion catholique, que parce qu'il contrariait trop ouvertement leur prosélytisme révolutionnaire. (Ces réflexions sont de M. *de Bonald*, et ont été publiées en 1822.)

104. Préjugés nationaux (les) sont des idées prédominantes, et en quelque sorte innées chez un peuple, ou que chaque citoyen suce, pour ainsi dire, avec le lait de sa nourrice; ils deviennent souvent, avec l'âge, les principaux régulateurs de sa conduite et de ses jugements.

Les préjugés nationaux sont donc ceux que, d'un commun accord, toutes les familles d'une même nation, inculquent à leurs enfants, à mesure qu'elles s'occupent à former leurs cœurs et leur esprit.

Les préjugés nationaux sont autant de liens qui réunissent l'opinion de la généralité des citoyens, et les obligent à n'avoir qu'une même façon de penser sur plusieurs points importants. Ils dirigent aussi la volonté et les efforts de tous les membres de la société vers un but commun, et ils en forment des faisceaux bien unis qui augmentent considérablement la vigueur d'un gouvernement, et les forces du souverain qui sait les ménager, et peut se servir avec adresse de ce véhicule tout-puissant sur les esprits.

Nous sommes, dès notre enfance, si fort imbus de préjugés, ils s'identifient si intimement avec nous que, sans nous en apercevoir, ils deviennent, pendant notre vie entière, une partie de notre existence. Leur pouvoir est si profondément enraciné dans notre esprit que, quelque ridicules qu'ils soient, aucun raisonnement n'est capable d'en rendre notre âme indépendante, Il n'y a donc point de société, il n'y a point d'hommes absolument dénués de préjugés; et ceux qui se vantent le plus de s'en être totalement débarrassés, ne font point attention que le préjugé *de n'en point avoir* est le plus grand et le plus dangereux de tous.

S'il pouvait exister un peuple sans préjugés nationaux, cette société ne serait qu'un assemblage d'égoïstes, uniquement occupés d'avoir des places et d'augmenter leur fortune, n'importe comment; car les jouissances du pouvoir et de la vanité que procurent les places, et celles du bien-être qu'on obtient avec de l'argent, ne sont point des préjugés, mais bien des faits positifs, de l'aveu de tous les philosophes.

La crainte des châtiments serait alors la seule ressource que les magistrats d'un pareil peuple auraient, pour maintenir l'ordre et se faire obéir. Ce moyen suffira, dans une main habile, pour contenir les particuliers dans ces limites de probité et de subordination que la tranquillité publique exige ; mais on ne pourra en tirer aucun parti, dans les moments de crise où il s'agira d'animer les citoyens contre les ennemis, tant intérieurs qu'extérieurs de l'État ; et sa force devient tout à coup impuissante, aux premières apparences de l'impunité.

Quel sort aurait eu la France sous Charles VII, si, avec toutes leurs forces, les préjugés nationaux n'étaient pas venus au secours de l'intégrité de cette monarchie, et de la conservation de son trône, dans l'illustre famille qui le possède depuis si longtemps ?

105. Habitudes nationales (les) sont les résultats généraux des mœurs et de la façon de penser universellement reçue parmi les individus qui habitent un même pays.

Les habitudes nationales naissent et se déterminent par l'influence journalière des préjugés nationaux.

Elles sont des moules qui impriment des empreintes fortes et ineffaçables sur le caractère et la conduite des personnes d'un certain âge : on ne vit que par elles et avec elles, du moment où l'on sort de l'enfance. Elles décident du fond et de la forme des devoirs qu'on doit rendre, et de ceux qu'on est en droit d'exiger. Elles règlent vos démarches ; vos moindres actions ressortent de leurs tribunaux, et vos pairs jugent et condamnent souverainement les infractions commises contre les *us et coutumes* de la société.

Chez les particuliers qui vivent dans leur patrie, les habitudes nationales font donc une partie de leur existence.

par conséquent de leurs propriétés ; c'est même, sans qu'on s'en aperçoive, celle à laquelle on est le plus attaché, et dont on se défait avec le plus de peine, parce que, à chaque minute, on est dans le cas d'en sentir le besoin, et d'éprouver, par sa privation, des sentiments désagréables.

106. Faux Prophètes. Il n'y a rien de plus commun dans l'histoire, que de voir les ambitieux faire servir la religion à l'établissement ou à la conservation de leur autorité : les exemples en sont infinis. Cette adresse leur a presque toujours réussi, et il ne faut pas s'en étonner, puisqu'elle est fondée sur l'inclination naturelle et générale de tous les peuples, à croire en la providence et à une divinité : mais n'y a-t-il point d'autres raisons qui aient préparé et consolidé leurs succès ?

Les gens obscurs trouvent, pour fonder de nouvelles sectes ou de nouveaux empires, de grands obstacles à vaincre, dans l'aversion naturelle qu'ont les hommes de se soumettre les uns aux autres, et de reconnaître, de plein gré, une supériorité de génie, de lumière ou d'autorité à leurs égaux, et, à plus forte raison, à leurs inférieurs dans l'ordre social.

Cette fatuité, de tout temps, a choqué le public, et la meilleure manière à l'engager à ne vous accorder aucune prééminence sur lui, c'est de l'exiger et de prétendre qu'on ne puisse pas vous refuser une suprématie d'influence, comme un droit dû à votre mérite transcendant. Ces faux prophètes se sont bien gardés de se vanter, à tous propos, de l'intelligence et des qualités extraordinaires qu'ils avaient reçues de la nature, prodigue à leur égard. Ils s'en sont, au contraire, toujours servis avec tant de circonspection, que, pendant que tout le monde les admirait, ils paraissaient être les seuls qui ignorassent les posséder.

Par la même raison, ils ont encore évité de se distinguer de leurs compatriotes, soit par le langage, soit par le vêtement, enfin par aucune de ces singularités qui attirent l'attention et frappent ordinairement les sens de la foule : affectations où les charlatans médiocres ne manquent jamais de tomber. Ces faux prophètes parlent mieux que les autres ; mais ils se servent de termes usuels. Leur vie privée, édifiante sans ostentation, est remplie de bonnes œuvres et de belles actions, qu'ils ont grand soin de cacher, de manière pourtant, que chacun s'en aperçoive à leur insu, et que le public reste persuadé du chagrin qu'ils éprouvent, lorsqu'ils apprennent que les actes de leur vertu ou de leur haute science, connus de tout le monde, commencent à leur attirer la vénération du peuple chez lequel ils vivent, et qu'ils veulent attraper le premier, afin de l'enchaîner plus aisément sous le joug de leur nouvelle doctrine. Cette conduite politique les oblige d'éviter, avec une scrupuleuse attention, toute démarche qui pourrait, dans le principe, exciter l'envie et la jalousie de qui que ce soit : précaution qui, en général, attache la multitude des âmes vulgaires, et la prévient en faveur des personnes qui la prennent et qui s'en départissent le moins qu'ils peuvent.

Mais l'artifice qui leur a le mieux réussi, pour ne pas humilier l'orgueil de leurs semblables, et ne pas irriter, en les asservissant, leur indépendance naturelle, a été, sans doute, de s'abaisser devant le Seigneur, de confesser leur propre infériorité, et d'attribuer uniquement les qualités supérieures dont ils sont doués, et qu'on ne peut plus leur contester, à la divinité qui a daigné les élever au rang de ses apôtres, en les honorant de sa confiance intime, et en les envoyant en mission spéciale, pour prêcher le véritable culte que le Dieu tout-puissant veut que les hommes lui rendent. Les imposteurs habiles, par cette adresse, escamotent l'homme, et ne lui laissent voir que l'envoyé du ciel, l'interprète du Très-Haut, admis dans la connaissance des secrètes pensées de leur protecteur; ils communiquent sans cesse avec leur divin maître, et cette familiarité, reconnue publiquement les constitue de droit, des êtres sacrés, intermédiaires entre le créateur et les créatures. Ce poste transcendant, que la conviction générale leur accorde, place ces glorieux missionnaires à une si grande distance du reste des mortels, que personne ne croit se dégrader, en se mettant, tant en science qu'en autorité, au-dessous de ces faux prophètes. Les égaux ont ordinairement une répugnance presque invincible à reconnaître d'emblée, une suprématie trop marquée de savoir et d'intelligence, à un de leur confrère qui est encore dans leur rang; aussi, n'est-ce pas au mérite personnel qu'on rend hommage, respect et soumission; mais à l'élu préféré par l'auteur de toutes choses, qui dispense également ses grâces sur le riche comme sur le pauvre, sur les dignes comme sur les indignes, selon les décrets inexplicables de sa sagesse infaillible : ce qui ne rabaisse et n'attaque l'amour-propre de personne.

Ce n'est point à l'homme appelé *Zoroastre* que les *Bactriens* se soumirent, mais à la divinité qui l'avait nommé

son premier ministre, et avec laquelle il travaillait assidû-
ment dans ses retraites mystérieuses. Les *Romains* n'auraient jamais reçu de lois, ni une religion de *Numa*, s'ils
n'avaient pas été convaincus que ce fût la *nymphe Egérie*
qui les lui avait dictées. L'ange *Gabriel*, sous la forme d'un
pigeon miraculeux, venant au milieu des places publiques,
parler à l'oreille de *Mahomet*, engagea la foule des Arabes
à se ranger sous les dogmes et les drapeaux de ce charlatan.
Enfin *Scipion* eut perdu à Rome une majeure partie de sa
considération et de son influence, si la généralité de ses habitants n'eût pas été intimement persuadée que *Jupiter* lui-
même avait dirigé les principales entreprises du vainqueur de
Carthage ; et que ce Dieu l'avait assez distingué, pour lui
accorder des entretiens secrets et confidentiels au capitole,
et l'assister de ses conseils, quand des circonstances difficiles l'exigeaient encore.

Le caractère politique le plus estimable est, sans contredit, celui du bon citoyen par excellence, amoureux de
la vérité, esclave de ses devoirs, soigneux de cultiver sa
raison, de ne point déplaire à sa conscience, et à rejeter
avec mépris ces faux-fuyants, ces petites menées, ces concessions répréhensibles, trop souvent usitées, pour avoir des
places et pour acquérir une réputation populaire, dont lui-
même rougirait, s'il les avait obtenues par de semblables
moyens. Cette conduite glorieuse, cette ambition sans tache, secondées par d'heureuses dispositions et des circonstances favorables, sont susceptibles d'une émulation
héroïque et jalouse d'égaler et de surpasser tout ce qu'il
y a de beau et de grand dans l'histoire. Ces individus
sont rares ; mais il s'en est trouvé ! Calomniés, poursuivis,

persécutés dans leur siècle, ils en ont fui la honte : la postérité, plus juste à leur égard, n'en cessera pas moins de
vénérer leur mémoire, de la couvrir de ses applaudissements et de ses regrets sincères de les avoir perdus et de
ne plus les revoir au timon des affaires, forçant, par leur
exemple, l'opinion publique de rester toujours la fidèle
alliée des saines doctrines, des bonnes mœurs, du bien de
l'État et des honnêtes gens.

Dans la duplicité de leurs cœurs, et avec les intentions les
plus perfides, les faux prophètes prennent, autant qu'ils
le peuvent, l'attitude et les manières de ces hommes de
bien, dont nous venons de parler. Ils s'étudient par un
travail soutenu, à persuader au public qu'ils sont ce qu'ils
veulent qu'on les croie, et souvent, à force d'hypocrisie
et d'artifices, ils parviennent à s'emparer de toutes les
âmes, de celles des grands et des petits, des lieux qu'ils
habitent, et à s'établir, en souverains despotes, à la tête
d'un peuple de fanatiques, entièrement dévoués à leurs personnes et aveuglément soumis à leurs ordres, qu'ils s'imaginent leur venir du ciel. La durée de ces empires, fortement
constitués et cimentés par les fourberies de ces charlatans,
se prolonge quelquefois au delà de l'existence de leurs
auteurs, et pendant des centaines de générations successives (1). Après la mort de ces faux prophètes, fondateurs de
la puissance illimitée des gouvernements théocratiques qu'ils
ont créés, aux dépens de la vraie religion ; après les fanatiques de conviction, aveuglément dévoués à leurs faux

_____

(1) On compte ordinairement trois générations pour un siècle.

prophètes, viennent les caractères politiques d'une seconde classe, si nombreuse, qu'on peut, sans être satirique, dire hardiment qu'elle renferme la presque totalité du genre humain. Elle se compose des individus qui ne pensent qu'à leurs plaisirs, à leurs intérêts, ou qui ne pensent à rien : tel est l'usage.

L'amour trop exclusif des plaisirs entraîne souvent, après lui, le dérangement des affaires, les déréglements d'esprit et de conduite, la détérioration de la santé et de l'intelligence, et un avilissement plus ou moins mérité, dans l'opinion publique. Il est la source intarissable de ces flots tumultueux de mauvais sujets qui inondent et infestent les villes et les campagnes dans lesquelles la civilisation et les jouissances du luxe sont portées à l'extrême. Ces enfants perdus de la débauche, sans feu ni lieu, sans mœurs ni sans ressources, sans considération ni sans appui, sont prêts à tout entreprendre, pour se dégager des embarras où leur étourderie les a mis. Les factieux et les faux prophètes y trouvent par conséquent de nombreuses recrues, empressées à s'enrôler sous leur étendard, et décidées, à force de crimes ou de belles actions, à suivre leur exemple, à refaire leur fortune et leur réputation, et à se décrasser de la fange qui les couvre. Dans l'espoir de s'élever, en sortant de la boue, à des rangs distingués dans la nouvelle société qui se prépare et qu'ils entrevoient, tous ces novateurs, révoltés contre l'ordre établi, s'ils sont assez habiles, ou assez favorisés par les circonstances, conduisent à bonne fin, l'exécution des projets criminels qu'ils ont conçus et entrepris de poursuivre à outrance, en dépit des lois divines et humaines qui en défendent la tentative. Ces classes de mauvais sujets, perdus de dettes, et relégués dans les égoûts de la plus sale crapule, ont toujours fourni, et fourniront toujours de nombreux complices aux perturbateurs du repos public, de tous les temps et de toutes les espèces.

Les intérêts particuliers sont de puissants moteurs chez un peuple parvenu à un certain degré de civilisation. Les ambitieux se rangent de droit dans cette catégorie, parce que le sujet unique de leurs pensées, et le principal but de leurs actions, sont de conserver ce qu'ils ont, et d'acquérir ce qu'ils n'ont pas encore, et ce qu'ils convoitent, avec un désir effréné, d'arracher à la fortune et d'enlever à leurs compétiteurs.

La timidité, la lâcheté, inhérentes à la crainte de compromettre sa vie, sa fortune, sa tranquillité ou son crédit, dominent des masses considérables d'égoïstes, indifférents à tout, excepté à leur bien-être. Ces bandes de circonspects, pleins de religion et de vertus en toute autre occasion, et très-estimables d'ailleurs, fléchissent, et n'ont garde de se montrer opposants, le moins du monde, aux développements et à la propagation de ces nouveaux dogmes subversifs qui doivent, par la suite, bouleverser les esprits et produire une révolution. L'ambition de ces citoyens pusillanimes, bornée à *conserver leur repos et leurs jouissances accoutumées*, met son art, et emploie ses moyens à rendre pour ainsi dire invisibles aux autres partis, ceux qui ont adopté le leur, sans s'embarrasser du reste. La peur qui les anime dérange leur impartialité; leur instinct les porte naturellement à la neutralité; mais dans les cas incertains, ils préfèrent flatter plutôt les méchants que les bons, parce que ceux-ci excusent aisément les torts que l'on a eus envers eux, et se piquent, par fois, de rendre le bien pour le mal à leurs ennemis ; tandis que les autres n'oublient jamais les sujets de plaintes, justes ou non, qu'ils ont à reprocher à leurs adversaires, et même à leurs serviteurs qui ne les ont pas toujours servis avec le zèle et la ferveur qu'ils attendaient d'eux. Ils sont inexorables dans les vengeances qu'ils en tirent, et placent *la froideur et l'indécision* au nombre de ces délits irrémissibles qu'on ne doit jamais pardonner. Excès de clémence d'un côté, excès de rancune de l'autre : en voilà assez pour engager plusieurs personnes, d'un caractère *faible ou indécis*, à s'incorporer dans les partis d'un faux prophète, et de s'en avouer les disciples ostensibles, crainte de pis.

Une fois que l'on se trouve entraîné dans une troupe de voleurs et d'assassins, quelque faibles que soient les liens qui vous y unissent, il est fort difficile et fort dangereux de vouloir s'en dégager ; et l'on risque même beaucoup de laisser soupçonner aux scélérats, vos camarades, que vous songez à les abandonner. *Fualdès*, en 1817, en paya chèrement la folle enchère. Voyez son procès, relisez-le avec attention, et rappelez-vous qu'à des époques déterminées par des événements antérieurs, il n'y a point eu de crime de ce genre dont les causes et les dépendances ne se rattachassent, par des incidents, plus ou moins connus et plus ou moins péremptoires, à quelques motifs politiques de la faction qui l'a commis ou qui l'a fait commettre, par des mains étrangères à son parti.

Lorsque, par malheur ou par imprudence, la plus petite parcelle de votre corps ou de votre esprit s'approche de ces tourbillons révolutionnaires, semblables aux rouleaux des laminoirs, ils vous saisissent, vous serrent et ne vous lâchent plus, qu'ils ne vous aient écrasé ou roulé de force, et réduit à leur ressembler d'une manière frappante. Misérable prisonnier, placé entre l'enclume et le marteau, dans ces ateliers de révolte, quels moyens de défense vous restent-ils ? Le martyre ! il n'est pas du goût de tout le monde : d'ailleurs la mode est passée d'aller à sa rencontre et d'en solliciter la palme. Cette position critique vous oblige d'opter entre la vie et la mort, entre les honneurs ou l'opprobre, les richesses ou la misère. L'ambition de *conserver ce qu'on a*, ne suffit plus ; elle entraîne, au commencement, quantité de citoyens paisibles et vertueux ; mais elle accélère la perte de ceux qui y persistent, s'ils n'agrandissent pas la sphère de leurs prétentions, en y ajoutant l'ambition *d'acquérir ce qu'ils n'ont pas*. Des sceptres, des couronnes, des trésors, des titres, des décorations, des grades, des commandements, des coups redoublés d'encensoirs, les hommages de la foule, et peut-être quelques pages brillantes dans l'histoire, vous sont offerts et mis à votre disposition, par le faux prophète et ses satellites, si, de bonne foi, vous les servez avec courage et persévérance, dans la poursuite de leurs coupables desseins. Mille exemples, sous vos yeux, ou parvenus à votre connaissance, attestent que ce ne sont point de vaines promesses, et il ne dépend que de vous, de les voir réaliser en votre faveur. Ces appâts sont attrayants; peu d'hommes ont la force d'y résister; la plupart tombent dans le piége, et s'en trouvent bien.

La troisième classe, la bande des sans-soucis, qui *ne pensent à rien*, évaluée au plus bas, mettant à l'écart les femmes, les enfants, les vieillards et les infirmes, emporte presque à elle seule, les cinq sixièmes des bras et des esprits, capables de jouer des rôles actifs dans le cours d'une révolution. Ce ramassis se compose de paysans, d'ouvriers, vivant au jour le jour, adoptant avec enthousiasme, et sans réflexions ultérieures, les dogmes et les sentiments, devenus les mots d'ordres de la faction qui les a enrôlés. Elle en obtient des cohortes redoutables et toujours prêtes à se soulever, sans entendre raison, pour ou contre ce qu'il en appartiendra, sans y mettre plus de choix et sans en demander davantage.

Lorsque l'on sait échauffer les passions de ces gens grossiers, de cette populace inerte, au premier abord, on est étonné des secours que l'on en retire par la valeur, l'intelligence, le zèle et le dévouement des nombreux soldats qui en proviennent. Aussi têtus qu'ignorants, rien ne les rebute, et ils deviennent des fanatiques ardents et incorruptibles, dès qu'il s'agit des succès et de l'honneur de l'opinion qu'ils ont embrassée, ou des chefs dont ils sont engoués. La mort, selon eux, peut seule les dégager de leurs serments antérieurs. Les humiliations, la misère, les vexations et les injustices qu'ils éprouvent, suites immanquables de leur défaite et du joug des adversaires vainqueurs qui les ont terrassés; les intérêts présents et futurs de leur famille; les perspectives riantes qu'on ne cesse d'offrir, avec sollicitude, à leur ambition et à leur vanité, s'ils veulent apostasier, ou au moins se taire, et discontinuer de professer publiquement leur doctrine favorite; en deux mots, les menaces et les caresses sont incapables d'ébranler leur foi et de les induire à renier l'objet constant de leur culte et de leur adoration, sans en attendre d'autres récompenses que celles qu'ils trouveront au fond d'une conscience pure à leurs yeux, et dans la miséricorde divine qui, sans doute, leur saura gré de leur fidélité à toute épreuve.

Massonneau, fils d'un *vendéen*, et qui a vu périr 28 personnes de sa famille, pour la cause royale, soignait sa femme, au moment d'accoucher, en 1815, le jour où les royalistes recoururent aux armes. Il n'était point allé au rendez-vous indiqué, pour rester auprès d'elle. La jeune femme s'en indigna, et, pour la première fois, s'étant mise en colère contre lui : « As-tu donc oublié, s'écria-t-elle, » au milieu de ses douleurs, que je suis *vendéenne*? Va, » laisse-moi ; fais ton devoir ; marche pour le Roi : le bon » Dieu fera le reste. »

Par suite de la seconde restauration, le fidèle *Massonneau* devint brigadier de gendarmerie ; il fut réduit, sous le ministère de *M. Decaze*, à n'être qu'un simple gendarme ; mais il ne s'en estima pas moins. Il répondit à l'officier qui lui annonça sa dégradation : *Commandant, rassemblez la brigade à laquelle j'appartiens ; dégradez-moi devant elle, et dites : Il est trop royaliste. Je veux que l'on sache pourquoi on me traite ainsi. On cherche à nous faire murmurer contre le roi. Mais voyez, cela ne peut pas prendre avec un vendéen* (1).

Voilà des caractères qui font la gloire de tous les partis, et la honte de ceux qui les délaissent, qui les dédaignent, ou qui les traitent de fous. Les premiers chrétiens n'en

---

(1) *Lettres vendéennes*, par M. le vicomte de Walsh ; Paris, 1825 ; tome I, page 252.

usaient pas ainsi, avec leurs fidèles confesseurs, exposés à la risée et aux outrages des gentils. Aussi ont-ils fini par triompher ?

Chez aucun peuple, il n'y a jamais eu de révolution intestine, ni de bouleversement subit et sérieux, sans, au préalable, avoir été préparés longtemps à l'avance, par des denis de justice, continus et multipliés à l'excès. Ces enfants naturels d'actes législatifs ou d'administration, tendaient tous, par leurs conséquences inévitables à révolutionner la nation, en la dégoûtant de l'ancien régime, où leurs pères et eux avaient vécu, et en lui donnant une envie démesurée d'essayer du nouveau qu'on lui proposait, sans le lui faire connaître, mais où on lui promettait, foi de *Margouilliste*, qu'il n'y aurait plus d'abus, ni de fonctionnaires publics qui ne soient parfaits. A ces causes, les faux prophètes ajoutent que *Dieu le veut ainsi*, et qu'il punira sévèrement, dans ce monde et dans l'autre, tout réfractaire aux oracles de ces novateurs impudents.

Adieu la raison et l'ordre, trop faibles pour se maintenir contre le choc des passions et des opinions nouvelles qui leur sont opposées. Ces deux derniers véhicules deviennent très-dangereux, parce qu'ils ont été les auteurs et les propagateurs les plus déterminants des révolutions et des subversions d'empire, que nous rapporte l'histoire. Tous les deux, lorsqu'ils se mêlent de gouverner les hommes, ils les agitent; et ils empiètent sur l'autorité ou l'influence de la raison et de l'esprit d'ordre, auxquels seuls, une politique saine, prudente et conservatrice, a accordé le droit de les conduire, et d'entretenir parmi eux l'amour et l'exercice des vertus sociales.

Les passions dérivent de la nature : parvenues à un certain degré d'intensité; on ne peut ni les arrêter, ni les réprimer. Mais avec de l'adresse, les hommes d'État en dirigent le cours et les effets à leur avantage, comme un ingénieur habile détourne un torrent destructeur, sans s'entêter ridiculement à vouloir combattre la violence de ses flots tumultueux.

La quantité prodigieuse des opinions diverses qui ont circulé et qui circulent journellement dans le monde, n'en offre pas une, sur dix mille, dont de plus amples informés aient confirmé la justesse par la suite. Les opinions sont donc généralement le produit de l'art, et non de la nature. Elles se trouvent, par conséquent, livrées aux caprices des hommes, et susceptibles d'être travaillées par les artifices des brouillons. Les propagateurs des maximes et des nouvelles de leur invention, à l'usage des complots qu'ils projettent, ont si bien organisé leurs manéges, qu'il paraît maintenant facile aux gens du métier, à la tête d'ateliers parfaitement montés en ce genre, de changer à volonté, et du tout au tout, les croyances, tant religieuses que politiques et morales, de la grande majorité des citoyens actifs de l'europe entière. *Vaisseaup*, ce père commun de toutes les révolutions qui ont éclaté depuis 1788, et auquel on ne peut pas, sans lui faire tort, refuser une place distinguée parmi les faux prophètes du temps, se vantait, dans ses lettres familières et confidentielles avec ses principaux coopérateurs, d'avoir porté cet art sublime, de bouleverser toutes les têtes et tous les gouvernements, à une si haute perfection, que partout il saurait maîtriser l'opinion publique, dénaturer les consciences, et peupler une nation de nombreux partisans fanatiques des sentiments qu'il voudrait leur inspirer : n'importe lesquels, ni quelles suites ils'auront. La bonne foi nous force de convenir que les prétentions de cet apôtre infernal se sont converties en titres réels, par une série d'événements et une quantité de faits incontestables, passés sous nos yeux et rapportés avec plus de détails dans les dernières pages des histoires de France, d'Allemagne, d'Italie, d'Espagne, d'Angleterre, de Turquie, et de la presque totalité des États, civilisés tant bien que mal, dans les quatre parties du monde actuel.

Cette troisième classe, que vulgairement on appelle le peuple, et plus exactement la *populace*, présente une terre vierge, prête à féconder et à fournir des récoltes abondantes de plantes salutaires ou vénéneuses, au choix des cultivateurs laborieux et entendus, qui se donneront la peine de la travailler, sous un point de vue quelconque. Ces landes incultes, et délaissées pour la plupart, n'en renferment pas moins des trésors ignorés et précieux, pour ceux qui savent les découvrir et en tirer parti. Elles nourrissent en même temps de nombreux troupeaux de demi-sauvages, crédules à l'excès, sans doctrine et sans idées fixes, mûs seulement par une routine vulgaire, et par quelques préjugés vagues que des conducteurs habiles exaltent ou retournent en sens contraire, et poussent, avec véhémence, dans les voies où ils ont intérêt de les faire agir. Ces hommes imprévoyants, à tête vide, à bras nerveux et exercés, aiment les tapages, et sans s'inquiéter du lendemain, ils forment naturellement des dépôts de recrues innombrables, que des officiers instructeurs de l'armée dressent et ameutent ensuite selon les règles de l'art. De ces écoles, il en sort des nuées de volontaires séditieux, *ligueurs ou protestants*, peu importe la couleur de leurs drapeaux respectifs, qui, sans entendre raison, ne demandent qu'à se battre contre les ennemis de leurs chefs, et des partis qu'ils ont embrassés, sans trop savoir pourquoi.

Un camp rempli de soldats de cette nature, est vraiment *la terre promise aux faux prophètes* et à leurs adhérents. Leur premier soin est d'y pénétrer, de s'insinuer dans les esprits, de les animer, de les échauffer, en faveur de la nouvelle religion qu'on leur prêche, et de les porter à des actes criminels et irrémissibles, contre l'ancienne Église, que ces factieux s'efforcent de détruire, pour s'élever sur ses décombres.

Sous ces heureuses mains, ces *landes délaissées* se convertissent en un terrain fertile, où, à peu de frais, on se ménage d'autres acquisitions lucratives et des moissons inappréciables aux yeux des novateurs en tout genre, tant en théorie qu'en pratique. Aussi ils les soignent, les cultivent avec des attentions multipliées ; et afin de les rendre plus productifs, et de hâter la maturité de ses fruits, ils s'empressent de bien fumer, et d'engraisser le sol, en mêlant et incorporant ses parties intégrantes, avec les rejets des égoûts infects de la société et des grandes villes en général. Calas, le chevalier De la Barre, Mirabeau, Durand de Maillane, Saint-Huruge, Téroigne de Méricour, l'énumération complète en serait longue : ces gens, flétris par la justice ou par l'opinion publique, doivent, sans contredit, occuper les premières lignes dans les listes dressées par ordre chronologique de ces héros révolutionnaires qui ont commencé chez nous, à démolir, à coups de marteau, l'édifice de nos anciennes institutions.

Cette vilaine engeance n'inspire aucune confiance aux faux prophètes ; mais ils se servent de ces gens-là, parce qu'ils sont adroits, insinuants, actifs, et qu'ils ont fait leurs preuves dans l'art d'exploiter les forfaits, de travailler la canaille, de fasciner les yeux de la populace, et de la porter à des excès impardonnables. Ces enrôleurs, pleins de talents, ne visent qu'à se tirer d'affaire, à satisfaire leurs passions, à racheter leur honneur par des *honneurs*, des titres, des grades et des richesses ; et à effacer la honte de leurs antécédents, par de nouvelles scélératesses. Ces perturbateurs du repos public, par excellence, s'entendent parfaitement, et agissent entre eux avec un concert et une bonne foi admirables, dès le commencement, pour briser les obstacles, abattre les autels, renverser les institutions existantes, les magistrats et les officiers qui tâchent de maintenir l'ordre et la subordination dans les branches du gouvernement qui leur sont confiées. L'instinct de ces cohues en émeute, calqué sur celui des bêtes féroces, les oblige de chasser de bon accord, et de vivre en bonne intelligence, tant qu'ils poursuivent la proie qu'ils convoitent. Parvenus à leurs fins, le moment de la *curée* les divise : on les voit alors, sans pitié et sans égards pour leurs liaisons précédentes, tourner leurs dents et leurs griffes les uns contre les autres, et s'entre-dévorer (1).

(1) J'en ai rapporté des exemples convaincants et relatifs aux personnages célèbres du commencement de notre révolution.
Voyez *Tidologie*; chapitre iv, article 8, page 586 et suivantes.

Ces Cannibales déchaînés consacrent leurs premiers succès à la fureur et aux désordres les plus révoltants; ils ne respectent rien, ils ne ménagent rien. La vertu et le vice, également coupables devant eux, sont envoyés ensemble sur le même échafaud; ainsi que les pères qui leur ont donné le jour, les nourrices qui les ont allaités, et les précepteurs qui ont guidé les pas de leur enfance. Des gens en place, des personnes distinguées de la multitude par le rang qu'elles tiennent dans l'échelle des hiérarchies nationales, ont applaudi à leurs démarches, favorisé leurs essais, justifié les crimes de ces rebelles sur la pureté de leurs intentions, et les ont défendus par leurs écrits, leur influence et leur crédit, au mépris des sollicitations réitérées des honnêtes gens, des tribunaux, de la police, chargée d'office d'arrêter ces écarts effrayants par les funestes suites qu'ils entraîneraient après eux; des ministres niais ou pervers ont aussi invité la lie du peuple à s'unir à eux, à se soulever contre les lois et des coutumes établies depuis des siècles; ils ont mis des armes dans les mains des factieux; ils les ont soutenus, protégés, encouragés et soldés avec l'argent de l'État, et toute l'autorité des moyens divers et puissants qu'ils avaient à leur disposition, comme organes et dépositaires de la volonté du souverain. Eh bien ! les révolutionnaires n'ont pas plus épargné tous ces fauteurs de la révolution, que ses adversaires déclarés et persévérants. Tous ont été également forcés de boire la ciguë, en commun, dans le même calice d'amertume. *Calonne, Loménie, Necker,* ces trois boute-en-train de nos troubles primitifs, n'ont pas obtenu plus de grâce que le clergé, la noblesse, et les bons citoyens du tiers-état, dont ces trois tripotiers en chef, voulaient abattre ou affaiblir considérablement le pouvoir, par les mains d'une populace effrénée. Ministres provocateurs et brouillons, corps constitutifs et salutaires, causes et effets, agents et victimes, furent, sans distinction et tous ensemble, étouffés dans le même cloaque, par les fauteurs des premières insurrections, que chaque membre de ce triumvirat ministériel avait successivement appelés à son aide, afin de triompher plus à son aise des institutions fondamentales et des bons citoyens du royaume de France.

La populace renferme des fourmilières d'excellents ouvriers, *en désordre*, capables, quand on les emploie témérairement, de tout renverser dans un clin d'œil ! Hommes, femmes, enfants, institutions, édifices, monuments, rien ne résiste aux violences tumultueuses d'une canaille enragée ; les morts et les vivants sont également en butte à ses injures et à ses outrages. Détruire est son fait ; elle ne sait faire que cela, et s'en tire très-bien ; mais créer, former, consolider un ordre quelconque, a toujours été au-dessus de ses moyens. Sa force terrible, si on la craint et si on la ménage, s'évanouit d'elle-même si on l'affronte et si on l'attaque à front découvert. Quatre gendarmes, par leur aspect, disperseront vingt mille hommes ameutés dans une place publique, pourvu qu'ils soient soutenus par leurs officiers, ceux-ci par le ministre de la guerre, et ce dernier par son souverain, ou qu'on ne les trahisse pas.

Les faux prophètes ont sans doute l'intention de substituer leur pouvoir à celui du souverain chez lequel ils vivent, et de le détruire, s'ils ne peuvent pas l'assujettir ; mais ils prétendent, en même temps, créer et consolider leur nouvel empire, par la propagation des fausses doctrines, sur lesquelles ils comptent solidement appuyer leur puissance future. Leur premier soin sera donc de se donner la considération d'un saint personnage, d'un homme supérieur, dont la vie exemplaire attire le respect et la vénération publique, même de ceux qui ne croient pas à sa mission divine, et qui s'en moquent ouvertement. Les assassinats, les pillages, les incendies, la dépravation des mœurs, et les désordres en tous genres, les rendraient odieux, aussitôt qu'on saurait qu'ils en sont les directeurs en chef. Ces prédicants de l'imposture n'iraient pas loin, avec ces infâmes moyens; leur conduite, rentrant alors dans la classe de celle d'une canaille révoltée, les menerait à une fin absolument opposée à celle qu'ils se proposent d'atteindre. Au lieu d'élever leur nouveau culte sur l'anéantissement de l'ancien, ils craindraient, au contraire, de renforcer celui-ci, de *réveiller le chat qui dort*, et les sentiments religieux inculqués dès l'enfance chez beaucoup d'honnêtes gens, qui les avaient oubliés trop longtemps dans le fond de leur cœur, par une insouciance coupable, dont ils se repentent et avec une contrition sincère, ils s'en confessent devant Dieu et leurs contemporains; ils craindraient de rendre enfin ces âmes fanatiques, de tièdes indifférentes qu'elles étaient.

Que de mondains ont été rappelés à la dévotion et aux exercices de piété? Que de prêtres, d'abbés, de prélats, plongés ou noyés dans les délices de *Capoue*, et dans l'oubli de leurs devoirs sacerdotaux, ont senti ranimer leur foi et leur courage à la voix sacrilège de ces impies, violateurs effrontés de toutes les lois divines et humaines; défenseurs intrépides des règles et des maximes des saints canons. Ne les a-t-on pas vus, aux approches du danger, secouer la robe d'un sybarite déhonté, et devenir, à tout risque, les confesseurs zélés des doctrines sacrées de leur église? Affronter les supplices et voler au martyre? Enfin, combien de conversions édifiantes ont été les fruits des persécutions consécutives, exercées contre le clergé de France et la *vraie* religion catholique, apostolique et romaine, par les suppôts de l'assemblée nationale, de la législative, et de la convention? Tous ces révolutionnaires réunis, et soutenus de leur canaille démuselée, que n'ont-ils pas détruit? Qu'ont-ils remplacé avec tant soit peu de consistance? Y a-t-il eu un gouvernement fondé sur leurs principes, qui ait pu résister à quelques jours d'épreuve?

« Pour qu'une religion attache, il faut qu'elle ait une morale » pure; les hommes fripons en détail, sont en gros de très- » honnêtes gens; ils aiment la morale; et si je ne traitais pas » un sujet si grave, je dirais que cela se voit admirablement » bien sur les théâtres : on est sûr de plaire au peuple par les » sentiments que la morale avoue, et on est sûr de le cho- » quer par ceux qu'elle réprouve (1). » Mais les différentes classes de la race humaine n'admettent pas la même morale (2). Afin de diminuer le nombre des obstacles qu'il aura à vaincre, le faux prophète accommodera donc ses dogmes et ses préceptes avec *la façon de penser et de sentir* des hommes qu'il désire s'attacher par des liens religieux.

---

(1) *Esprit des Lois*; livre xxv, chap. 11.

(2) Voyez ce mot dans ce Lexicon, et dans la Tydologie, tome XI, chap. IV; note D., page 603.

Les masses, de même que les individus, ont des goûts dominants dont ils ne peuvent pas se défaire ; et si l'on veut subjuguer et enchaîner, pendant des siècles, un peuple par la persuasion, il est indispensable de ne pas lui proposer des opinions et des pratiques contrariant sans cesse les goûts favoris et habituels des particuliers qui composent la plus grande partie de sa population. Mahomet se fut bien gardé de prescrire l'abstinence du vin dans un pays d'ivrognes : la religion de l'Alcoran n'eut pas été de longue durée chez de pareils musulmans.

Le cœur humain se glorifie des efforts qu'il fait sur lui-même, et plus ils sont grands, plus il s'en énorgueillit ; il s'honore de fouler aux pieds les grandeurs, les richesses, la douleur, les plaisirs et les chagrins. Cette impassibilité pour les joies et les tourments qu'on éprouve dans ce monde flatte singulièrement son amour-propre, et l'attache fortement aux motifs et aux personnes qui l'ont déterminé à faire de pareils sacrifices. Cette abnégation absolue de soi-même ne peut être que le fruit d'une religion vivement sentie et fondée sur une morale sévère. Plus elle sera rigide, plus l'imagination de ses fidèles s'enflammera en faveur de son culte, et plus elle lui procurera de prosélytes fidèles, dévoués, incorruptibles et immuables dans leurs opinions. L'esclavage, les supplices, la mort, l'ignominie, de même que l'appât des richesses et les perspectives de l'ambition, ne seront pas capables de leur faire apostasier la religion que des hommes célestes, selon eux, leur auront inspirée. Notre divin rédempteur en a donné le précepte et l'exemple : ses douze apôtres, tirés de la lie du peuple, fermes dans leur foi, et animés par un désir ardent de la propager, ont su , par leurs seules vertus et les exigences outrées de leur morale , établir la *religion chrétienne* sur des bases si solides, qu'elle fleurit avec éclat depuis plus de 1,800 ans , et qu'elle gouverne encore , sans être près de s'éteindre, la plus grande partie des habitants de la terre. Quelle fausse religion pourrait en dire autant ?

Un faux prophète , réduit à de simples moyens humains, n'obtiendra sans doute jamais un pareil triomphe. Son instinct ou sa raison, s'il est lettré , lui fera sentir la nécessité d'unir intimement la nouvelle religion qu'il prétend établir, avec les préceptes d'une morale appropriée aux caractères et aux habitudes du peuple qu'il veut séduire et s'attacher. Ces prétendus envoyés du ciel, ces chefs des sectes philosophiques , ou de systèmes politiques, ces auteurs si impérieux , ces réformateurs si turbulents, se rapprochent par des points de contact si nombreux, qu'il est impossible de les séparer, et de s'occuper exclusivement d'une de ces classes , sans soulever en même temps beaucoup de questions qui intéressent également les deux autres : surtout dans un article destiné à rechercher les motifs secrets qui font parler et agir ces optimistes intéressés , et à développer les manœuvres clandestines et plus ou moins factieuses, employées de tout temps par les novateurs en ce genre , par ces apôtres impitoyables de l'erreur, qui ont travaillé à mettre leurs principes en pratique, sans aucun égard ultérieur, et le plus souvent aux dépens de leurs contemporains et de la chose publique. Les gens qui ont attaqué de front le culte et les institutions sous lesquelles leurs pères avaient vécu et prospéré; porté le trouble dans les consciences, les idées, la morale et le gouvernement de leurs compatriotes; ces révolutionnaires en grand ne sont pas rares dans l'histoire. Elle nous permet de suivre leurs menées, d'apprécier la nature de leurs moyens, et de juger, d'après les événements, ceux qui ont le plus généralement réussi ou manqué, en tout ou en partie.

Cromwel et *La Fayette* se trouvent placés à la tête d'une populace révoltée, sous prétexte de religion, car l'athéisme est en théologie ce que le *zéro* est dans la tablature d'une numération; il y joue un rôle obligé; il compte pour quelque chose, et même pour beaucoup, suivant l'usage qu'on en fait.

Ces séditieux avaient donc un motif commun et avoué, celui de renverser la religion dominante dans leurs pays, afin d'y substituer la leur. Les anglais républicains étaient des *Puritains*, fanatiques féroces, mais contenus en certaines limites, par une morale austère, poussée à l'excès, tant envers eux-mêmes, qu'à l'égard de leurs contradicteurs. Cette secte, qui s'arrogeait aussi le titre d'*Indépendant*, se composait d'individus d'ailleurs fort estimables, si l'on sépare les actes de leur vie privée, d'avec les égarements injustifiables où les illusions frénétiques d'une fausse vertu les ont entraînés.

Les français républicains ne présentent, au contraire, qu'une troupe de gens sans aveu, sans religion, sans principes, qui ne demandent qu'à piller, qu'à détruire, pour se vautrer ensuite dans les orgies de la crapule. Individus dont la vie privée et politique n'excite que l'horreur et le plus souverain dégoût.

A la tête de ses cagots, de ses soldats *ultra-Puritains*, Cromwel s'empara de son Roi, se mit au lieu et place de

son maître légitime, s'assit sur ce trône qu'il venait d'u-
surper, le conserva toute sa vie, et le légua à son fils aîné,
qui régna encore quelque temps, après la mort de son père.

A la tête de ses sans-culottes et de ses soldats *ultra-révo-
lutionnaires*, La Fayette, le 6 octobre 1789, s'empara
aussi de son roi. Qu'en a-t-il fait, en faveur de son ambition personnelle ou du parti qu'il avait embrassé? Que
voulait-il? Que pouvait-il en faire? Entouré, pressé, et,
sans exagération, commandé par des cohues de satellites,
sans foi, sans loi, sans pudeur et sans entrailles; coryphée
éphémère de ces bandes insubordonnées d'impies et de
brigands dévastateurs, quel a été son sort? Quelle durée a
eue cette influence souveraine que les circonstances lui ont
donnée, pendant un ou deux ans, sur la totalité de la garde
nationale? Quelle réputation laissera-t-il, comparée à celle
que *Cromwell* a déjà acquise dans l'histoire? Quel jugement la postérité portera-t-elle sur ces deux héros révolutionnaires?

Les auteurs et fauteurs des révolutions religieuses, politiques, ou simplement d'opinion, obtiennent d'autant plus
de succès et de moyens d'étendre et de consolider leurs entreprises, que leurs associés ou adhérents ont des mœurs
plus estimables, et appartiennent à des ordres plus élevés.

La populace a ses distinctions hiérarchiques, comme les
autres classes de la société; l'ensemble des paysans, des
artisans, des manouvriers, des hommes qui vivent à la
journée, et qu'on appelle proprement *le peuple* des grandes
villes ou de la campagne, est en général mieux composé
qu'on ne le croit ordinairement sur les apparences, et que les
faits et gestes ostensibles de la canaille qui en est le rebut,

ne permettent de le supposer ; mais , par une fatalité incon-
cevable , le public fait la réputation d'un corps , plutôt sur
les vices d'une petite minorité, que sur la vie exemplaire
du plus grand nombre de ses membres.

Mieux avisés que La Fayette, les faux prophètes tâche-
ront de gagner les esprits de cette partie honnête du peuple,
et de les enlacer dans les filets de leur nouvelle doctrine.
Ils pourront profiter de quelques écarts hasardés de la canaille, mais ils ne les avoueront pas ; ils rejetteront son aide,
et ils ne s'en serviront point qu'au préalable , ils ne l'aient
partagée en différents groupes, sous l'influence directe d'un
ou de plusieurs de ses ardents disciples , qui répondent de
la conduite de la majorité des individus de leur escouade
respective, et qu'il ne les ait captivés au point de les empêcher de parler et d'agir autrement qu'il ne leur sera prescrit
par les instructions journalières qu'ils recevront de leur
maître. On verra alors cette armée révolutionnaire, dévouée
de cœur et d'âme à ce missionnaire en chef de l'erreur :
il la commandera en despote tout-puissant ; ses ordres,
étant vénérés comme des oracles, aucun soldat n'osera les
discuter, encore moins les contrôler et s'arroger le droit
de déterminer les volontés d'un général qu'il croira avoir
reçu du ciel. Les idées religieuses , les sentiments d'honneur, définis à la manière de ces prédicants, et qu'ils auront su inspirer à leurs prosélytes, corroboreront leur foi
et les attacheront de plus en plus à la personne de leur
pontife par excellence : il en sera donc plus sûr.

Si les circonstances n'entravent les conceptions du faux
prophète, et s'il reste libre de préparer, à son choix, ses
moyens d'exécution, il doit, dès le premier jour, assujettir

ses néophytes, sous le poids d'une multiplicité de suggestions superstitieuses et d'une morale sévère. C'est à lui, ensuite, à les rendre conformes, autant que possible, au parti qu'il veut en tirer.

Nous voici renvoyés à l'étude des anciens philosophes. Aucune secte, sortie de leurs écoles, n'a été plus aveuglément attachée aux maximes de son maître, que celle des *Pythagoriciens.* Le fondateur de cette religion nouvelle parmi les grecs, avait eu l'art d'enchaîner invinciblement ses disciples, au char de ses doctrines, par un silence absolu, prolongé pendant plusieurs années, et par une multitude de pratiques minutieuses et puériles (1), qui leur prenaient beaucoup de temps, captivaient leur imagination; les empêchaient de s'égarer dans des discussions et des controverses qui les auraient écartés des préceptes fondamentaux de leur ordre, et de la tâche qu'ils avaient à remplir. — Avis au lecteur politique, qui croit encore qu'on peut impunément tourner en ridicule les pratiques religieuses, les étiquettes de Cour, les costumes et le cérémonial des corps.

Quant à la morale, l'ignorance et la crédulité excessives des gens du peuple ont donné, de tout temps, la facilité d'en faire ce qu'on veut, aux charlatans qui avaient su leur inspirer une confiance sans borne, comme souvent sans raison. Les hommes ne sont fortement émus, que par les impulsions d'une morale exagérée : *Celle qui est relâchée plaît davantage, mais elle n'attache pas.* Cette sévérité de mœurs

(1) Voyez le dictionnaire de Bayle, au mot *Pythagore.*

et de principes est capable, à elle seule, de contenir, avec succès, la fougue des passions, ou de les pousser à l'extrême, suivant les vues des chefs d'ateliers qui savent s'en servir à propos. L'antiquité nous a transmis deux systèmes de morale, diamétralement opposés entre eux, et qui ont été également soutenus et professés, avec persévérance, dans les écoles d'*Épicure* et dans celles de *Zénon*. Les sansculottes, satellites de La Fayette, suivirent les conseils du premier ; les puritains, compagnons de Cromwel, se conformèrent aux préceptes du second, et cet usurpateur s'en trouva bien.

La secte des *Épicuriens* affaiblissait les âmes et les rendait esclaves des sens ; celle des *Stoïciens*, au contraire, les élevait et les plaçait au-dessus de toutes les faiblesses humaines. « Elle n'outrait, dit Montesquieu, que les choses dans lesquelles il y a de la grandeur, et du mépris pour les plaisirs ou pour les douleurs. » Elle seule aussi a le pouvoir de créer des fanatiques incorruptibles qui puissent satisfaire, en tous points, l'ambition d'un faux prophète.

Sans négliger de s'introduire, de catéchiser et de pousser des racines multipliées, chez les boutiquiers, les petits bourgeois, et de les étendre ainsi, de proche en proche, jusques dans les rangs les plus distingués, les faux prophètes, et leurs acolytes, porteront principalement leur attention sur le bas peuple. C'est un dépôt riche, nombreux et assorti de matériaux bruts, qui, sous les mains d'excellents ouvriers, sont susceptibles de devenir des instruments impayables et propres à toutes sortes d'entreprises. Ces religionnaires, souvent si criminels, et si vertueux à leur façon ; ces partisans fanatiques de leur nouveau culte, qui ne pensent qu'à multiplier ses triomphes, à assurer ses succès, à contribuer à sa gloire, à mériter ses saintes couronnes, et à s'en rendre dignes, par une abnégation absolue et sincère d'eux-mêmes, et des vanités de ce monde qu'ils foulent aux pieds, ne sont pas, pour cela, tout à fait dégagés du péché de cette *envie originelle*, qu'on a naturellement contre tout ce qui est plus élevé que soi.

Cette jalousie, innée et indestructible dans le cœur des hommes, cette fille chérie de notre amour-propre, sera toujours séduite, et s'abandonnera facilement et sans restriction, à ceux qui lui présenteront des moyens plausibles de satisfaire sa petite vanité. Son caractère connu, les économistes, les publicistes novateurs, les philosophes anciens et les modernes, les chefs des sectes et les faux prophètes, leurs ayant-cause, ces orateurs du peuple, ces écrivains politiques, ces faiseurs de livres, de pamphlets et de déclamations, pour acquérir des prôneurs, de la vogue, de la réputation, des grâces, de l'argent et du pouvoir ; enfin toutes ces classes d'aboyeurs affamés de célébrité, et désignés, en français, sous le nom générique d'*agitateurs*, s'empresseront, au besoin, d'entourer cette *déesse de la raison*, cette mère commune de toutes les révolutions, nées et à naître.

Ils encenseront cette idole créatrice, cette immortelle patronne des perturbateurs de l'ordre et de la tranquillité publics ; ils la caresseront, la prostitueront, et travailleront sans relâche à augmenter le nombre de ses adorateurs et de ses prosélytes, par un déluge de noires calomnies, d'assertions mensongères, de diatribes véhémentes, de déclamations diffamatoires, de tableaux effrayants de la *dureté* des grands envers les petits ;

Des seigneurs envers leurs vassaux ;

Des supérieurs envers les subalternes ;

Des riches envers les pauvres ;

Et d'encore en encore, des *duretés* de la justice envers les malfaiteurs.

Imbus de ces belles idées philanthropiques et anti-sociales, plusieurs légilateurs, honnêtes gens d'ailleurs, rédigèrent leur code pénal, non sur la justice, mais sur la pitié ; non pour assurer la tranquillité publique, mais pour protéger ceux qui la troubleraient par de fréquents délits ; non en faveur des hommes de bien, mais en faveur des mauvais sujets. Sous le prétexte d'empêcher qu'un seul innocent ne puisse, dans l'espace d'un siècle, être condamné injustement, il ne faut pas, en attendant, couvrir le territoire d'un vaste royaume, de scélérats impunis.

Qu'en est-il arrivé ?

A force de crier, de publier et d'exagérer ces prétendues tyrannies des chefs contre leurs subordonnés, on parvient, à la longue, à les persuader à la multitude, qui, en maintes occasions, croit plutôt ce qu'on lui répète sans cesse, que ce qu'elle voit de ses propres yeux. On soulève le bas peuple, même sa partie honnête, contre les moyennes et les hautes classes des hiérarchies reçues ; on établit l'anarchie et le désordre dans toutes les branches du gouvernement, et de la société en général. L'État se dissout de fait ; le faux prophète s'en empare, et ses crimes se voient couronnés par des succès définitifs. Le voilà donc au comble de ses vœux : couvert de gloire, selon les uns, et tourmenté de remords, et d'inquiétudes continuelles, selon d'autres.

106. CENTURIES DE NOSTRADAMUS. Depuis près de trois cents ans, les sorciers politiques reconnaissent et citent les centuries de Nostradamus, comme étant le livre classique ou romantique du destin.

Chacune de ces prédictions se renferme dans un quatrain qu'il a ensuite rangé et mis en ordre par centuries.

La première édition de ce recueil fut faite à Lyon, en 1555; elle ne contient que sept centuries.

La seconde est de 1558; Nostradamus la publia lui-même, et l'augmenta de la 8e, 9e et 10e centurie : il la dédia à Henri II, roi de France.

On y trouve un passage très-remarquable, relatif à la persécution que le clergé gallican éprouva en 1792 et aux suivantes. Ces meurtres, ces spoliations, ces exils exercés contre un nombre prodigieux de vertueux prêtres, ne furent donc point des événements imprévus, puisque, plus de deux cents ans auparavant, Nostradamus les avait annoncés.

Nostra damus *cùm falsa* damus, *nam fallere* nostrum *est,*
Et cum falsa damus, *nil nisi* Nostradamus.

Notre légèreté saisit et retient facilement les *calembourgs;* et quoique nous fassions semblant de nous en moquer, ils n'en obtiennent pas moins d'influence sur notre esprit, et décident souvent de nos opinions.

Dans notre insouciance ordinaire, et dans la manie générale de passer pour un philosophe au-dessus de tous les préjugés, nous avons dédaigné de nous rappeler que déjà plusieurs

personnes avaient remarqué des concordances frappantes
entre quelques-unes de ces prédictions, et les événements
qu'elles avaient prédits, un ou deux siècles avant qu'ils
arrivassent. Par exemple, un quatrain annonce que *Cinq-
Mars*, qui est désigné sous le nom de *Quarante onces*, sera
mis à mort par les ordres du Cardinal de Richelieu.

Nostradamus publie, en 1555, que Cinq-Mars périra sur
l'échafaud.

Ce favori de Louis XIII eut la tête tranchée en 1642.

Cet astrologue en donne donc la nouvelle, quatre-vingt-
sept ans avant qu'on puisse la prévoir.

Le supplice de Cinq-Mars, et la première édition des
Centuries de Nostradamus, sont deux faits authentiques,
incontestables, ainsi que leur date respective.

Les prophéties de Nostradamus, telles que nous les avons
aujourd'hui, comprennent douze centuries ou douze siècles, et par conséquent douze cents quatrains. Chacun d'eux
est affecté particulièrement à une des années de ce long
intervalle de temps, et contient la prédiction d'un des événements qui y arriveront.

Les quatrains de la première Centurie correspondent aux
cent années du   XVI⁰ siècle.

Ceux de la 2⁰ au XVII⁰
       3⁰ au XVIII⁰
      4⁰ au XIX⁰

En faveur des amateurs, voici le treizième quatrain de
la quatrième Centurie, correspondant à l'année 1843 :

De plus grand'perte nouvelles rapportées,
Le rapport fait, le camp s'eslongera :
Bandes unies encontre révoltées,
Double phalange grand abandonnera.

Double phalange. La phalange autrichienne et la phalange prussienne *abandonnera* Bonaparte, *le grand,* l'homme
puissant, l'empereur des Français. *Le camp s'eslongera,* de
Moscou à Paris. L'allongement est assez beau.

Le quatrain qui le suit immédiatement, et qui, par
conséquent, répond à l'année 1814, est tout aussi prophé-
tique :

> La mort subjette du *premier personnage* (1)
> Aura changé et *mis un autre au règne.*
> Tost, tard venu à si haut et bas aage,
> Que terre et mer faudra que on le craigne.

J'en accepte l'augure.

Je n'ai pas une foi plus implicite qu'un autre, dans les
quatrains prophétiques de Nostradamus ; d'ailleurs, je ne
les entends pas tous, il s'en faut. Mais les rapprochements
ci-dessus m'ont paru si curieux et si extraordinaires, que
je me suis cru obligé de les consigner dans les archives de
la *Sorcellerie politique.*

107. HONNEUR DE L'ÉTAT. L'honneur est ce sentiment
impérieux qui vous engage à mériter, d'après les préjugés
nationaux, l'estime continue de ceux qui vous entourent,
ou avec lesquels on peut avoir quelques rapports.

L'honneur se porte sur tout. « Vatel, fameux maître-
d'hôtel du grand Condé, se poignarda, parce que la *marée*
avait manqué à la vingt-sixième table, dans une fête que
ce prince donna à Louis XIV. On admire ce suicide, et on

---

(1) Bonaparte est bien politiquement mort en 1814.

n'analyse pas les motifs qui l'ont déterminé. L'honneur est une passion qui a ses excès comme les autres, et ses démarches ne sont pas toujours dirigées par les raisonnements d'une froide métaphysique : mais ses effets généraux sont si sublimes, qu'un bon citoyen respecte ses écarts, et qu'il ne se permet jamais de les tourner en ridicule. Heureux et trop heureux les princes dont les sujets sont si jaloux de conserver une réputation si intacte, qu'ils craignent, plus que la mort, le simple soupçon de n'avoir pas satisfait à la plénitude de leurs devoirs. »

On sacrifie sa vie à son honneur; et l'on est jaloux de conserver, jusqu'au-delà du tombeau, une mémoire sans tache, et qui n'est point déshonorée.

Un État est perdu, quand l'honneur n'est plus en considération parmi ses magistrats; quand les personnes de distinction, et les gens en place, ne font aucun cas de leur réputation, et qu'ils se soucient fort peu du déshonneur dont ils se couvrent, par une conduite ou une administration déhontée.

Ce mot, ainsi que le sentiment qu'il exprime, convient également aux corporations et aux individus. On dit, avec la même raison, l'honneur d'une famille, l'honneur d'un régiment, l'honneur de la magistrature, etc., etc.

Les moyens d'acquérir l'honneur varient suivant la société dans laquelle on vit, et selon l'état qu'on y occupe. L'honneur de l'Arabe Bédouin est de dépouiller un passant; l'honneur d'un Français l'engage, au contraire, à le protéger et à le secourir dans le besoin; l'honneur d'une femme ou celui d'un homme, l'honneur d'un militaire ou celui d'un ecclésiastique, sont tout à fait différents.

De même, l'honneur d'un État diffère de celui d'un particulier. Cette distinction, qui est si naturelle, n'a pas toujours été faite, au grand détriment des affaires publiques, et de la gloire d'une nation.

L'honneur de l'État consiste à rendre un peuple passionné pour son gouvernement, et redoutable à ses ennemis.

Les États ne se déshonorent point, comme les particuliers, par les banqueroutes et par les crimes qu'ils commettent, mais par leur faiblesse, ou par ineptie de leur gouvernement, qui les rend un objet de mépris et de pitié, aux yeux des nationaux et des étrangers.

108. RIDICULE (le) tourne plaisamment en dérision les écrits et les faits de tout le monde, n'importe de qui.

Rien n'échappe au ridicule : les saints et les impies, les voleurs et les honnêtes gens, les grands et les petits ministres ; en un mot, personne n'est à l'abri de ses coups.

C'était un axiome avant 1789, que le ridicule perdait irrévocablement en France les choses et les personnes qu'il attaquait. Si cela eût été vrai, la révolution ne se serait pas soutenue deux jours de suite, car, dès son origine, les Rivarol, les Petit-Gaultier, les Peltier, et mille écrivains très-habiles dans ce genre, l'avaient couverte de ridicule.

Le ridicule n'a un pouvoir politique que dans les États gouvernés par de petits esprits.

109. IDÉES LIBÉRALES. Sobriquet qu'on donne maintenant aux idées révolutionnaires.

110. Le Libéral est un homme que toute supériorité offense; qui ne juge point du mérite des choses par l'avantage qu'elles procurent à la société, mais par la satisfaction que sa vanité en retire, et qui blâme tout ce qui ne satisfait pas son orgueil. La monarchie déplaît au libéral, parce qu'elle met d'autres hommes plus en évidence que lui; le vague d'une république convient mieux à son caractère; les prééminences y sont plus changeantes, et si l'on n'est pas certain de s'élever aux premiers honneurs, on l'est, au moins, d'en voir descendre ceux qui y sont parvenus : cela soulage.

Naître et mourir sujet d'un monarque, paraît au libéral, une pénible condition d'existence. Il n'a jamais conçu l'espoir de devenir chef de l'État; cela ne lui semble pas probable, pas même possible; cependant il aime mieux que la place ne soit pas invariablement occupée par une famille régnante, cela laisse des chances qui plaisent à son imagination. L'entourage des rois blesse d'ailleurs sa vanité; les noms historiques fixent trop les regards, ils inspirent trop de respect; ceux qui les portent, sont préférés pour certains emplois; tout cela lui semble autant d'empiétements sur ses droits, et le met mal à son aise; il envie leurs distinctions, leurs manières, leurs ancêtres; l'éternel souvenir des hauts faits de ceux-ci le fatigue; tout le monde a eu des aïeux, dit-il, et ce n'est pas ma faute, si l'on ignore ce qu'ont fait les miens.

Tout ce qui est au-dessous du libéral, lui paraît à sa place; son blâme ne porte jamais que sur ce qui est au-dessus de lui. Tendre la main à son inférieur, pour l'élever à son niveau, n'est pas son fait; il le trouve bien au bas de l'escalier ; mais il s'emporte contre ceux qui ont sur lui un avantage quelconque.

L'Ecclésiastique dit : *L'envieux pleure pour quelque chose que ce soit.* C'est le cas du libéral ; tout lui donne une humeur chagrine. Les ordonnances royales ne sont pas rédigées avec assez de courtoisie ; la police manque d'égards ; les tribunaux appliquent mal les lois, et l'Église s'arroge des droits que les clubs lui contestent. Son état révolutionnaire est un malaise général ; il ne sait pas positivement ce qu'il veut, mais il rencontre à tout moment ce qu'il ne veut pas ; l'habit militaire réveille dans son esprit l'idée de l'oppression, et non celle de la gloire ; les titres, les décorations l'offusquent, et il ne les considère que comme des marques de servilité. S'il assiste à une cérémonie, il ne se trouve jamais convenablement placé ; il ne précède pas assez de monde ; il y a toujours trop de gens devant lui ; enfin les processions solennelles ne sont pas à l'abri de sa censure ni de ses reproches : le dais lui paraît une distinction choquante ; au moins faudrait-il que Dieu y admît à ses côtés quelques libéraux du côté gauche.

Lorsqu'il ne fait qu'éprouver du mécontentement, le libéral est un être à plaindre ; mais il est dangereux, aussitôt qu'il le manifeste, parce que l'amour des nouveautés, qui est naturel à tous les hommes, rend son malaise contagieux. D'ailleurs, aucune bienséance ne l'arrête, aucune convenance ne le retient ; il frappe, sans remords, les institutions les plus utiles ; il fronde les anciens usages, ridiculise les coutumes, corrompt les mœurs, altère les croyances, détruit l'obéissance des peuples et les subordinations des familles ; et il dénature le langage, afin de mieux égarer les esprits. Le désordre devient une agitation utile, la violence un effort nécessaire, l'oppression une mesure de prudence, la guerre civile un remède indispensable, et l'assassinat une sévérité de bienfaisance.

Tant qu'il reste quelque chose au-dessus de lui, le libéral ne porte pas ses regards ailleurs; toutes ses actions tendent à le détruire; mais atteint-il le faîte du pouvoir, tout à ses yeux change d'aspect : les objets lui paraissent sous un autre point de vue. Trop de liberté conduit à la licence; le peuple a besoin d'être contenu; l'égalité, devant lui, est insuffisante; les classifications maintiennent l'ordre dans la société; les distinctions excitent le zèle; les honneurs sont un tribut que le mérite réclame; il faut que les grands services soient récompensés, que l'autorité impose, et que le pouvoir se centralise; enfin, petit à petit, il réédifie tout ce qu'il a détruit, avec cette seule différence, qu'à la place de souverains légitimes, il lui faut des aventuriers usurpateurs, des Buonaparte, des Boyer, des Bolivar, qui, au nom de la liberté, établirent leur despotisme absolu, et se firent déclarer empereurs tout-puissants par la grâce de la ruine, des massacres, des désordres et des malheurs de toute espèce, dont ils ont accablé leurs compatriotes, pour assouvir leur ambition particulière.

111. Usages. Les usages ne sont point des lois, mais ils en ont souvent la force, et se placent même quelquefois au-dessus du pouvoir législatif.

Les usages sont intimement liés avec les habitudes nationales. Leur connexion est telle, qu'on les confond aisément ensemble; il y a pourtant des nuances qui les distinguent.

Les habitudes nationales généralisent davantage, et sont obligatoires pour la majeure partie d'un peuple ou d'une classe nombreuse de ses citoyens. Les habitudes nationales des Français les forçaient, avant leur dernière révolution, de s'identifier avec leur roi, et de partager, de cœur et d'âme, le bonheur et les afflictions de ce père commun et bien-aimé. En 1740, pendant la durée de la maladie très-dangereuse que Louis XV eut à Metz, toutes les églises de son royaume furent, nuit et jour, pleines d'hommes et de femmes qu'on voyait prosternés aux pieds des autels, demander, avec ferveur, au ciel, que leur bon Roi fût rendu à ses sujets qui l'aimaient tendrement. La naissance d'un dauphin excitait, en France, une joie universelle, égale, au moins, à celle qu'un premier-né fait éprouver dans une famille qui le désire ardemment. *Ah! si notre bon Roi le savait; cela ferait plaisir à notre bon Roi*, et mille expressions pareilles que les habitudes nationales rendaient familières et sincères parmi les Français.

Par leurs habitudes nationales, d'accord avec leurs préjugés nationaux, les Français sont persuadés qu'on les dégrade, en les battant. La punition des coups de plat de sabre que M. de Saint-Germain, ministre de la guerre, introduisit dans l'armée, produisit un mécontement général dans les régiments, qui facilita beaucoup leur défection en 1790 et 1791; tant les habitudes et les préjugés ont de force sur l'esprit des hommes!

Les usages sont moins généraux que les habitudes nationales; plus isolés les uns des autres, et circonscrits dans un cercle plus étroit, ils ne règnent ordinairement qu'à des époques désignées, au cérémonial de certaines fêtes;

dans quelques localités, quelquefois ils ne sont suivis que par une seule classe de la société. Les Grecs étaient dans l'usage de se rassembler tous les quatre ans aux jeux olympiques. Par un usage qui datait de la fondation du Parlement de Paris, les magistrats de cette Cour assistaient, en robes rouges et en grande cérémonie, à la première messe, qu'ils entendaient en corps, après leurs vacances, à la rentrée de la Saint-Martin. Les Provençaux sont dans l'usage d'enterrer leurs morts à visage découvert.

Les habitudes nationales de la grande Bretagne obligent les Anglais à se conformer, dans leur pays, avec respect et soumission, aux usages de toutes les assemblées, grandes ou petites, où ils sont introduits.

On peut dire que les habitudes nationales sont des usages reconnus universellement chez un peuple, et qu'un usage n'est qu'une habitude, suivie seulement à une certaine époque, par une portion plus ou moins nombreuse, plus ou moins distinguée de ce même peuple.

Il est donc plus facile, et moins dangereux, d'abroger un ou plusieurs usages, que de vouloir changer les habitudes nationales. J.-J. Rousseau, dans son Traité sur le gouvernement de Pologne, prouve très-bien que les usages particuliers renforcent quelquefois l'amour de la patrie. D'un autre côté, l'expérience a démontré que des usages particuliers ont quelquefois gêné le développement de plusieurs effets avantageux à la société. Le législateur appelé à donner des lois à ses compatriotes, et à diriger leur gouvernement, est donc obligé, avant de rien entreprendre, d'étudier et de connaître à fond le caractère, les usages, les habitudes nationales et les circonstances politiques où se trouve le peuple, dont l'administration suprême lui est confiée. Peu de souverains, dans nos temps modernes, ont pris cette précaution préliminaire et indispensable, quand on veut qu'un État soit bien régi. Les princes, et leurs ministres, trouvaient plus commode de tailler leur gouvernement, et de façonner leurs sujets sur des *patrons* convenus, fournis en grande partie par les philosophes, que de consulter et de s'appesantir sur ces détails de mœurs et d'usages particuliers qui avaient créé les goûts et constitué l'existence morale des peuples soumis à leur domination. Aussi, combien de mécontentements intérieurs n'y avait-il pas dans la plupart des gouvernements de l'Europe, depuis 1760? Et combien ces dissensions intestines n'ont-elles pas favorisé les ravages de la révolution française?

Ministres, « si vous voulez me prouver vos talents, élevez » votre génie jusqu'à la hauteur des devoirs de la place que » vous occupez : mais en les rabaissant à votre portée, » vous ne prouvez que votre ignorance, la petitesse de » votre esprit (1). » C'est une maxime de Mlle Clairon. On voit, par ce passage, que cette comédienne connaissait mieux son art, qu'aucun de nos ministres novateurs n'a jamais connu le sien.

Chaque peuple a ses usages. S'il a des mœurs pures, s'il est encore dans l'enfance de sa civilisation, lorsque l'énergie de l'âme et l'esprit national ont le plus de force, il y est très-attaché : dans le cas contraire, il tient peu à ses usages,

(1) Mémoires de mademoiselle Clairon, article de Guymond de La Touche.

et il finit par s'en moquer. Ce symptôme mérite d'être étudié avec soin, afin de prévenir les crises funestes et souvent très-prochaines qu'il annonce.

Avant que la génération, dont malheureusement je fais partie, eût acquis l'âge d'avoir des places et de jouir d'une certaine influence, c'était l'usage, en France, que les magistrats, en corps, fissent publiquement leurs Pâques, dans la paroisse de leur palais de justice, ou dans une chapelle qui leur était affectée.

S'ils devaient juger un procès de haut criminel, beaucoup d'entre eux ne se seraient pas permis de siéger, qu'au préalable, et selon l'usage du temps, ils n'eussent fait leurs dévotions, et invoqué, au pied de l'autel, les lumières du SAINT ESPRIT, pour qu'il les éclairât sur l'arrêt qu'ils allaient prononcer, et qui devait décider de l'existence civile ou physique de l'accusé dont le sort était remis à leur justice. On a remarqué que les juges d'alors avaient été plus sévères que leurs successeurs ne l'ont été depuis; c'est qu'ils avaient une idée plus exacte de leurs devoirs, et qu'ils étaient convaincus qu'un magistrat trahit sa conscience, envers Dieu et envers la société, toutes les fois, qu'à bon escient, il absout un coupable, ou qu'il condamne un innocent.

Je me souviens que dans le mois d'octobre 1768, je fus obligé de m'arrêter un samedi au Beausset, village près de Toulon. En traversant la cuisine de l'auberge, je vis un lapin pendu au croc, et je l'ordonnai pour mon souper. On en rendit compte au maître; je le vis, un moment après, entrer dans ma chambre, et me demander respectueusement, selon l'usage de ce temps-là, si j'étais incommodé :

sur ma réponse affirmative, il ne fit aucune difficulté de me faire servir *gras*, un jour *maigre*. Je suis peut-être un des derniers exemples du scrupule qui régnait alors dans les hôtelleries de France. Bientôt après, les traiteurs s'habituèrent à servir gras et maigre, tous les jours de l'année; et puis tous les repas furent en gras. La mode en était venue au point que, dix ans avant la révolution, il y avait beaucoup de tables d'hôtes où il fallait expressément demander du maigre, si contre l'usage du moment, on ne voulait pas, en public, enfreindre ouvertement les préceptes de sa religion.

Si l'on suit l'histoire de ces différents usages, on sera effrayé de ce qu'ils étaient devenus plusieurs années avant 1789. Les Cours ne faisaient plus leurs pâques en corps de magistrature; les juges allaient siéger à la *Tournelle*, sans songer à faire leurs dévotions, avant que de prononcer sur le sort d'un accusé; la plus grande partie des Français catholiques mangeait, avec la même indifférence, gras et maigre, les vendredis, les samedis, et le carême entièrement. Tous ces anciens usages, accompagnés de plusieurs autres, étaient non-seulement tombés en désuétude, mais les beaux esprits du siècle les tournaient journellement en dérision. On rougissait de suivre l'exemple de son père. La crainte d'un ridicule ineffaçable excitait les Français à se moquer, à l'envi, de leurs usages, de leurs institutions; à ne vouloir plus rien avoir de commun avec leurs ancêtres. L'amour des nouveautés, porté à l'excès, fut poussé jusqu'au délire.

Ces symptômes annonçaient les progrès de la maladie, et l'urgence d'y porter des remèdes prompts et efficaces;

mais des hommes suffisants et imbéciles en politique, s'imaginant être de grands hommes, parce qu'ils se mettaient au-dessus des préjugés reçus et des usages vulgaires, aggravèrent le mal, au lieu de le couper dans sa racine. Nous avons vu ces législateurs ; nous connaissons leurs œuvres et les maux qu'elles ont produits.

Par les fruits du jardin, jugez du jardinier.

Il y a des usages indifférents ; d'autres intéressent directement les mœurs, et ont une influence marquée sur le caractère et l'esprit du peuple. La plupart de ces usages, inaccessibles au pouvoir des lois, ne sont commandés que par l'exemple : lui seul a la force de les propager ou de les détruire. Les écrivains rendraient un grand service, en s'occupant de leur recherche, en publiant des listes, et en nous apprenant à distinguer les usages dont les conséquences sont bonnes, mauvaises ou nulles. Les hommes d'État, les vrais citoyens, les particuliers riches pourraient, avec ces documents, travailler, dans leurs provinces respectives, à introduire les premiers, à affaiblir les seconds. Quant à ceux qui sont de nul effet, il faut les laisser subsister et s'y conformer exactement, avec l'apparence d'en être, de bon cœur, les partisans zélés. Beaucoup de ces usages amusent le peuple : lui ôter ces moments de plaisir, c'est l'irriter pour rien ; d'ailleurs leur continuation est toujours en faveur de la stabilité, qui est si nécessaire dans toutes les parties d'un gouvernement bien ordonné.

Ces réflexions nous ont engagé d'ajouter les exemples suivants :

112. BATTRE SA FEMME (*usage russe*). On dit que les femmes russes aiment beaucoup à être battues par leurs maris. Je ne sais si c'est vrai; mais supposons-le. :

Les rapports qu'on nous a faits de ce pays s'accordent tous à nous dire que ce peuple est bon, fidèle, soumis, très-respectueux envers ses chefs; qu'il est hospitalier, religieux, brave, dévoué à son gouvernement, très- attaché à ses habitudes nationales, et qu'il y a autant de *bons ménages* en Russie que partout ailleurs. Le soldat est sobre, subordonné, patient, et d'un courage à toute épreuve. Le zèle ardent et infatigable avec lequel les Moscovites accoururent, de toutes les provinces de l'empire, lors de l'invasion de Bonaparte, en 1812, pour soutenir, malgré l'intempérie de la saison, la religion de leurs pères, et les droits de leur *Czar*, prouve, en outre, que les Russes sont capables de s'enflammer d'un noble enthousiasme pour leur culte et leur patrie.

Il me semble, d'après cela, qu'un souverain de toutes les Russies ne doit pas tenter de corriger ses sujets de quelques défauts de leur vie privée, dans la crainte de détruire ou d'atténuer leurs bonnes qualités politiques, qui sont si avantageuses à son gouvernement.

Si j'étais ministre de ce vaste empire, je ne me soucierais pas du tout que les peuples soumis à mon administration, fussent plus civilisés qu'ils ne le so aujourd'hui. Je serais très-empressé de protéger, conserver et perpétuer les usages dont ils ont contracté l'habitude, quelque grossiers et ridicules qu'ils pussent paraître aux yeux d'un philosophe, ou d'un politique imberbe. Celui de *battre sa femme* ne serait point excepté. Il n'y a que les femmes qui aient le droit de se plaindre de cet usage ; et l'on dit, au contraire, qu'elles en aiment l'exercice à la folie. Il ne faut point disputer des goûts : surtout quand ces goûts soutiennent un usage qui resserre les liens conjugaux, entretient l'union des familles, et fait également le bonheur des deux époux.

La Cour de Saint-Pétersbourg sait ce que sont les Russes dans ce moment-ci ; mais elle ne peut pas prévoir ce qu'ils seront, quand, à force de politesse et de civilisation, on aura changé leurs mœurs, leurs usages, leurs habitudes, par conséquent leurs idées et leur caractère.

113. BOXING-MATCH (*usage anglais*). Par un malheur inhérent à notre espèce, il faut que les hommes se battent. Tantôt, c'est en corps d'armée, de peuple à peuple ; tantôt, c'est individu contre individu, habitant le même lieu. Chaque pays a son usage particulier pour se battre en duel. En France, c'est à l'épée ; en Portugal, avec le couteau ; en Bretagne, c'est à coups de tête ; et, en Angleterre, à coups de poing. Chacun se bat à sa manière ; mais on se bat toujours.

Ce sont ces combats à coups de poing que les Anglais appellent *Boxing-Match* ou *Boxing*. Ils sont rarement mortels ; c'est déjà un grand avantage qu'ils ont sur les duels, usités en France et en Portugal. Sur cent millions et plus de Boxings qu'il y a eu en Angleterre depuis que leur usage y est introduit, il n'y a pas eu mille personnes qui y aient été tuées. Ce n'est pas une mort par année. Il en périt davantage par la chute des tuiles, par le renversement des voitures et une infinité d'accidents qui arrivent chez un peuple civilisé, et qu'on ne songe pas à prévenir, parce qu'en prohibant les toits des maisons et les services du roulage, pour un individu auquel on sauverait la vie, par cette précau tion, on en ferait mourir de faim un million d'autres. !

Les accidents ordinaires aux boxeurs sont les yeux po; chés, quelques dents cassées, et quelques contusions qui les obligent à garder le lit un petit nombre de jours. Les pistolets et les armes tranchantes ont, en général, des suites plus cruelles. Les Anglais de distinction, les officiers militaires de cette nation qui, dans leurs duels, ne se servent que de ces dernières armes, en fournissent, au moins tous les mois, des preuves meurtrières et multipliées.

Les Français ne parlent qu'avec dédain des combats à coups de poing de leurs voisins, et ils en font le sujet continuel de leurs plaisanteries. Mais si, d'après ce que nous avons dit au commencement de cet article, il est de toute nécessité, historiquement parlant, que les hommes se battent, il est aussi inutile de déclamer contre les duels, que de prêcher la paix perpétuelle entre toutes les puissances. La politique, plus accommodante que la morale, négocie avec les passions humaines, et se voit obligée, à chaque instant, d'en revenir à cet ancien proverbe : *qu'il faut souffrir ce qu'on ne peut empêcher.*

Les législateurs prudents n'ont donc que le choix entre la folle entreprise de vouloir annuler les écarts des passions et la sage prévoyance d'en diriger le cours au profit de la société. C'est le parti que les magistrats anglais ont pris. Non-seulement ils ont toléré le Boxing-match et ses inconvénients, mais ils l'ont rendu une des plus belles institutions politiques qu'on connaisse, et qui, sans doute, n'a pas été sans influence sur les causes originaires du bon esprit national et du caractère généreux qui distinguent cette nation.

Les boxeurs ont leurs lois, comme nos ancêtres en avaient pour leurs combats en champ clos; il est vrai qu'elles n'ont jamais été sanctionnées ni promulguées par aucun corps législatif; mais, dès leur plus tendre enfance, les Anglais les ont si bien incrustées dans leurs cœurs et dans leur esprit, qu'ils se font un devoir rigoureux de s'y conformer, et de ne pas souffrir qu'on les enfreigne impunément devant eux. Les réglements du Boxing sont, sans exception, ceux dont les articles sont le moins éludés et le plus exactement suivis dans toute la Grande-Bretagne.

L'art de profiter de ces misérables querelles, qui sont si fréquentes parmi le bas peuple, pour accoutumer les gens grossiers à la pratique des vertus chevaleresques, n'était pas facile; mais le génie, d'accord avec le bon sens, ne trouve rien d'impossible, quand ils sont réunis avec l'autorité et la persévérance. Le fondateur du Boxing l'a prouvé par les statuts qu'il lui a donnés, et les effets qu'ils ont produits. Voici le sommaire des principales dispositions de ses lois :

Le Boxing-match se passe toujours en public. Les deux athlètes sont nus jusqu'à la ceinture, au milieu d'une foule formant un cercle (*ring*) assez spacieux pour que ces deux champions puissent s'y battre à leur aise. Les spectateurs sont les juges-nés du combat. On n'a pas vu, jusqu'à présent, de magistrats plus impartiaux ni plus attentifs que les membres de ce tribunal souverain et sans appel. Il est strict dans l'observance des règles prescrites en cette occasion; personne, en sa présence, n'ose les enfreindre; et, par le respect et la confiance qu'il inspire, il impose également aux compétiteurs, et à l'assemblée témoin de leurs débats. Ses arrêts sont, sur-le-champ, mis à exécution par ceux qui les ont rendus. S'il survient des disputes, elles sont promptement terminées, et les *juges-huissiers* ont bientôt rétabli le bon ordre. Les coups, les bottés, les feintes qu'on peut se permettre, sont rigoureusement prévus et désignés par la loi. Malheur à celui qui s'entêterait à vouloir en employer d'autres, reconnus illégaux par les *us et coutumes* de ces pugilats : une indignation universelle et des voies de fait, en cas de besoin, le ramèneraient bien vite à son devoir.

Si, au milieu du Boxing, un des combattants se trouve fatigué ou trop maltraité par un coup qui l'oblige à reprendre, pour un moment, ses forces et son esprit, son adversaire est obligé d'attendre, dans l'inaction, qu'il se soit reposé et qu'il veuille recommencer : la générosité anglaise exigeant qu'on se batte, autant qu'il est possible, avec des armes égales, et qu'on ne puisse point profiter d'un avantage momentané, pour écraser son antagoniste.

Pendant cette interruption, chacun des boxeurs se voit servi par des amis réels ou bénévoles, qui s'empressent de leur prodiguer les plus tendres soins, de les essuyer, de les frotter, de leur faire prendre des cordiaux, et de travailler, avec la plus vive sollicitude, à les rendre capables de tenter un nouvel assaut, et de s'en tirer avec honneur. Enfin, quand un de ces deux boxeurs n'en peut plus, ou n'en veut plus, il se retire, s'assied, et il n'est plus permis à personne de le toucher.

Si, au milieu du Boxing, avant que la victoire soit décidée, les deux chevaliers sont également ennuyés de se battre, et trouvent qu'il y en ait assez, ils se tendent la main, se la serrent en la secouant (*shake-hand*), selon l'usage du pays; la paix est faite et parfaite pour toujours.

L'exécution de ces règles invariables ne reconnaît aucune acception de personnes. Elles sont aussi respectées en faveur d'un étranger, qu'à l'égard d'un homme du pays.

Sous la sauvegarde du Boxing, tout le monde est sûr, en Angleterre, de n'être jamais assailli par deux personnes à la fois, encore moins par tous les habitants d'un quartier ou d'un village, comme je l'ai souvent vu ailleurs. Si quelqu'un a le malheur de déplaire à une populace anglaise (*mob*), et de la voir s'ameuter contre lui, il n'a qu'à faire le signal de vouloir boxer, et faire mine de se déshabiller; le calme succède aussitôt à l'orage, le silence renaît, le cercle (*ring*) se forme, et l'ordre se rétablit. L'étranger est le maître, dans la foule, de choisir son adversaire. S'il n'en désigne point, sur-le-champ il s'en présente un qui a à peu près le même âge, la même taille et la même force apparente que lui. Les spectateurs ne souffriraient point qu'il y eût une supériorité trop marquée dans le boxeur qui doit le combattre. Le choix étant accepté, un ou deux témoins se présentent à l'*inconnu*, s'offrent d'être ses seconds bénévoles, et le servent, pendant son duel, comme s'ils étaient leurs frères, ou une de leurs plus intimes connaissances. Enfin, si cet étranger sort vainqueur du combat, le peuple (*mob*) l'applaudit et lui rend tous les honneurs qui sont à sa disposition. Quel contraste entre cette *mob* et la populace des autres pays !

L'homme paisible, celui qui se méfie de ses forces, ou

qui ne veut pas courir les chances du Boxing, en est quitte, après avoir fait le simulacre du combat, pour s'asseoir, en signe de soumission, et s'avouer vaincu d'avance. La *mob* alors le baffoue, l'accable de reproches et d'injures ; mais elle ne souffre pas qu'on le frappe : on lui laisse tranquillement faire une honteuse retraite, au milieu d'un brouhaha universel, excité par le mépris, et accompagné d'insultes verbales de toutes espèces.

Il n'y a pas, que je sache, de pays où l'on se procure des jouissances agréables en se brouillant avec la populace qui vous entoure ; et il y en a fort peu où, dans sa colère, elle se contente de vous maltraiter en paroles ; et, tout bien considéré, il y a maintes occasions où l'on préfère être hué par la populace, plutôt qu'assommé par la canaille.

On ne voit point, en Angleterre, de classes de boxeurs de profession qui abusent de leur supériorité pour insulter impunément le premier venu, escroquer au jeu, soutenir les mauvais lieux, comme, en France, on voit tant de maîtres d'armes, de prévôts de salle et d'exécrables sujets, mais bons ferrailleurs, qui croient que tout leur est permis, parce qu'ils sont sûrs de tuer ceux qui le trouveront mauvais. Le bon sens anglais aurait bientôt mis fin aux hauts faits de cette vilaine engeance d'assassins.

Telles sont les règles que les anglais ont établies pour leur Boxing, et les avantages qu'ils en ont retirés. Ce genre de combat est en si grande considération parmi eux, que *Hunt*, ce fameux héros populaire, a perdu une grande partie de sa considération et de son influence sur la canaille de Londres, pour avoir refusé le défi que lui proposa publiquement un cabaretier voisin de Spath-Field.

Dans la quantité de filous (*pick-pocket*) rassemblés dans la foule qui entoure ces boxeurs, il n'est peut-être jamais arrivé qu'aucun de ces escrocs ait profité des moments de distraction, inévitables en pareilles occasions, pour emporter les effets d'un des combattants, qui sont posés par terre, à la garde de Dieu et du public.

Ces deux faits ne sont pas les seuls qui donnent une idée de l'ascendant qu'ont eu, sur le caractère des Anglais, la morale du Boxing, et les principes généreux dont elle dérive.

Que les souverains apprennent donc, aux écoles du Boxing, que leur devoir consiste moins à promulguer de belles ordonnances, qu'à fonder de bons usages chez leurs peuples respectifs, et d'en maintenir la conservation avec la plus grande sollicitude.

114. CALÈNE (*usage provençal*). La Provence présente un usage qui produira des effets avantageux partout où le bon ton n'aura pas remplacé la nature. Il est connu dans le pays sous le nom de *Calène*.

Tous les ans, à la veille de NOEL, les fils, les filles, belles-filles, gendres, leurs enfants et leurs arrière-petits-enfants, ceux même qui sont à la mamelle, leurs nourrices et quelques collatéraux, sans ménage, s'assemblent pour faire *Calène*, ou la collation chez le grand-père commun, le doyen, le patriarche de la famille : c'est le spectacle le plus intéressant qu'on puisse lui offrir dans ses derniers jours. Les classes de citoyens qui ne sont point encore absorbées par les étiquettes de la bonne compagnie, et par la satiété d'y rencontrer leurs parents, trouvent, dans ce repas, la joie, la cordialité, une aimable et franche liberté, et jouissent mutuellement des caresses de leurs proches. Le plus jeune, ne fît-il que de naître, met la main au plat et sert les convives. On sent combien ces petites grâces enfantines augmentent l'intérêt général de cette société de parents. Les tracasseries s'expliquent, les froideurs cessent, et les plus grands procès n'ont pas pu souvent résister à ce puissant moyen de conciliation; et, après les trois jours de fête, on se sépare sans rancune et toujours plus unis.

Les Provençaux sont si attachés à leur Calène, que, malgré la rigueur de la saison, des familles entières entreprennent des voyages de plusieurs jours, pour se trouver, à cette époque, à ce rendez-vous paternel. Les soldats, à qui on en refuse la permission, désertent plutôt que d'y manquer : on a vu des chefs de corps en faire punir selon la rigueur des ordonnances, sans corriger les autres; et des commandants moins sévères, ou plus politiques, fermer les yeux sur ce délit, et avoir une troupe meilleure et plus dévouée.

Ce sont ces usages attendrissants et consolateurs, et non pas les conscriptions et les constitutions à l'anglaise, que je voudrais voir uniformément établis partout.

115. CORRIDA DOS TOROS (*usage espagnol*). Les combats de taureaux, qui ont lieu en Espagne, sont si connus, qu'il est inutile ici d'en répéter la description.

Depuis que le style sentimental est devenu à la mode, il n'y a eu qu'un cri contre les *corridas dos toros*. Les écrivains, les orateurs de société se sont, d'un commun ac-

cord, soulevés contre ces combats de taureaux. Ses antagonistes, la plupart sans savoir pourquoi et sans en avoir
jamais vu, n'ont cessé de répéter ensuite « que c'était un
» spectacle affreux, dégoûtant, indigne d'un peuple civi-
» lisé, et qui ne convenait qu'à des barbares. » On a donc
oublié que, de tout temps, les nations les mieux civilisées
ont été détruites ou assujetties par des peuples barbares ;
que les Russes et les Espagnols, ces deux peuples réputés
les plus barbares de la Chrétienté en Europe, par nos
petits-maîtres politiques, ont été les seules digues qui aient
pu arrêter l'impétuosité des torrents révolutionnaires, qui
ont inondé et dévasté l'Europe dans le dix-neuvième siècle (1).

Chaque âge a ses plaisirs. Un peuple, dans la force de
sa jeunesse, aime la chasse, les joutes, les tournois, les
courses de chevaux, les combats de taureaux, et les cirques
où l'homme se mesure et lutte corps à corps avec les animaux les plus formidables. Les histoires du moyen âge,
celles de presque tous les peuples guerriers, rapportent,
avec complaisance, les détails de ces solennités, dans
lesquelles les seigneurs et les officiers de l'armée se plaisaient à déployer leur adresse et leur courage, soit en
rompant des lances entre eux, soit en attaquant des animaux monstrueux ou des bêtes féroces. Pepin *le bref*, s'a-
percevant que sa petite taille n'imposait pas assez aux

_____

(1) La révolution française en offre un exemple récent. Les Jacobins
barbares ont eu d'emblée un succès soutenu contre leurs antagonistes
trop civilisés.

vassaux de la couronne, qu'il venait d'usurper, profite d'un de ces jours de fête, et, en présence de sa Cour, il saute dans l'arène, défie un lion rugissant, l'attaque et l'abat à ses pieds. Cet acte d'une bravoure déterminée, frappa d'admiration ses nouveaux sujets, et consolida son autorité naissante.

Quand, à l'occasion d'une naissance, d'un mariage, d'un couronnement, la Cour de Portugal donnait au peuple des jeux et des *corridas dos toros*, les Fildagos, les grands seigneurs du pays s'honoraient d'avoir, par un usage immémorial, le droit exclusif de combattre, devant leur Roi, sa famille et devant le public, des taureaux, qu'on avait rendu furieux, afin que le spectacle fût plus intéressant, et leur défaite plus glorieuse.

D'après ces exemples, auxquels on pourrait en ajouter beaucoup d'autres, est-on bien fondé à se plaindre que les Espagnols aient préféré l'esprit et les exercices de nos anciens chevaliers, aux gentils calembourgs de nos nouveaux acteurs ? Spectacle pour spectacle, les *corridas dos toros* valent bien ces bouffonneries modernes qu'on représente sur tous les théâtres de France, aux applaudissements redoublés de leurs nombreux auditoires.

Mais, à la plus grande gloire de Dieu et des bonnes mœurs, les farces, les lazzi impies, séditieux ou orduriers, amusent et occupent convenablement le cœur et l'esprit de nos contemporains, tandis que les *corridas dos toros* déplaisent généralement à tous ceux qui ne sont pas nés dans la péninsule. Tous les étrangers les reprochent aux Espagnols ; ils voudraient voir l'Espagne purgée d'un pareil spectacle qui leur déplaît souverainement. Mais de quel droit un voyageur prétend-il que les peuples chez lesquels il passe, se divertissent à sa manière, et non pas à la leur? Il me semble qu'il suffit que la vue de ces combats fasse un grand plaisir en Espagne, pour n'en pas priver les Espagnols.

Depuis que la liberté est devenue à la mode en Europe, le despotisme s'y est emparé de tous les esprits. Chaque nation, chaque particulier exige que ses goûts, ses plaisirs, ses spectacles, sa manière de voir et ses auteurs favoris, dominent souverainement chez ses voisins et dans l'univers entier. Les discussions contradictoires et de bonne foi, ne sont plus souffertes : il faut se soumettre, ou consentir à passer pour un imbécile, pour un esprit égaré, exalté, ou, tout au moins, pour un homme à paradoxes.

Il faut le dire; tous les peuples ont cette faiblesse; les Espagnols n'en sont pas exempts. Ils se fâchent, si l'on ne convient pas de la supériorité de *Lopez de Vega* sur *Racine*. Les Anglais ne sont pas plus raisonnables, en voulant que tout le monde mette leur *Shakespeare* bien au-dessus de *Lopez* et de notre poète tragique par excellence.

Sous Louis XIV, on préférait Corneille à Racine; aujourd'hui, c'est le contraire. Consultez chaque âge, chaque nation, et vous trouverez un goût différent qui y domine. Les philosophes qui ont travaillé si longtemps et avec tant de fruit, à nous débarrasser de nos préjugés, auraient bien dû nous corriger de celui-là, et nous apprendre que les habitants d'un pays sont les seuls juges souverains qui aient une autorité légitime, pour décider définitivement et avec connaissance de cause, du genre de spectacle qui doit être le plus de leur goût.

Est-il vrai que les étrangers n'éprouvent que de la peine et point de plaisir aux *Corridas dos toros* ? Je sais qu'il est de bon ton de le dire; mais le fait est-il bien avéré ? Tous ceux qui n'y ont pas assisté l'affirment : preuve convaincante à laquelle il n'y a rien à répondre.

Le fameux Frédéric II, roi de Prusse, trouvait que la *Henriade* était un poëme ennuyeux, parce que son héros n'y était jamais en danger. Entourer de périls ses principaux personnages, suspendre votre attention, pendant quelque temps, sur l'incertitude du sort qui les attend, est donc un moyen sûr de plaire, d'attacher le cœur et l'esprit des hommes, à la vue d'un spectacle, ou à la lecture d'un ouvrage d'imagination.

Si ce précepte est juste, on conviendra que l'arène d'un *Corrida dos toros* est le théâtre où les mouvements de l'âme sont le plus vivement affectés, par les dangers imminents qui menacent l'animal, les Toréadors et tous les acteurs qui risquent, à chaque instant, d'y perdre la vie, ou d'y être grièvement blessés ; qui succombent, ou qui s'arrachent au danger par quelques-uns de ces tours de force, d'adresse ou de légèreté qui étonnent, excitent l'admiration et causent une joie universelle dans l'assemblée. Il est impossible que la meilleure tragédie fasse éprouver une anxiété aussi active : ou, si elle la produit, ce n'est qu'à sa première représentation. Si on l'a vue une fois, on en connaît le dénouement, et on n'a plus d'incertitude sur le sort du héros auquel on s'intéresse. Ces perplexités pénibles qui absorbent, cette curiosité impatiente de connaître les événements qui vont se développer, cette satisfaction intérieure en voyant leur suite s'accorder avec ses désirs,

17*

sont, au contraire, des sentiments sans cesse renaissants, et qui se renouvellent à chaque fois qu'on assiste à un nouveau *Corrida dos toros.*

Cette joie universelle dont nous venons de parler, ne forme-t-elle pas à elle seule un spectacle agréable ? Peut-on rester indifférent à la vue de dix ou de douze mille personnes de tout rang et de tout sexe, aussi parées que la fortune de chacun le lui permet, s'animant par degrés, et finissant par des cris, des acclamations, par des gestes, des signes de mouchoir, des transports de satisfaction et d'ivresse, qu'on ne voit que là, et auxquels on ne peut rien comparer ? Si vous fixez vos yeux sur les loges, vous en verrez sortir des étincelles de bonheur qui viendront enflammer votre âme, et vous serez bientôt aussi électrisés que les Espagnols qui vous entourent.

On a reproché aux Espagnols de s'intéresser, dans leurs *corridas*, plus vivement au sort de l'animal qu'à celui des hommes qui le combattent. Il est incroyable de voir avec quelle ardeur l'assemblée prend le parti de cette pauvre bête ; quand elle se défend vaillamment, qu'elle tue ou qu'elle blesse quelques-uns des assaillants, les *vaillante toro*, ces cris redoublés, qui partent du cœur, retentissent de toutes parts, et expriment le plaisir que les assistants éprouvent, en voyant l'innocence triompher un moment de l'injustice et de la cruauté.

C'est donc au fonds d'équité qui existe en nous, et qui, malgré nos vices et nos passions, fait toujours une partie de notre caractère et forme notre conscience, qu'il faut attribuer ces désirs empressés de voir cette victime tirer une vengeance éclatante de ses bourreaux. Ainsi, cette partialité outrée que les Espagnols montrent sans déguisement en faveur du *vaillante toro*, contre ceux qui l'attaquent si méchamment, provient plutôt d'un sentiment de justice que de cruauté.

Des *corridas dos toros* sont la cause de beaucoup d'accidents mortels. Un ou deux hommes de moins feront-ils une grande sensation dans un royaume aussi étendu que l'Espagne ? Cet État en sera-t-il moins fort, moins florissant et moins heureux, parce qu'un taureau, avant de mourir, aura tué un ou deux de ses assaillants ? La politique ne considère les hommes qu'en masse, d'après les intérêts généraux de la société. C'est la rapetisser, que de la forcer de s'occuper de ces pertes individuelles, de ces intérêts minimes et privés qui, s'ils prenaient trop d'empire, finiraient par nous faire renoncer à toutes nos habitudes, parce qu'il n'y en a pas une dont la pratique ne soit, chaque année, la cause d'un ou de plusieurs *accidents mortels*.

Mais ces politiques qui, sans s'en apercevoir, substituent l'esprit d'une caillette à celui d'un homme d'État, ont-ils bien calculé les pertes que les mœurs, la vraie instruction, la grandeur d'âme, le bon sens naturel, le produit d'une honnête industrie, les santés individuelles et la population ont souffertes par la fréquentation habituelle de nos spectacles ordinaires ? Si de pareils relevés pouvaient se faire avec exactitude, ils donneraient sûrement la preuve numérique que nos théâtres ont occasionné plus de maladies particulières, et plus de maux généraux que les *corridas dos toros*.

On les accuse de rendre les Espagnols sanguinaires. Ils

le sont, non pas par leurs *corridas*, mais parce que leur caractère originel les forme tels. S'ils ne l'étaient pas naturellement, ce genre de spectacle n'aurait pas tardé à leur déplaire, et il y a bien longtemps que, depuis Pampelune jusqu'à Cadix, on ne verrait plus de *combats de taureaux*. Mais les Romains, les anciens Francs, et une infinité d'autres nations très-illustres dans l'histoire, se plaisaient à des spectacles à peu près semblables ; ainsi, la prédilection que les habitants d'un pays ont pour les *jeux sanguinaires*, n'indique pas qu'ils soient un peuple méprisable.

> Chassez le naturel, il revient au galop.

C'est une leçon que Destouches a donnée à tous ceux qui ont la noble tâche de gouverner les hommes.

Les peuples, les particuliers reçoivent de la nature leur caractère primordial. C'est un mélange de bonnes et de mauvaises qualités, mais si bien entremêlées et si bien combinées entre elles, qu'on ne peut pas toucher aux unes, sans qu'aussitôt les autres ne s'en ressentent. En voulant corriger les défauts d'un peuple, on affaiblit ses vertus tutélaires. La perfection en tout genre nous est refusée, contentons-nous donc d'une médiocrité passable ; n'ambitionnons pas d'aller plus loin, de crainte de tomber dans un état pire que celui dont nous jouissions avant de nous être livrés aux essais hasardeux des optimistes.

C'est en suivant cette maxime, en conservant la religion, les moines, les pratiques, la manière de vivre, les *corridas dos toros* des anciens Espagnols, que leur noble caractère national s'est perpétué de génération en génération, chez leurs arrières-petits-enfants. Si les Français, contemporains de Louis XIV, ressuscitaient, trouveraient-ils le même sujet de consolation, en rentrant dans leurs familles respectives ? Tandis que les braves Castillans qui placèrent Philippe V sur le trône, se reconnaîtraient avec orgueil dans leurs descendants qui, dans des circonstances plus critiques, sans chefs, sans troupes, sans argent, sans crédit et même sans espérances raisonnablement fondées, ont, après une lutte soutenue pendant six ou sept ans, rétabli Ferdinand VII dans ses droits légitimes, malgré une armée formidable, ennemie de Dieu et des hommes, qui, par le nombre de ses soldats, leur discipline, et par l'impulsion révolutionnaire qu'on leur avait donnée, étaient, depuis près de vingt ans,

Devenus les vainqueurs des vainqueurs de la terre !

Qu'eussent gagné les Rois d'Espagne à civiliser et adoucir davantage les mœurs de leurs sujets ? A leur inspirer de l'horreur pour leurs *corridas dos toros*, une tendre admiration pour les tragédies de Racine, une confiance désordonnée dans les assertions politiques de la philosophie moderne, et un engouement irréfléchi pour les farces et les bons mots de *Bobèche* et compagnons ? Enfin, si, à force de talents et d'imprudence, on eût élevé l'esprit espagnol à la hauteur des lumières de ce siècle, qu'on l'eût rendu un peuple *philosophe-calculateur*, et qu'on eût retiré cette nation de l'état barbare dans lequel nos beaux esprits la classent depuis longtemps, qu'en serait-il arrivé ? La conduite qu'ont tenue, pendant l'envahissement de leur patrie,

la plupart des Grands d'Espagne, des personnes de distinction, et des membres des universités, de ces hommes instruits aux écoles des Voltaire, des Helvétius, des ducs d'A-
randa, et de nos modernes politiques, répond à cette
question d'une manière péremptoire.

Si le Ciel n'eût pas préservé les Espagnols du fléau de
l'impiété, des innovations et des *droits de l'homme*, ils auraient été, comme leurs voisins, spoliés, massacrés par
leurs propres réformateurs, réduits à n'être que les esclaves
malheureux........ et de qui ?

116. PUNITION CORPORELLE. Quel tort faisaient à la France
les punitions corporelles que l'on infligeait aux enfants que
l'on voulait sévèrement punir ? Cet usage, qui datait au
moins de la fondation des Universités, et très-probable-
ment de la création du monde, fut assez généralement
suivi, dans toutes les écoles du royaume, jusqu'en 1789,
à peu près.

Mais, depuis, on a cru prouver que les *coups* avilissaient
l'âme, dégradaient les sentiments, aigrissaient le caractère,
et détérioraient manifestement les qualités morales des
hommes qui, dans leur enfance, recevaient de pareils châtiments. D'après cette grande découverte, toutes punitions
corporelles ont été sévèrement prohibées dans la presque
généralité des écoles françaises.

La mode et le caprice n'ont eu aucune part à cette décision; ce n'est qu'après avoir beaucoup réfléchi, discuté,
imprimé et *métaphysiqué* sur ce grave sujet, que ce point
de l'éducation a été déterminé et irrévocablement arrêté.

Je ne m'appesantirai pas sur cette question; je demanderai seulement si les enfants élevés d'après ce dernier principe, et qui sont entrés dans le monde depuis 1789, ont produit une race d'hommes perfectionnés, ayant l'âme plus élevée, les sentiments plus généreux, le caractère plus noble, et une somme de meilleures qualités morales, que leurs aïeux qui, sous les règnes de Louis XIV et de Louis XV, avaient été élevés différemment.

La réponse la plus favorable à la génération présente, qu'on puisse faire à cette question, c'est que les Français sont les mêmes, tel genre de punition qu'on leur inflige dans leur enfance. Si les conséquences de cet ancien usage sont si indifférentes pour la société, on pouvait le laisser subsister, sans inconvénient; tandis qu'il y en a peut-être eu à le supprimer.

A quoi servait donc de s'occuper de cet objet, et de décrier, avec tant d'emphase et tant d'acharnement, les punitions de tout temps *en usage* dans les colléges? A faire du bruit avec des idées nouvelles; à se ménager une suprématie législative dans l'éducation des enfants, à préparer une révolution, en accoutumant les Français à dédaigner les vieux usages et les vieilles habitudes.

Si l'on me demande, à mon tour, à quoi sert-il d'écrire cet article? Je répondrai : Il servira à démontrer l'existence d'un comité central et factieux, où se sont décrétées, et d'où sortent encore, tant sur les choses que sur les hommes, les réputations qu'on répand et qu'on accrédite ensuite en France et dans une grande partie de l'Europe. Cet article servira, en outre, à prouver qu'il ne faut pas réformer légèrement nos anciens usages, et à nous méfier de ces innovateurs qui, le sceptre à la main, paraissent tout à coup dans le monde, soutenus par les mille et une voix de la Renommée, qui ordonnent de regarder comme infaillibles les décisions que les adeptes révolutionnaires ont prises de supprimer la punition corporelle du nombre de celles qu'on permet d'infliger aux enfants, dans les maisons d'éducation publique; d'établir des écoles à la *Lancaster*, et de réaliser un tas de pareilles spéculations qui sont aussi utiles, et dont les avantages sont si certains, au dire de ces messieurs, qu'il est urgent de les *nationaliser* à tous prix, et le plus tôt possible, avant même que l'on sache ce que c'est.

117. PITRIMHÉDA YAGA (*usage Indien*). C'est l'acte d'une veuve Indienne qui se brûle sur le corps de son mari (1).

Je soupçonne que *yaga* est un mot parasite, une épithète à peu près synonyme de *saint, béni, héroïque*, ou de tout autre pareil. Si je ne me trompe, cette erreur sera sans conséquence, et ne portera aucun changement sur les raisonnements que nous allons entreprendre sur le *Pitrimhéda*.

On sait que le *Pitrimhéda* n'est point une obligation, mais une forte recommandation des lois divines et humaines, qui régissent les Indiens depuis une suite innombrable de siècles. On attribue ordinairement cet usage à la jalousie des hommes qui, de l'autre monde, craignaient de voir leurs femmes dans les bras de nouveaux maris. D'autres personnes croient que cet usage fut établi pour

(1) Voyez-en le cérémonial dans les *Asiatiks Rescarches*, in-8°; London, 1801, tome IV, page 228 et suiv. La traduction de ce mot s'y trouve page 229, n° K.

faire cesser celui d'empoisonner leurs époux, que plusieurs femmes alors tenaient à suivre assez fréquemment dans l'Inde.....

Ce sont des assertions hasardées qui, n'étant appuyées sur aucun document historique, rentrent dans la classe des allégories morales, avec lesquelles on explique, par le jeu des passions humaines, différents traits des mythologies anciennes. Il me paraît plus simple de lier l'origine de cet usage à celle de tant d'autres, et je croirais volontiers que les *sacrifices volontaires de ces veuves indiennes* remontent à la plus haute antiquité; à un peuple primitif, soupçonné par Bailly, et dont l'existence a été confirmée par une concordance de faits d'astronomie et de chronologie (1) ; par les rapports identiques et de filiation qu'ont entre elles toutes les langues (2), et par des rapprochements nombreux des anciennes traditions, des étiquettes de Cour, des liturgies religieuses, et d'une infinité d'usages qu'il serait trop long de détailler, et qu'on trouvera ailleurs (3).

En effet, les débris historiques de ces temps reculés, qui sont parvenus à notre connaissance, nous apprennent qu'au commencement de leur civilisation, les hommes, mesurant le mérite de leurs holocaustes par le prix qu'ils y mettaient, se sacrifiaient eux-mêmes, ou immolaient

(1) Voyez les Œuvres scientifiques de Bailly.
(2) Voyez le *Mécanisme du Langage*, par le président De Brosses ; le *Monde primitif* de Court de Gebelin, etc. etc.
(3) Voyez la *Tydologie*, tome II, chapitre 3, notes SS, TT, YY, etc. etc. etc.

leurs enfants, et ce qu'ils avaient de plus cher, sur les autels de leurs dieux, afin d'apaiser leur colère, ou d'obtenir leur protection. Les Indiens ont encore conservé cet usage : il n'y a pas une fête, une procession solennelle, où l'on ne voie des faquirs et de très-saints personnages se faire exprès écraser publiquement, sous les chars qui transportent *Vistnou*, ou quelques autres de leurs divinités, dans la persuasion intime que leur martyre leur vaudra les bonnes grâces de *Brama*, qui les attirera auprès de lui, et les fera jouir d'une gloire éternelle. . . . . que je leur souhaite.

. Les infanticides religieux sont communs dans l'histoire. Dans leurs grandes calamités, les Carthaginois sacrifiaient leurs enfants à *Saturne*, afin d'implorer sa miséricorde et sa protection. Pour apaiser *Diane*, Agamemnon livra au couteau du grand prêtre, sa fille Iphigénie, afin qu'elle fût offerte en holocauste, sur l'autel de cette déesse (1). Dieu, le vrai Dieu que nous adorons, dont les actes de la profonde sagesse sont souvent inexplicables à notre faible intelligence, n'a-t-il pas demandé à Abraham le sacrifice de son fils Isaac, et à Jephté celui de sa fille ? Leurs contemporains, témoins oculaires, se récrièrent-ils contre des or-

---

(1) Attachés à la religion des Phocéens, les Marseillais sacrifiaient à Diane d'Ephèse des hommes, avec les rits les plus barbares. *Le père immolait son fils, et la mère sa fille.* Le bois touffu qui servait à cette cérémonie était la montagne de Notre-Dame-de-la-Garde. (*Tableau historique et politique de Marseille ancienne et moderne*, par Chardon. Marseille, 1817 ; p. 5.)

dres qui, aujourd'hui, nous paraîtraient si révoltants? Au contraire, ils s'humilièrent devant le Seigneur, et ils se préparèrent à se rendre dignes d'assister dévotement à l'exécution de sa volonté sainte. Mais l'Etre Suprême, l'auteur de la vie, abhorre la mort : il n'avait voulu qu'éprouver l'amour de ses fidèles serviteurs; et, satisfait de leur soumission, il ne souffrit point que leurs bras paternels se rougissent dans le sang de leurs progénitures.

Ce fut sans doute pour se conformer au langage et à la façon de penser du temps, que le Dieu d'Israël ordonna de pareils holocaustes. C'était donc alors l'usage de regarder le sacrifice de ses enfants, et de ce qu'on avait de plus cher, comme l'œuvre la plus méritoire qu'on pût offrir aux yeux de la divinité. Quoiqu'il y ait une distance immense entre le ciel et la terre, entre le Créateur et la créature, nous la franchissons souvent dans l'expression de nos sentiments. On adore son Dieu, on adore son roi, on adore sa femme, ses enfants, sa maîtresse; enfin on adore tout ce qui nous plaît, et tous ceux à qui nous voulons plaire.

Le culte exigé par ces différentes adorations ne devrait pas être le même; mais il le devient souvent par l'exagération de nos pensées. Une femme, affligée par la mort de son époux *adoré*, ne cesse de vanter les bonnes qualités qu'avait le défunt qu'elle pleure. Elle prodigue à sa mémoire les éloges les plus outrés; et, dans le désordre de son esprit, il lui arrive de l'appeler un *Dieu*. L'épithète lui plaît; elle la caresse, et elle devient habituelle dans sa bouche. Cette tendre épouse la répète avec complaisance, mais tant et tant de fois, qu'elle finit par la croire, et par être sincèrement persuadée qu'elle a vu son mari porté au ciel, à cause de ses vertus, et placé au rang des Dieux qu'on adore dans sa religion. Cette suite d'idées, et leur conclusion, sont naturelles dans le délire d'un cœur sensible et d'une imagination égarée.

L'apothéose faite et reconnue, dans ses moments de délire, cette femme n'en soutient pas moins, de bonne foi, la vérité de sa vision ; et, dans la sincérité de son cœur, elle implore, à deux genoux, l'intercession de son *divin* époux ; elle lui élève des autels, lui immole des victimes ; enfin elle se sacrifie elle-même sur sa tombe, si, par les préjugés de son enfance, elle est convaincue qu'elle est l'offrande la plus précieuse qu'elle puisse présenter aux mânes de son seigneur et maître, de celui qui, pendant qu'il était sur la terre, avait mérité, par ses vertus, une vive reconnaissance, et l'affection sans bornes de sa compagne chérie. Elle s'en fait un devoir, si elle regarde cet acte comme le témoignage le plus éclatant et le plus authentique de son amour et de son ardent désir d'abandonner cette vie, pour se retrouver avec son mari bien-aimé, et partager avec lui, pendant l'éternité, le bonheur et la gloire dont il jouit dans le ciel.

Cette explication a l'avantage de rapprocher le *Pitrimhéda* d'un usage à peu près pareil, qu'on retrouve dans les histoires anciennes de plusieurs peuples, et qui est encore en vigueur parmi quelques nations de l'intérieur de l'Afrique. A la mort d'un roi, d'un prince, d'un capitaine fameux, d'un seigneur puissant, les grands de sa Cour, ses principaux serviteurs, ses clients distingués s'honoraient d'être enterrés avec lui, et de le suivre au delà du tombeau. Leur métaphysique grossière, sur la nature de l'âme, les portait à croire, qu'immédiatement après le trépas, on ressuscitait avec les mêmes goûts et les mêmes besoins que l'on avait eus pendant sa vie. Cette croyance les portait, le jour des funérailles, à revêtir de ses plus beaux habits, le corps du défunt auquel ils rendaient les derniers devoirs; et de renfermer dans sa tombe, ses armes, ses joyaux, ce qu'il avait de plus cher et de plus précieux; on y joignait ses chevaux de bataille et quelques-uns de ses prisonniers de guerre, si c'étaient des rois et des capitaines qui se fussent distingués par leurs exploits militaires. Les anciens mausolées qu'on a découverts, attestent par milliers la vérité de ces faits; on en retrouve encore des traces dans les cérémonies funèbres de certain rit. C'est par une suite du même principe, et d'une émulation qui a paru noble, aux yeux de quelques nations, qu'on y a vu des parents, des domestiques et de principaux officiers se sacrifier volontairement sur le cercueil du prince ou du chef auquel ils s'étaient liés par un dévouement éternel.

Les femmes ont un esprit plus facile à s'exalter que celui des hommes. Elles ne purent pas rester témoins insensibles de ces nobles suicides, qu'elles voyaient se commettre sur la tombe de leurs maris, par leurs plus fidèles serviteurs, et leurs plus intimes amis. Enflammées par ces exemples, elles s'empressèrent, à l'envi, de se montrer dignes d'avoir été les compagnes chéries d'un tel homme; de prouver, devant leurs compatriotes assemblés, qu'une vertueuse épouse ne le cédait à personne, quand il s'agissait de donner des témoignages d'amour et de dévouement à son bien-aimé; et si l'usage du pays était de brûler les corps (1), elle montait sur le bûcher, se précipitait sur le cadavre de son mari, et le tenait tendrement embrassé au milieu des flammes, afin que la mort même ne l'en séparât pas : glorieuse de faire encore le bonheur de son époux dans l'autre vie, où elle allait se réunir à lui. Voilà, à ce que je crois, l'origine la plus probable du *Pitrimhéda*.

Le peuple, témoin enthousiaste de ces sacrifices surnaturels, plaça ces suicides au rang des actions héroïques : delà, à les déifier, il n'y a pas loin chez un peuple grossier ; les prêtres, partageant l'admiration de leurs compatriotes, se persuadèrent, et persuadèrent à leurs ouailles que ces genres de mort étaient très-agréables à leurs dieux ; et, avec les plus fortes invitations, ils les recommandèrent comme les moyens les plus sûrs qu'une femme eut de faire son salut. Nous avons les mêmes préceptes, ils sont seulement plus modérés chez nous ; il ne nous est pas permis de nous tuer, sous quelque prétexte que ce soit ; mais des exhortations instantes nous engagent à mériter le pardon de nos péchés, et les grâces du ciel, par le jeûne, le cilice, une vie entière privée de plaisirs et remplie de mortifications qui abrégent nécessairement la vie. Les cultes, en général, ont préconisé les sacrifices et les macérations comme des œuvres méritoires aux yeux de la Divinité.

Un politique met autant de soin à connaître l'origine d'un usage établi dans un pays, qu'à le considérer sous tous

---

(1) Il y a des pays dans l'Inde où les veuves ne se brûlent point ; mais elles s'enterrent volontairement dans les tombeaux de leurs maris. Le fond est le même ; il n'y a que la forme de changée.

les points de vue, afin d'apprécier les bons ou les mauvais effets qu'il y produit. Cette étude conduira le législateur aux sources de ces usages ; elle lui permettra de suivre le cours de leurs ramifications, à travers les plis et les replis des habitudes et du caractère du peuple chez lequel ils sont suivis depuis un laps de temps assez considérable ; à démêler leur degré d'importance ou de nullité ; l'influence qu'ils ont eue sur les mœurs de la nation, et l'intérêt plus ou moins grand que les habitants mettent à la continuité de leur conservation ; enfin les liaisons faibles ou intimes, cachées ou ostensibles, qu'ils ont avec toutes les autres parties de l'État. Ces connaissances préliminaires sont indispensables au souverain prudent et sage, qui préfère de laisser une tache, quelquefois imperceptible, dans l'ensemble de son Gouvernement et de ses effets généraux, plutôt que de risquer d'irriter les esprits, et d'y semer des germes de troubles qui, prochainement ou par la suite, pourraient entraîner la dissolution entière de la société, dont le sort lui est confié. Il n'est pas rare, en politique comme en médecine, d'ordonner des remèdes cent fois pires que le mal qu'on veut guérir.

La règle et le compas à la main, les philosophes modernes ont tracé une constitution, géométrique par excellence, sur laquelle toutes les autres, sans distinction, doivent se mouler. Chaque souverain, selon eux, est obligé de tailler le fond et la forme de son gouvernement sur ce patron universel, sans se permettre aucune exception, ni changement quelconque, et sans égard à la différence des climats, des mœurs, des habitudes, des préjugés des nations diverses. Si l'on ne voit pas la religion comprise dans

I.

cette liste, c'est que ces philosophes législateurs n'en veulent plus, et, qu'étant athées, ils se persuadent, dans un excès d'amour-propre, que tout le monde doit l'être, et s'empresser d'avoir ce point commun de ressemblance avec des hommes qui, comme eux, ont une supériorité de raison qui leur est dévolue par tous les *bons esprits* (1).

Les essais qu'on a faits en France de ces constitutions géométriques, en ont dégoûté les gens de bon sens; et les cabinets de l'Europe devraient bien les imiter en cela. Les personnes curieuses d'avoir des renseignements plus détaillés sur ce patron banal, sur ce gouvernement uniforme, que cette faction travaille à établir partout, les trouveront dans le *Système industriel* de M. de Saint-Simon, livre du plus grand intérêt, que les ministres devraient toujours avoir sous les yeux, et qu'on aurait dû payer au poids de l'or, si le *civisme* de l'auteur ne le lui avait pas fait distribuer gratis : puisque c'est le rapport d'un secrétaire infidèle, qui dévoile le but des révolutionnaires, et les moyens dont ils comptent se servir pour renverser tous les souverains, et détruire toutes les religions.

Il n'est pas toujours aussi utile qu'on le croit, d'établir une uniformité parfaite dans la religion, dans les lois et les habitudes des différentes provinces qui composent un empire. Ce système ne peut être avantageux, avec toutefois des restrictions et des nuances dépendant des localités, que dans les États compactes, dont les sujets, depuis des siècles,

(1) Voyez le portrait et la définition de ces *bons esprits* dans la *Typologie*, tome II, chap. 4, pag. 587 et suivantes.

sont accoutumés à se regarder sans jalousie mutuelle, ni sans partialité particulière, comme ne formant ensemble qu'une seule et même nation (1). Mais beaucoup de gouvernements ont formé leur empire de pièces et de morceaux, et ont, dans les quatre parties du monde, rangé, sous leur domination, des peuples de toutes les couleurs et de tous les caractères. Cette diversité de langage, de cultes, de préjugés, de goûts, d'habitudes nationales, de qualités physiques et morales, qui distinguent chacun de ces pelotons séparés, et très-éloignés les uns des autres, force l'homme d'État, malgré quelques usages qui le révoltent, de laisser vivre chaque peuplade à sa manière, afin de lui plaire, et de l'attacher à son gouvernement.

C'est la position des puissances européennes qui ont des possessions dans l'Inde. Ce pays et ses habitants sont bien connus. Les voyageurs les plus instruits et les plus véridiques nous assurent, d'un commun accord, que ce sont les peuples les plus doux et les plus résignés de la terre. Ils conviennent aussi que, sous l'influence de la religion et de

---

(1) L'histoire d'Angleterre fournit un exemple et un modèle précieux aux législateurs qui se trouvent dans des circonstances pareilles à celles dont nous venons de parler.

Quoique sujets du même Prince, les peuples des pays de Galles, d'Ecosse et d'Irlande, ont eu, pendant longues années, un Gouvernement distinct et des institutions particulières. Ce n'est qu'après avoir été long-temps sous la dépendance du Roi d'Angleterre, qu'ils ont fini par s'identifier avec les Anglais, et à former avec eux un seul et même Parlement, leur souverain commun.

l'honneur, les Indiens bravent non-seulement la mort, mais la recherchent par choix. Ces traits, qui caractérisent également les deux sexes, nous expliquent le peu de répugnance et même l'empressement des femmes à remplir leur dernier devoir du *Pitrimheda*.

Leurs soldats sont braves, subordonnés et très-adroits dans leurs exercices. On est enchanté de les voir manœuvrer; et aucun officier anglais, jusqu'à présent, ne les a taxés de lâcheté. Un Indien considère sans effroi les approches de sa mort; et, dans ses derniers moments, il parle avec calme de sa fin prochaine; mais dans le plus fort de sa maladie, dans les crises les plus inquiétantes, il ne consent jamais, pour sauver sa vie, à rien faire qui soit contraire aux règles de sa caste et de son culte.

La religion de *Brama* n'a point d'archi-pontife ni de colléges sacerdotaux qui, par des lois d'exception, par des bulles dérogatoires, des brefs de dispense, des concordats, des lettres de sécularisation et de désécularisation, aient le droit de changer une religion du jour au lendemain, en assurant pourtant qu'elle est toujours la même. Les dogmes, les préceptes, les obligations et les exercices de piété, ordonnés par leurs livres sacrés, n'ont subi, chez les Indiens, aucune transformation, ni aucune modification; ils les ont conservés, *ne varietur*, tels qu'ils les avaient reçus de leur fondateur; aussi sont-ils moins attachés à leur vie qu'à leurs pratiques religieuses.

Les Indiens ne connaissent pas plus la fluctuation des modes, dans leurs habitudes privées, que dans leurs exercices de dévotion : tout est invariable chez eux. Leurs coutumes et la forme de leurs habits datent probablement de l'origine du Kaligut (1) ; et incontestablement elles sont telles que les Grecs les avaient observées dans les temps de Pythagore et d'Alexandre.

D'un autre côté, ces peuples sont faux, intéressés, rancuniers, persévérants dans leurs projets de vengeance ; employant la patience, l'adresse, la dissimulation, et affrontant les plus grands supplices pour assouvir leur haine dans le sang de leurs ennemis. Ces qualités bonnes et mauvaises s'accordent à nous donner une haute idée de la stabilité de leur caractère, et de l'opiniâtreté invincible à rester inébranlables dans leurs principes et dans les opinions qu'ils ont une fois conçues.

Malgré les diatribes des philosophes anti-anglicans, on peut assurer que, sous le gouvernement britanique, les Indiens sont plus heureux qu'ils ne l'étaient sous celui de leurs Princes naturels. Ils y jouissent du repos, de leur sûreté personnelle, de celle de leurs propriétés, des avantages du commerce, et de tous les bienfaits d'une civilisation éclairée ; tandis que sous les *Nababs*, leur histoire ne présente qu'un tissu d'assassinats, d'usurpations, de pillages, de révolutions, et de toutes les horreurs qui les accompagnent. A Bombay, à Calcutta, à Madras, et dans toutes les provinces dépendantes de la Compagnie, on trouve de gros capitalistes qui ont toujours beaucoup de fonds à leur disposition. Chaque Anglais en place a son *dubashe*, espèce de surintendant général du nombreux domestique

---

(1) Première époque historique des Indiens. Bailly l'appelle *Cali-Yougam* ; il en fixe l'origine au 26 février 3102, avant notre ère.

de sa maison; lequel, selon l'usage, fait fortune aux dépens de son maître; mais, quels que soient les moyens qu'il emploie pour y parvenir, son argent, son crédit et sa clientelle n'en sont pas moins immenses; et, par la nature de ses fonctions, la vie du maître est, nuit et jour, dans les mains de son *dubashe*.

Il est immanquable que, dans un État aussi étendu et aussi populeux que celui de la Compagnie anglaise dans l'Inde, il n'y ait des hommes susceptibles d'ambition, si les circonstances paraissaient favorables à leurs projets d'élévation ou d'agrandissement de fortune. On connaît leurs moyens, leurs ressources, et le caractère du peuple qu'ils auront à manier, après que les premières étincelles de la rébellion se seraient manifestées. Avec ces données, un Souverain dans l'Inde, et qui se trouve à plus de cinq mille lieues de ce pays, doit être très-circonspect, quand il s'agit d'y introduire des innovations, même les meilleures, qui pourraient exciter un mécontentement général parmi ses sujets, et les porter à se soulever en masse contre leur Gouvernement.

Ce peuple, par la stabilité de son caractère, et par son mépris de la mort, toutes les fois qu'il s'agit de l'honneur de ses opinions, donne d'avance des cautions certaines de constance et de fidélité au parti dans lequel il s'engagera. Leurs haines éternelles de secte à secte en fournissent des exemples journaliers. L'insurrection commencée, et assez soutenue pour avoir eu le temps de s'emparer des esprits, deviendra une guerre qui ne pourra finir que par le massacre général des Indiens, ou par l'entière expulsion des Européens contre lesquels ils se seront révoltés.

Cotte alternative est cruelle, ces dangers sont terribles ;
ils méritent qu'on y ait égard, et qu'on ne néglige aucune
précaution pour les prévenir. La politique et la philanthropie s'unissent ici, et conviennent ensemble qu'il est
plus humain de voir de sang-froid une veuve se brûler volontairement dans un *Pitrimheda*, que d'occasionner la
mort de plus d'un million de personnes, sans compter les
misères de toute espèce qu'une guerre intestine entraîne
nécessairement après elle, dans le pays où on la fait.

Si ces maux ne sont point inévitables, il serait, au moins,
fort à craindre qu'ils ne fussent la suite de la suppression
du *Pitrimheda*, et autres pareils usages, affreux ou ridicules aux yeux d'un Européen. Un homme d'État prudent
et sage, dans le doute, ne risquera pas de perdre plusieurs
provinces, et une grande partie de ses armées, pour introduire une innovation chère à son cœur, mais que sa politique repousse.

On ne doit jamais oublier qu'un Gouvernement est un
treillis, composé de pièces innombrables de toutes les na-
tures, de toutes les formes, de toutes les couleurs, et variées à l'infini ; mais elles sont si artistement tissues et
entrelacées entre elles, que chacun de ses morceaux soutient tous les autres, et en est réciproquement soutenu ; de
manière que si l'un vient à manquer, ce bel ensemble croule,
et il n'en reste que les débris. L'intelligence humaine est
trop faible pour connaître et calculer la force partielle de
toutes les causes qui contribuent à la solidité d'un pareil
édifice ; ses enchaînements, ses liaisons les plus intimes,
échappent à la vue ; et souvent la clef de sa voûte n'est
qu'un fil imperceptible.

Le *Pitrimheda* ne serait-il pas un de ces fils ? Dans le doute, je me garderais bien de le détruire ; je craindrais de perdre la pièce entière, en voulant lui enlever une tache : parce que, de tous les ciments qui lient ensemble les parties d'un Gouvernement, et en forment une masse compacte, ceux qu'on a pétris avec des opinions religieuses sont, sans contredit, les plus forts, mais aussi les plus sujets à se dégrader, et dont l'absence est le plus nuisible au bonheur public et à la consolidation de la société.

On nous répondra peut-être que le *Pitrimheda* n'est point un précepte religieux, mais seulement un acte de la plus absurde et de la plus révoltante superstition qu'on ait jamais vue. Raison de plus de le ménager et d'hésiter même à vouloir en affaiblir l'usage : parce que, si on a lu l'histoire, on a remarqué qu'en général, les peuples ignorants sont plus fortement attachés à leurs pratiques superstitieuses, qu'aux principes de la morale et aux dogmes de leur religion.

De toutes parts on s'empresse de nous apprendre, avec plaisir, que les sacrifices du *Pitrimheda* diminuent de jour en jour, et que, dans peu, on espère les voir totalement abolis chez les Indiens. Je partage sincèrement la satisfaction générale à cet égard. Mais l'attachement fanatique que les adorateurs de *Brama* avaient pour l'autorité de cet usage, ne s'affaiblit-il pas par l'affaiblissement des principes qui lui avaient donné naissance, et qui le soutenaient dans sa splendeur ? Si, de perfection en perfection, ce peuple parvient à se débarrasser de ses idées superstitieuses, à se moquer des métamorphoses de *Vistnou*, à détruire la distinction de ses castes, et à établir une égalité parfaite entre elles ; en un mot, si les Indiens se *désindiennisent*, et que, changeant du tout au tout, ils prennent totalement l'esprit et le caractère des Européens, des Français ou des Anglais, par exemple, croit-on que le Gouvernement Britannique y gagnera beaucoup ?

118. ROSIÈRE (*usage de Salency*). Tous les ans, le seigneur de Salency, ou son représentant, donnait, à un certain jour marqué, une *rose* à la fille de ce village que les notables de l'endroit avaient jugé avoir été la plus sage pendant l'année qui venait de s'écouler. On nommait *Rosière*, celle qui obtenait ce bouquet. Cet usage prévient en sa faveur, au premier aperçu ; mais en y réfléchissant, on craint qu'il n'ait apporté plus d'intrigues, plus de partialité, plus de petites jalousies et de tracasseries de famille, que de vraie sagesse dans le pays. Je ne serais point étonné, vu les mœurs du temps, que des *Alines* n'eussent plusieurs fois remporté le prix de chasteté, au détriment des *Lucrèces* du lieu.

Cet usage n'ayant point d'inconvénient majeur, il faut le conserver partout où il se trouve établi : surtout si les habitants prennent un vif intérêt à la célébration de la fête ; mais s'il est sans vice, il est aussi sans vertu : il est, par conséquent, inutile de l'introduire ailleurs.

On ne risque rien, dans les pays civilisés à la moderne, d'abandonner au théâtre les usages semblables à celui de la *Rosière de Salency* ; c'est peut-être le seul endroit où ils puissent produire de très-bons et de très-beaux effets.

119. VARECH (*usage des deux Cornouailles*). Sous le nom

de *Varech*, ou *choses gaives*, sont comprises dans les anciennes coutumes, « toutes les choses que l'eau jette à terre, » par tourmente et fortune de la mer, et qui arrivent si près » de terre, qu'un homme à cheval puisse y toucher avec le » bout de sa lance. »

Presque tous les habitants des bords de la mer se sont crus autorisés, en conséquence du droit de *Varech*, à massacrer les équipages, les passagers des vaisseaux qui se perdaient sur leur côte, à s'emparer de leur cargaison et de la totalité de leurs effets.

Cet usage, qu'on peut nommer immémorial, a été rigoureusement exercé dans la plus grande partie des pays maritimes. Malgré le Christianisme, l'autorité du Parlement d'Angleterre, de celui de Rennes, en France, et les efforts de la police de ces deux royaumes, les usages du droit de *Varech*, à la fin du dix-huitième siècle, étaient encore un des articles le mieux reconnu, et le moins enfreint du *droit des gens*, que suivaient les peuples des deux *Cornowailles*, et peut-être de beaucoup d'autres pays.

Dans l'enfance des sociétés, presque tous les marins étaient des pirates, comme le sont encore aujourd'hui les *Barbaresques*. Les habitants paisibles des pays maritimes, qui ne faisaient point ce métier, devaient être furieux et désespérés, en voyant enlever leurs femmes, leurs enfants, leurs troupeaux, tous leurs effets, de se trouver en proie aux excès et aux brigandages que ces races de voleurs commettaient chez eux. Il n'est donc point étonnant que les peuplades des bords de la mer eussent des sentiments invétérés de rage et d'horreur pour ces étrangers fauteurs d'incendie, de meurtres, de spoliations, et de cet ensemble de crimes qui, nuit et jour, ne leur laissait aucun moment de sécurité, et dont trop souvent ils étaient les victimes.

Le pardon d'injures aussi outrageantes était une maxime trop sublime pour entrer dans la tête de gens ignares et non lettrés ; leur intelligence grossière regardait, au contraire, comme le comble de la bêtise, d'encourager de pareils scélérats, aux dépens de l'ordre social ; et elle ne faisait aucun cas de ces vertus généreuses qui vous engagent, à tort et à travers, sans acception des circonstances ni des caractères, à rendre *le bien pour le mal.* Leur bon sens naturel leur persuada qu'il était plus convenable à la justice et à leurs intérêts, d'adopter, en représailles, la *loi du talion,* selon sa forme et teneur, et de l'exécuter, nonobstant les clameurs et les cruautés qui pourraient s'en suivre ; et, à une grande majorité, ils décrétèrent, en conséquence, le droit de *Varech.* On frémit de l'avoir vu si long-temps en pleine vigueur dans les provinces des États les mieux civilisés de l'Europe. Mais voler et assassiner sont des habitudes si douces, quand on en profite, qu'on ne s'en défait pas aisément.

Voilà l'origine du droit de *Varech,* et des causes qui l'ont soutenu, si long-temps qu'il n'est pas encore éteint partout où il peut s'exercer ; usage absurde, inhumain, qui, n'étant justifié par aucun principe religieux, par aucune raison politique, ne tenant évidemment à aucun des fils qui régissent les sociétés, devrait être proscrit avec la dernière rigueur, de manière qu'il n'en restât pas la moindre trace sur la terre, sans égard pour son ancienneté, ni pour les habitudes nationales des peuples qui l'exercent.

J'ignore quelle force cet usage a aujourd'hui chez les

Cornowalliens français ; mais le bruit court que la nouvelle religion des *Méthodistes* est parvenue, en grande partie, à le faire tomber en désuétude parmi les *Cornowalliens* anglais. Si c'est vrai, c'est un bienfait que nous lui devons, qui oblige le commerce et le genre humain à lui témoigner une éternelle reconnaissance. La politique va plus loin : elle aperçoit, à la nature des moyens qui ont réussi aux *Méthodistes*, pour abolir cet usage atroce dans les provinces anglaises, une puissance au-dessus de celle des *constables* (1) et de l'autorité d'un Gouvernement auquel on obéit le mieux.

La rigueur avec laquelle on exerce, en certains pays, le droit de *Varech*, nous montre un trait de l'inconséquence humaine, et le danger de juger légèrement le caractère d'un peuple, sur un fait particulier. D'après les horreurs, par exemple, que les *Bas-Bretons* commettent sur les malheureux qui font naufrage sur leur côte, n'aurait-on pas raison de les croire une nation de brigands, d'assassins, de voleurs et de scélérats dans tous les genres, chez laquelle on doit être dans une méfiance continuelle, et dont on ne peut approcher qu'avec des armes et une escorte qui leur impose ? Pas du tout : ils sont chez eux, et à bord des bâtiments, les meilleures gens du monde, bons, doux, soumis, braves, fidèles, dévoués, religieux, pleins de tous les sentiments et qualités du cœur, qu'on peut désirer à son

---

(1) Les *Constables* sont, en Angleterre, comme les *Gendarmes* en France, les employés de la force publique : mais ils ne sont point militaires.

voisin ou à son domestique. *L'inconséquence humaine* est la seule manière d'expliquer comment tant de bonhomie se métamorphose subitement en tant de férocité, à la vue d'un naufrage. Si on leur en fait des reproches, ils nous répondent en souriant : c'est l'usage.

Ils ne connaissent pas d'autres excuses.

120. Opinion publique, Opinion générale. *L'opinion publique* se compose d'assertions et de jugements qui, souvent, sans qu'on sache pourquoi, se répandent et s'accréditent chez un peuple. Ces bruits répétés à satiété par les écrivains à la mode, et par les bavards de société, deviennent à la fin des *articles de foi*, que, dans plusieurs occasions, il est dangereux de contredire. La masse irréfléchie de la population, et ceux surtout qui ont intérêt à faire croire à la véracité de l'opinion publique, ne permettent jamais d'en discuter la valeur ni les fondements. Des milliers d'exemples viendraient, sans sortir de la France, à l'appui de ce fait, s'il avait besoin de preuve.

Il y a dans tous les pays une majorité de gens sages et discrets, qui, n'osant ou ne voulant pas contrarier l'opinion publique du moment, ne la jugent pas moins bien pour cela. Ils se montrent, quand on les appelle et qu'il faut agir. Interprètes de l'opinion générale, ils présentent une force d'inertie et de raisonnement qui étonne et désespère d'autant plus ces corrupteurs populaires, qu'ils ne croyaient pas même à la possibilité de l'existence d'une opinion générale directement opposée à la leur.

En 1789 et 1790, quand l'assemblée nationale voulut mettre en pratique les *idées libérales* des philosophes, il y

avait plus de vingt ans qu'elles formaient l'opinion publique
de la France : mais il s'en fallait beaucoup qu'elles fissent la base de l'opinion générale de ce royaume ; on s'en
est aperçu aux soulèvements qu'occasionnèrent les premiers
décrets que le corps législatif lança en faveur de ces innovations républicaines et anti-religieuses qui, jusqu'à ce jour,
semblaient avoir été approuvées sans contradiction, par la
masse entière de cette nation. Les philosophes furent furieux de voir la fausseté de leur théorie mise en évidence
par des hommes d'esprit qu'ils avaient dédaignés jusqu'a-
lors ; ils eurent recours aux arguments irrésistibles de l'a-
narchie, et aux massacres de leurs antagonistes, pour soutenir l'excellence de leur doctrine et l'honneur de l'opinion
publique qui les avait préconisés depuis si long-temps.

Voilà la vraie origine de la persécution qu'éprouva, en
1792, le clergé de l'église gallicane, et du régime de la
terreur, qui plaça les idées philosophiques au rang des principes fondamentaux de la législation française. On a dit que
s'il n'y avait point eu de résistance, la révolution se fut
faite paisiblement et sans effusion de sang. Il est sûr que la
meilleure manière de détruire la race des voleurs, serait
d'ordonner que chacun donnât ce qu'il a, à ceux qui veulent le prendre. Ce principe de la *non-résistance* aux bille-
vesées que chaque novateur veut mettre en pratique, est
une grande découverte que les factieux de tous les siècles
ne manqueront pas, sans doute, de faire valoir en temps
et lieu.

C'est l'opinion publique qui a fait la révolution en France,
et c'est l'opinion générale qui l'a combattue. Quoique la
résistance de celle-ci ait été sans succès, elle suffit pour

montrer que ces deux opinions sont très - distinctes l'une de l'autre. Les événements auxquels cette rivalité a donné lieu, ont prouvé de plus que les partisans de l'opinion générale étaient plus nombreux que ceux de l'opinion publique. D'où l'on peut conclure que, dans cette occasion, comme dans beaucoup d'autres, l'opinion publique n'a été créée, promulguée et soutenue que par la *minorité* active et impudente de la nation.

Avant l'exemple que nous venons de citer, Linguet en avait donné un autre assez marquant. Chassé de l'ordre des avocats de Paris, il fit un journal, où il sapait, par les fondements, l'opinion publique, dont, à cette époque, les philosophes s'étaient rendus maîtres. Ses feuilles eurent plus de six mille souscripteurs. Les philosophes en furent effrayés. Ces législateurs, ou plutôt ces brouillons modernes, eurent le crédit de lui en ôter la rédaction, et de la faire donner à La Harpe, qui était un de leurs zélés collègues. Le fond et le style de cet ouvrage périodique changèrent subitement sous la plume de l'académicien philosophe; mais il tomba quelques mois après, faute d'abonnés. Ce fait prouve que l'opinion générale de ce temps-là s'intéressait plus au contradicteur qu'au prôneur de l'opinion publique, qui, comme l'on sait, était alors le plus chaud panégyriste des philosophes et de leurs *idées libérales.*

En 1815, après la seconde rentrée du roi, l'opinion publique, dirigée par Fouché et compagnie, faisait cause commune avec les personnes et les intérêts révolutionnaires. A l'en croire, les Français détestaient leurs prêtres, leur religion, et ne voulaient point en entendre parler. Sa majesté, sur ces entrefaites, assemble les colléges électoraux, et leur choix, organe de l'opinion générale, découvre une grande majorité dans les députés qui professent des principes diamétralement opposés à ceux que l'opinion publique avait accrédités avec tant d'assurance.

Enfin, Ferdinand VII, rentrant dans ses États, consulta l'opinion générale des Espagnols : d'accord avec elle, d'une main ferme, il monta sur son trône, et soutint la dignité de sa couronne, en dépit de l'opinion publique de l'Europe entière, qui blâma, sans réserve, les commencements de son règne, et le système de gouvernement qu'il avait adopté. L'histoire conservera le souvenir de la haute sagesse de ce monarque qui, dans le dix-neuvième siècle, a su être Roi, a su discerner le vrai du faux, sans se laisser aveugler par les sophismes des écrivains politiques de son temps, ni intimider par les fanfaronnades menaçantes des *liberales* de son pays et des malveillants de tous les autres. Comment se fait-il que le gouvernement le plus décrié par l'opinion publique du dix-huitième siècle, soit celui qui, dans les plus grands désastres et les occasions les plus critiques, ait trouvé, tant sur sa terre natale que dans ses colonies, le peuple le plus fidèle, le plus dévoué, et qui ait défendu, avec la constance la plus opiniâtre, les droits de son souverain légitime, quoique son sol fût couvert d'ennemis innombrables qui, outre le fer et le feu, le combattaient, par surcroît de précaution, avec des armes empoisonnées de toute espèce (1) ?

(1) Voyez-en les causes dans le tome II du *Correspondant*, page 262.

Les colonies espagnoles se sépareront-elles, ou resteront-elles attachées à leur métropole ? Voilà le problème qui occupe aujourd'hui les hommes d'État ; les événements peuvent seuls le résoudre. Mais par quel miracle ces États si florissants, si éloignés, et si puissants, ont-ils toujours été soumis à leur souverain légitime, surtout pendant ces dix ans d'interrègne, où, sans communication avec leur Cour, ils étaient livrés à eux-mêmes, en proie aux idées révolutionnaires qui, tous les jours, gagnaient chez eux de nouveaux prosélytes ? Ils étaient, de plus, excités à la révolte par les suggestions et les secours des étrangers, par mille moyens de séductions intérieures, et par les efforts considérables de quelques ambitieux, soutenus d'un assez grand nombre de colons turbulents. Malgré ces avantages réunis, les insurgés n'ont pas pu, depuis dix ans qu'ils y travaillent, accomplir leur dessein, et rendre leur pays définitivement indépendant de l'Espagne. Le doute qui subsiste encore (le 1er janvier 1818) sur le sort futur de ces colonies, est, après ce que nous avons vu, un fait très-remarquable en politique ; il prouve la force prodigieuse que les sentiments religieux et les préjugés nationaux donnent à un gouvernement. Pourquoi donc y en a-t-il tant qui ont eu la sotte manie de vouloir en débarrasser leurs peuples respectifs ?

L'art de faire, selon les intérêts d'un parti, des réputations, de favoriser des assertions convenues, et de les rendre dominantes, sous le nom d'opinion publique, dérive de la même source. Je le crois fort ancien. Les philosophes, dans le dix-huitième siècle, l'ont exercé avec succès ; et ce privilège leur fut ensuite enlevé par les jacobins. Mais

I.

ces deux classes de mécréants, réunies ensuite sous différents noms, ou *raisons de commerce*, se sont emparées des manufactures où se préparent les bruits, les nouvelles et les assertions qu'on veut propager et accréditer en Europe; et ont conservé un grand crédit sur les colporteurs chargés de les débiter et de les faire valoir.

Dans les dix-huitième et dix-neuvième siècles, les sciences du mal ont tant fait de progrès, que leurs adeptes sont parvenus à pervertir l'opinion publique et à la diriger selon leurs désirs. Sa puissance, quoique fugitive et versatile, n'impose pas moins aux ministres ignorants ou pusillanimes. Ils la confondent avec l'opinion générale, qui, la plupart du temps, la désavoue et la repousse en tout ou en partie.

L'homme d'État ne brave jamais l'opinion publique, mais il la maîtrise; il remonte à ses sources; il étudie son caractère, ses assertions, ses nouvelles, et leurs conséquences. Il en suit les avis, s'ils sont conformes aux principes de son gouvernement; ou bien, il tombe, à bras raccourcis, sur ses auteurs et fauteurs, du moment qu'il s'aperçoit qu'elle n'est qu'un instrument dont quelques intrigants veulent faire un mauvais usage.

C'est surtout en France qu'il est dangereux de se livrer trop aveuglément aux oracles de l'opinion publique. Les personnes qui, comme moi, sont nées dans le milieu du dix-huitième siècle, ont eu le temps et les occasions de se convaincre, par les événements passés sous leurs yeux, de la fausseté des doctrines et d'un grand nombre de réputations que, successivement, l'opinion publique avait prônées avec tant d'emphase et tant d'assurance. Cette malheureuse propension de croire sans examen, et de répéter sans réflexion, tout ce qu'on entend dire d'un certain côté, donne une grande facilité pour persuader aux Français l'infaillibilité de tous les bruits que leurs instigateurs ont intérêt de faire courir. Les discussions publiques et une entière liberté de la presse, déconcerteraient et affaibliraient considérablement ces moyens pernicieux.

La profonde connaissance que S. M. avait du caractère de son peuple, l'engagea, dans sa sagesse, pour éviter cet inconvénient majeur, de donner un *gouvernement représentatif* à ses sujets. L'opinion publique, à l'époque de la restauration, était si pervertie en France, par des factieux exercés et habiles, qu'il y avait urgence à savoir si elle s'accordait avec l'opinion générale. Mais en 1814, on fit la faute de ne point consulter l'esprit régnant dans les provinces, et de s'imaginer que leurs députés, nommés sous Buonaparte, en étaient les interprètes fidèles. On ne songea pas que la majorité de leur chambre, accoutumée à une obéissance servile, bornait sa politique à étudier les désirs du ministère, afin de s'y conformer, pour manger paisiblement leur salaire annuel de dix mille francs. Aussi, l'histoire de cette session nous fait connaître l'esprit du parti dominant, mais non pas l'opinion générale qui existait alors en France.

Les antécédents et les suites du 20 mars 1815, découvrirent le danger d'avoir une chambre de *représentants*, qui n'étaient point nommés par ceux qu'ils *représentaient*. Les colléges électoraux s'assemblèrent et choisirent, en général, leurs députés parmi les personnes les plus instruites et les plus pénétrées des sentiments de leurs départements respectifs. Ces élus n'étaient pas tous du même parti ; il s'en fallait de beaucoup : chacun d'eux, au contraire, avait son système favori à soutenir et à consolider ; mais le plus grand nombre présentait des hommes indépendants, incorruptibles et bons citoyens. Plusieurs de ces députés se montrèrent très-éclairés, et développèrent des talents distingués qui, jusque alors, étaient restés ignorés. Ces *représentants* de toutes les provinces s'assemblèrent donc, avec des vues et des caractères différents ; ils se disputèrent, dès leur première séance : les assertions soutenues avec le plus d'assurance par l'opinion publique furent examinées de nouveau ; l'on démontra, avec une pleine évidence, la fausseté de la plupart d'entre elles ; et l'on commença à connaître l'opinion générale de la France.

Quel que soit le sort futur de la chambre des pairs et de celle des députés, leur institution sera toujours un grand bien. Les discours contradictoires sur les différentes questions qu'on y agite, étant imprimés et lus, les Français, sur chaque sujet traité, ayant devant leurs yeux les mémoires pour et contre, pourront enfin asseoir leur jugement avec connaissance de cause, et n'être pas si facilement induits en erreur par les raisonnements captieux et les menées secrètes des factieux et des philosophes ; car, comme nous l'avons déjà dit, une grande publicité en tout genre est le seul moyen de retenir l'opinion publique dans la voie de l'opinion générale.

121. OPINION REINE DU MONDE. *L'opinion est la reine du monde* ; si c'est un fait incontestable, il faut que vous songiez à la détrôner, quand elle vous est défavorable ; il faut que vous la dominiez à votre tour, que vous vous en rendiez maîtres, et que vous deveniez ses provocateurs. Si les ministres de Louis XVIII et de Charles X eussent été des hommes d'État, clairvoyants et bien intentionnés, ou seulement des ambitieux doués de sens commun, pensant à leur intérêt individuel, et ne travaillant qu'à consolider leur pouvoir, leur fortune, et la considération qui les accompagne, chez un peuple irréfléchi et civilisé à l'extrême, cette *reine du monde* eût été leur esclave et à leur entière disposition. L'opinion publique qui se manifesta avec tant d'éclat, au retour des Bourbons en France, en 1814, et qui, malgré les efforts de la Cour, dura, en s'affaiblissant toujours, jusqu'au ministère de M. de Villèle, où elle commença à changer de langage, forme un corps de preuves irrécusables, en faveur de ce que nous venons d'avancer. Elle venait à vous ; pourquoi l'avez-vous repoussée pendant seize ans de suite, et pourquoi l'avez-vous forcée d'aller offrir ses services à vos ennemis ? N'ayant pas voulu en être maîtres, vous vous en êtes rendus les esclaves, dès qu'elle a agi contre vous.

Depuis 1750 environ, jusqu'en 1830, et sans doute au delà, nous avons vu cette *reine du monde*, en femme facile, passer, par droit d'héritage, des philosophes aux libéraux, et régner souverainement en France, sous le manteau du jacobinisme. Pourquoi les honnêtes gens et les vrais royalistes, dans l'espace de 40 ans et plus, n'ont-ils pas tâché de s'emparer de cette *princesse*, et de la présenter à leur façon, quand l'autorité et la source des grâces étaient à la disposition de leur souverain légitime et bien-aimé ? Comparez-les un à un ; ces aristocrates n'avaient pas en force et

en talents, une infériorité marquée sur chacun des jacobins leurs adversaires, qui ont su subjuguer l'opinion publique, et la rendre la dévouée complice de leurs desseins
ultérieurs, pendant près d'un demi-siècle. Ces royalistes
n'ont pas été davantage terrassés par le nombre, mais par
un défaut de tactique et d'union incorrigible parmi eux.
Les leçons d'une saine politique, des exemples frappants et
nombreux, des coups d'étrivière à outrance, en un mot,
des arguments *ad hominem* et bien appuyés, ne leur ont
pourtant pas été épargnés pour leur apprendre, mais en
vain, qu'un caporal et quatre hommes disciplinés et faisant
leur métier, en imposent et mettent en déroute, ou dans les
fers, à leur choix, cent mille individus dispersés, sans ensemble, mûs par divers sentiments, animés par des volontés
différentes et toutes personnelles, qui marchent et agissent,
chacun de son côté et à sa fantaisie, se dénigrant entre eux,
s'alliant avec leurs ennemis et abandonnant leurs camarades,
avec une facilité extrême et même un peu scandaleuse.

Au milieu de ces foules de gens qui se disaient *royalistes,*
sans vouloir se donner la peine de l'être, ni de se compromettre, *l'opinion publique, cette reine du monde,* ne sachant
à qui s'adresser pour se faire soutenir, les abandonna et
préféra se jeter à travers des bataillons plus serrés, fortement organisés, mieux liés entre eux, et religieusement
subordonnés à un *Comité directeur* des plus habiles. Elle
trouva chez ces nouveaux hôtes des protections et des secours de toutes espèces, qui conservèrent et agrandirent
sa dignité et sa puissance dans le sein d'une population immense. Sa défection entraîna avec elle de grands malheurs,
en juillet 1830; mais à qui la faute ?

Cette reine du monde, comme femme, tient au caractère primordial et constitutif de son sexe ; elle aime à être flattée, caressée, et qu'on lui rende des soins assidus ; elle ne pardonne point les refus dédaigneux. De toutes les impertinences, c'est celle qui l'outrage le plus, qui l'irrite davantage, et qu'elle oublie le moins. La première restauration, en 1814, n'eut pas plutôt remis Louis XVIII sur le trône de ses pères, que l'opinion publique rompit avec les *Bonapartistes* qu'elle avait favorisés jusqu'alors ; et princesse volage, elle sauta au cou des partisans du monarque nouvellement arrivé ; elle fut à leur rencontre, leur prodigua avances sur avances, voulait à toute force devenir leur compagne, et se faire entretenir par eux. Elle y mit de l'entêtement ; et malgré sa légèreté naturelle et bien reconnue, elle persévéra, pendant huit à neuf ans de suite, à vouloir contracter une alliance intime avec les honnêtes gens et les bons citoyens. Mais enfin en 1822 ou 23, n'ayant trouvé, en influence majeure, que des marchands de *royalisme*, et point de vrais *royalistes* qui daignassent s'occuper d'elle à bonne fin ; fatiguée, outrée d'en être rebutée, chaque jour elle s'en dégoûta davantage et s'éloigna de plus en plus de ces ingrats impolitiques, de ces clients mal avisés, dont elle était le seul appui et l'unique espérance, et qui avaient un besoin urgent de son intervention, pour n'être point traités de fous, d'exagérés, d'ultra, de pointus. Ils furent accablés d'ironies mordantes, sans pain et sans asile, exclus de droit de toutes les places, poursuivis par les bureaux et les agents subalternes des ministres factieux, à bon escient ou sans le savoir ; par ces cotteries de suffisants, explorateurs éphémères de l'autorité souveraine ; par . . . . . En vérité ce tableau fait mal au cœur à reproduire, il est trop ressemblant. A la vue de tant d'insouciances, de tant de dégradations perverses, de tant d'avanies, dont, sans relâche, on tourmentait ses propagateurs et ses courtisans dévoués; à la vue, dis-je, de tout ce que nous avons vu, *cette reine du monde* ne put plus y tenir, s'abandonna au dépit, et, de guerre lasse, elle en revint à ses premières amours, renouvela son bail avec les révolutionnaires; et combien de maux en sont avenus?

Par bonheur qu'elle est capricieuse. Les bons citoyens et les *vrais royalistes* pourraient encore l'avoir pour eux, s'ils savaient s'y prendre et la traiter comme il lui convient. Elle exige avant tout qu'on sente son mérite, qu'on la prise ce qu'elle vaut, et qu'on fasse des frais pour l'obtenir. Les avantages de l'avoir pour soi sont inappréciables, mais elle ne les accorde qu'à ceux qui les recherchent avec persévérance, qui en apprécient la valeur, et sont sincèrement attachés à la cause, bonne ou mauvaise, qu'elle doit soutenir en leur faveur. L'opinion publique s'égare volontiers sous la direction des charlatans, à condition qu'ils soient toujours charlatans, et dans le même sens. Les paroles, les déclamations véhémentes, les assertions hasardées, les expressions brillantes et sentimentales ne suffisent point, il faut en outre que les gestes et les actions ostensibles y répondent. Si vous prêchez le *désintéressement*, soyez *désintéressés* vous-mêmes, ou cachez si bien votre cupidité, qu'elle ne laisse après elle aucune trace évidente aux yeux de ceux qui vous écoutent. Côté droit antérieur à 1830, ceci regarde le plus grand nombre des vôtres! Ils ont dédaigné de s'assujettir à ces petits préliminaires indispensables ; ils ont accaparé, tant qu'ils ont pu, des places, des pensions, des arriérés, des titres et des décorations ; enfin plus ou moins, soit en argent comptant, soit en distinctions honorifiques, ils ont arrondi leur fortune et satisfait leur vanité ; mais, en revanche, l'opinion publique les a délaissés à leur malheureux sort. Vous vous en consoliez par de bons mariages, par les positions avantageuses que vous procuriez à vos enfants, pendant les cinq ou six années que vous avez régné en France, sans presque éprouver aucune contradiction inquiétante. Vous ne pouvez disconvenir qu'en 1822 ou 23, époque où les rênes du gouvernement vous furent remises, alors que l'opinion publique, que cette *reine du monde* vous soutenait de toutes ses forces, et qu'elle était entièrement dévouée *au royalisme* à cette époque ; et qu'en 1827, lorsque vous fûtes remplacés par d'autres, elle était devenue d'un jacobinisme enragé pendant la durée de votre administration. C'est un fait incontestable, et qui n'a été que trop confirmé en 1830.

Ne jetons point le manche après la cognée. *Si cette reine du monde* est légère, inconséquente, versatile, elle est aussi compatissante. On l'a vue souvent prendre le parti des faibles contre les forts, et celui des victimes contre leurs bourreaux. Dans le fond, elle a bon cœur ; l'amour du bien la domine, et prend de préférence fait et cause pour la vertu et les sentiments honorables, quand ses jugements ne sont point égarés par des sophistes et des intrigants. Si on lui laisse un moment de répit, elle revient facilement de ses écarts ; elle est la première à s'en accuser, à les dénoncer publiquement et à diffamer les méchants qu'elle avait prônés avec tant de chaleur dans un moment d'engouement irré-

fléchi. Ainsi, que les royalistes de 1830 et années suivantes, reconnaissent et évitent dorénavant les erreurs de
leurs aînés, et ne désespèrent point de pouvoir renouer
avec l'opinion publique. S'ils veulent en être plus sûrs,
qu'ils suivent les conseils que nous venons de leur donner,
qu'ils se forment en parti compacte, qu'ils se soumettent
à des chefs, qu'ils sachent les apprécier et les choisir ; si
ceux que les hiérarchies sociales leur présentent naturellement n'osent pas se compromettre, en se chargeant d'une
responsabilité si pénible et si hasardée, qu'ils en créent avec
discernement de plus hardis et de plus capables : ils en
trouveront, s'ils sont nombreux, bien ameutés et sincères,
dans leur foi. Ces capitaines directeurs auront sans doute
leur ambition personnelle, qu'importe ? pourvu qu'elle soit
subordonnée au profit de la cause, et du point de doctrine
que l'on défend ; ils vaudront peut-être mieux que des
hommes sans passions et sans désirs ultérieurs. Si vous
prétendez n'avoir que des individus parfaits à votre tête,
vous ne trouverez jamais personne digne de vous comman-
der. Quels que soient leurs prétentions et leur mérite,
laissez-les agir, servez-vous-en, ayez l'attention de les contenir dans de justes bornes, et que les intérêts du parti en
marquent les limites.

Ne souffrez donc pas qu'aucun de vos principaux officiers
vous trompent sur ce point ; ni qu'ils puissent louvoyer
impunément entre des partis différents, le vôtre et ceux
de vos adversaires, par exemple ; s'y ménager, sous différents prétextes plus ou moins spécieux, des intelligences
amicales, et vous engager à des accommodements, à des
modifications de principes, à des oublis et des clémences

dangereuses dans des vues personnelles, en cas de besoin, au détriment du fanatisme de vos partisans, et qui, définitivement, affaibliraient les forces de leur ensemble. A la première lueur que vous en apercevrez, frappez et frappez ferme sur le sujet qui s'en rendra suspect, afin que ne s'étant pas trop avancé, il soit à même de revenir sur ses pas, de rentrer sans éclat dans la route de sa secte, et qu'elle ne perde point de ces talents distingués dont elle a droit d'attendre des services essentiels, quand ils marcheront franchement et à découvert dans le sens de la faction à laquelle ils appartiennent. Rappelez-vous la manière dont les libéraux corrigèrent M. Dupin, lorsque, finement, il essaya de se raccrocher à un cordon de *Saint-Acheul.* N'abandonnez jamais, sans les défendre, vos co-sectaires, à la merci et aux sarcasmes de vos ennemis ; soutenez-les, au contraire, jusques sur l'échafaud, quelque coupables qu'ils soient. S'ils ont agi étourdiment en faveur de vos intérêts mal entendus, sachez-leur gré de leurs bonnes intentions, et ne les traitez pas de *fous.* Le général Foy ne balança point à excuser et à faire, à la tribune de la chambre des députés, l'apologie du général Berton, atteint et convaincu du crime de haute trahison, et condamné, pour ce, à la peine capitale. Formez le faisceau, faites-vous valoir et fortifiez-vous mutuellement ; flattez l'amour-propre de ceux qui vous servent, exaltez leur réputation, donnez cours à leurs ouvrages, afin que la vanité et l'intérêt engagent les auteurs et les libraires à en multiplier le nombre, et que chacun en droit soi, s'empresse à seconder vos vœux et à voir réussir vos projets. *La reine du monde* refuse rarement ses bonnes grâces à ceux qui, sans relâche, l'importunent en foule, et la sollicitent de confiance.

Les royalistes ultra ou modérés ne peuvent pas se dissimuler que l'opinion publique ne leur soit absolument contraire aujourd'hui (août 1830), et qu'ils doivent, à toute force, travailler à la reconquérir. Pour cela, il faut, à chaque instant, compromettre vie, fortune, famille, enfin tout ce qui constitue l'existence et les affections des hommes, en faveur de la cause que l'on a embrassée, et s'identifier avec elle ; il faut que l'intérêt commun du parti soit la première loi de ses partisans ; qu'ils élèvent autel contre autel, faction contre faction, intrigues contre intrigues, tribune contre tribune, journaux contre journaux, zèle, activité, dévouement, contre le zèle, l'activité et le dévouement des révolutionnaires, afin de former une opinion publique en faveur des royalistes, contre l'opinion publique forgée et répandue par les jacobins, et mettre ainsi en présence une *reine* et une *anti-reine du monde* en opposition entre elles. Religieusement soumis à des chefs fidèles, audacieux, prudents et habiles, qu'ils auront su apprécier, il faut qu'ils tentent, au risque de ce qui pourra en arriver, les aventures d'une guerre ouverte, acharnée, perpétuelle, qui ne doit finir que faute de combattants, et jusqu'à ce qu'enfin la victoire décide définitivement à laquelle de ces deux *souveraines* elle assure définitivement un trône solidement constitué, sur des maximes et des institutions assez en harmonie avec l'ensemble de son gouvernement, pour que la tranquillité publique et les habitudes nationales de son peuple ne soient pas tous les jours tourmentées par de nouveaux brouillons.

Ce que les jacobins ont fait avec succès, pourquoi les royalistes ne l'entreprendraient-ils pas ? Nous venons de dire les raisons qui les ont empêchés de le faire, dès la première restauration; mais l'histoire les trouvera-t-elle valables ? Ayant eu pour eux la justice de leur cause, les intérêts majeurs de l'autorité légitime, qui disposait à volonté de la source des grâces, n'auraient-ils pas fini par éclairer la religion de leur monarque, l'introduire, l'entretenir dans les voies du salut, l'entourer de ministres et de courtisans qui, au lieu de concourir à sa dégradation et à sa perte, comme ils l'y ont fortement poussé jusqu'au 29 juillet 1830, l'auraient au contraire solidement assis sur le trône de ses pères, à son grand avantage et à celui de ses sujets. Ses vrais amis n'eussent pas été traités de *fous*, et on eut éloigné de ses Conseils ces prétendus *sages* qui, d'un ton doctoral, lui prescrivaient de se livrer, tête baissée, aux errements de l'opinion publique du jour. En s'abandonnant avec trop de confiance à cette fausse maxime, cette Cour a fini par voir les *sages* et les *fous* se tourner contre elle; et nécessiter les fâcheux événements que nous déplorons aujourd'hui. Il faut le dire, la révolution opérée vers la fin de juillet, ne s'est faite que par la faute, la timidité, la modération et l'égoïsme intéressé et dédaigneux des *royalistes*, ou se disant tels, qui, par leurs grades, leurs talents et d'autres circonstances, ont eu, ou pu avoir une influence marquée sur les votes de leur chambre respective et sur les déterminations des hauts fonctionnaires de l'État. Oui, je le répète, c'est à l'ignorance, à la pusillanimité, ou à la perfidie de leurs intimes ou de leurs Conseils; que les trois frères doivent uniquement attribuer les malheurs et la honte des gouvernements dont il étaient les chefs nominaux et tout-puissants ; car c'est leur nom qui a tout fait. L'origine des terribles catastrophes qui les ont terrassés le 1er août 1830, date sans contestation, du 4 mai 1814. Depuis, elles n'ont fait que croître et se fortifier, avec de grandes variations, sans doute, mais toujours de plus en plus menaçantes et ostensibles.

Messieurs les *ventrus*, voilà pourtant votre ouvrage, vantez-vous-en.

Il n'y a pas de quoi, me répondrez-vous avec raison, et nous serons d'accord.

Le caractère versatile de l'opinion publique inspire peu de confiance, et bien fous sont les souverains qui règlent leur conduite sur les *dictums* de cette *reine du monde*. Ennemie irréconciliable de la stabilité, elle place, déplace et remplace, à tort et à travers, les choses et les hommes soumis à ses caprices. Rien ne reste de même pendant deux jours de suite, sous sa dépendance. Les français ont eu la manie de se fier à ses aphorismes, et de se gouverner d'après ces instructions. Il y a long-temps que le goût des innovations leur est survenu, et à quelque sauce qu'on les leur présente, ils les savourent avec délices, sans pouvoir s'en rassasier. La rage de changer, au moins tous les ans, le fond, la forme, le langage de leurs institutions, les hommes et l'esprit qui devaient les diriger ; la rage de renverser d'anciennes existences et d'en élever de nouvelles ; ces transformations subites et perpétuelles d'état et de fortune, ces grandes agitations introduites dans leur hiérarchie sociale, les ont, à la longue, furieusement égarés. C'est une fantaisie comme une autre, qui déjà leur a coûté cher, et qui leur coûtera encore bien davantage par la suite. Qui sait si le royaume, si leur société politique pourra y résister ? C'est incertain ; mais ce qui ne l'est pas, c'est cette erreur suggérée et propagée par les révolutionnaires d'alors, erreur dont furent dupes le Cabinet des Tuileries et la masse du public se disant *royaliste* : « que l'opinion faisait loi, que » cette *reine du monde* exigeait aussi d'être reconnue la » *législatrice suprême de France* ; que c'était un malheur, » mais qu'il fallait se soumettre et se conformer ponctuel- » lement à ses décisions. »

Quarante années consécutives de cruelles expériences, que les jacobins se plaisaient à faire sur la personne des rois et des bons citoyens, auraient pourtant dû leur apprendre que c'était un piége qu'on leur tendait ; qu'en se laissant régir souverainement par une *princesse* aussi capricieuse, on renonçait à jamais à jouir d'un gouvernement stable, consolidé dans ses parties essentielles ; par conséquent qu'on s'assujettissait à vivre sans cesse sous des régimes vacillants et de peu de durée. L'abrégé chronologique suivant, de l'histoire des variations que l'opinion publique a éprouvées en France, à commencer seulement de 1739, mettra, j'espère, cette vérité hors de toutes contestations raisonnables.

SON MOT D'ORDRE ÉTAIT, EN

1789, Monarchie tempérée ;
1791, Démocratie présidée par un Roi titulaire ;
1792, République démagogique ;
1795, Haine à la révolution ;
1797, Même tendance, mais plus forte ;

1798, Amour de la révolution et du jacobinisme ;

De 1800 à 1814, Servilité au gouvernement de *Bonaparte*, et opposition aux idées libérales ;

En mai 1815, Libéralisme et jacobinisme ;

En août 1815, Royalisme des plus prononcés ;

1816, Centre droit voué au Ministère ;

1817, Centre droit et centre gauche ;

1819, Côté gauche ;

De 1820 à 1823, Côté et centre droit ;

1824, Côté droit ;

En octobre 1827, Les centres de droite et de gauche ;

Avril 1828, Les ultra de la gauche (1) ;

En août 1830, A bas le Roi de France ; et vive le Roi des Français ;

L'esquisse de ce tableau intéressant démontre que le *vœu national* révélé par les élections, les journaux, les discours prépondérants aux tribunes, l'opinion publique courant les rues et les salons, a continuellement changé ; que les français en masse n'ont jamais été quatre ans de suite sans vouloir précisément le contraire de ce qu'ils avaient exigé les années précédentes.

Des revirements complets ont souvent eu lieu au bout d'un an ou deux, ou même dans l'intervalle de quelques mois. Il est rare qu'une année se soit passée sans apporter des modifications importantes dans les décrets de cette opinion

(1) De l'état des partis dans les chambres, et des alliances possibles entre eux ; par M. le vicomte de Saint-Chamans. A Paris, chez Dentu ; 1828.

publique, telle au moins que nous la présentait le sort des élections, et les propos pleins d'assurance des beaux diseurs de la tribune, de ceux des carrefours de Paris, et de ceux de la province. Voilà pourtant les guides que les courtisans et les ministres de Charles X lui ont proposés, et qu'il a suivis, pour mieux affermir la gloire et la stabilité de son règne. Ils ont si bien réussi qu'ils doivent s'en applaudir. (*Ecrit le 2 septembre 1830.*)

122. Popularité (la) est un engouement, porté quelquefois jusqu'à la frénésie, que la masse irréfléchie d'un peuple, par moment, a pour un particulier ou pour une opinion.

Le désir d'acquérir de la popularité se manifeste par l'empressement et l'ambition d'obtenir, à tout prix, les applaudissements du peuple, ou plutôt de ceux qui sont en possession de fixer l'opinion publique.

Les charlatans sont très-jaloux de gagner de la popularité : les bons citoyens en place, sans la dédaigner, ne font le sacrifice d'aucun de leurs devoirs, pour l'acquérir.

Les maîtres de l'art et la postérité savent seuls apprécier le mérite et les opérations de l'homme d'État. L'esprit versatile de la multitude n'a ni assez d'instruction, ni assez de discernement pour bien juger les personnes dont elle s'occupe : aussi est-il rare que les sentences prononcées par la popularité, conservent leur autorité pendant très-long-temps. Que de noms célèbres, élevés à l'apothéose par le peuple, et que l'histoire ensuite a couverts d'un profond mépris !

La manie de se rendre populaire a égaré un grand nom·

I.

brc de gens d'esprit et d'un talent reconnu ; et, à plusieurs époques, les gouvernements ont gémi des résultats funestes que leur ont procurés des ministres qui aimaient moins l'État que leur popularité.

123. Esprit national, Esprit de corps, Esprit de famille, sont des sentiments qui dérivent d'une même source, d'un mélange d'amour et d'orgueil, en faveur de l'ensemble d'une association à laquelle on appartient.

L'esprit national enflamme les citoyens ; il les lie, les exalte au point de s'oublier eux-mêmes, et les porte à sacrifier leur vie et leur fortune, toutes les fois qu'il s'agit de l'existence ou de la gloire de leur patrie.

Les hommes imbus de ce sentiment, composé d'amour et d'orgueil, sont nécessairement jaloux et très-susceptibles, lorsqu'il s'agit de l'objet de leur affection. Les Anglais et les Espagnols sont, dans nos temps modernes, les deux nations où l'on remarque l'esprit national le plus fortement prononcé. Ce sont aussi les deux peuples qui ont le plus de répugnance à vivre ensemble, et chez lesquels il est le plus difficile d'entretenir de l'accord et d'éviter des querelles, lorsque, par les circonstances, on est forcé de les réunir, pour agir en commun.

Les préjugés nationaux vivifient et entretiennent l'esprit national. Il s'affaiblit par l'incurie des souverains à leur égard. Si, au lieu de caresser les préjugés nationaux, et de se conformer à leurs fantaisies, les ministres mettent leur amour-propre à les dédaigner publiquement ; et, à plus forte raison, si le gouvernement, jaloux de ces préjugés, emploie son autorité et son influence à les contrarier, et à faire tourner en ridicule les citoyens qui en sont le plus pénétrés, il n'y a plus alors d'esprit national. Il se dissipe et s'éteint peu à peu par le persiflage, maladie mortelle pour ces gens à préjugés, ennemis déclarés des innovations et des aimables *roués* qui infestent la société, et qui en marquent la décadence.

124. ESPRIT DE PARTI (l') est de la même nature que les précédents ; mais moins lié aux personnes, il s'attache davantage à s'emparer de l'autorité ; il veut dominer, et faire accroître quelquefois, à tout prix, son ambition, et ses intérêts bien ou mal entendus.

On voit des hommes être du même parti, quoique en procès, en rivalité, ou brouillés par mille sujets de haine particulière ; quelque éloignés qu'ils soient les uns des autres, ils se rapprochent, et agissent de concert, toutes les fois que les intérêts du parti l'exigent.

L'esprit de parti anime une société, quand il est subordonné à l'esprit national ; mais il peut la renverser dans le cas contraire. La destruction de Carthage fut moins l'ouvrage des Romains, que celui de l'esprit de parti d'Hammon, qui préféra l'anéantissement de sa nation, au chagrin de voir triompher Annibal et son parti.

Mais l'esprit de parti contenu par l'amour de la patrie, par l'opinion générale, et de fortes institutions, rend de très-grands services à un gouvernement qui n'est pas d'un despotisme absolu ; il forme des gens de mérite, et il va les chercher partout où il s'en trouve, dans l'intention d'augmenter la force et le lustre de son parti ; tandis que les gouvernements sont sujets à s'endormir, s'ils ne sont point

20*

tenus éveillés par les tracasseries d'un parti de l'opposition. Leurs ministres deviennent des enfants gâtés, volontaires, cassant et brisant tout, sans prévoyance, ne pensant qu'à jouir des avantages de leur charge, et à en distribuer les grâces aux personnes de leur société. Sous ce régime, on s'embarrasse peu de s'entourer de gens à talents; on songe plutôt à donner à ses amis des places qui leur *conviennent*, qu'à y nommer des personnes qui *conviendraient* à ces places. La politique de ces États, où les femmes ont la plus grande influence, se réduit à caresser les petits intérêts de certaines coteries.

Les partis montés et habitués de longue main à lutter les uns contre les autres, ne sont pas si faciles à séduire que ces salons de bonne compagnie, où les affaires les plus importantes sont quelquefois traitées et définitivement arrêtées avec une légèreté et une assurance vraiment inconcevables (1). Tout devient sérieux dans les disputes de parti : les actes du gouvernement, ainsi que le caractère des hommes chargés de les mettre à exécution.

Les partis obligent les ministres à une surveillance continuelle sur eux et sur la composition de leurs bureaux, à ne marcher qu'à pas comptés, à connaître l'esprit et le caractère des différentes classes des personnes qui dépendent de leur département, et à approfondir, avant tout, les détails et les conséquences des opérations ou des changements qu'ils veulent entreprendre.

---

(1) Voyez les Mémoires du comte de Bezenval.

Les animosités des partis, fomentées par les passions humaines, les portent quelquefois à dégénérer en factions, qui amènent des guerres civiles ou des révolutions. Ce malheur est bien autrement à redouter chez tous les peuples sans parti, où les gouvernants et les gouvernés, paisiblement endormis sur la foi des traités, s'imaginent que personne n'osera déranger cet acte de quiétude ineffable qui fait le bonheur des chefs et la fortune de leurs partisans.

La propension révolutionnaire n'est vraiment dangereuse que chez un peuple où il n'y a point de parti formé et avoué; où les hommes sont accoutumés à se soumettre aux caprices d'un gouvernement soigneux, depuis longues années, d'atténuer et de détruire les principes, les institutions et les préjugés nationaux, la considération des corps et des sentiments religieux, enfin, de relâcher tous les liens moraux de la société, sans se réserver quelques points de ralliement où les bons citoyens puissent se réunir en cas d'alarmes. Une faction qui, dans pareilles circonstances, lève le masque, étonne la population chez laquelle elle se fait connaître. Ce pays ne reconnaissant d'autorité réelle que celle qui émane des bureaux ministériels, il n'y a qu'eux en état d'arrêter ces démarches séditieuses : mais s'ils s'en effraient, s'ils n'osent ou ne savent pas les combattre à propos, l'État est perdu sans ressources. La révolution est encore plus assurée, si c'est le gouvernement lui-même qui déploie tous ses moyens de force et d'influence pour sa propre destruction.

Voilà les dangers que courent les empires qui ne veulent admettre d'autres principes qu'une subordination passive dans leur gouvernement. L'expression d'esprit de parti y a toujours un sens odieux; et les honnêtes gens seraient honteux d'en être soupçonnés. Les mauvais sujets ne sont pas si délicats; ils s'en emparent, ils le travaillent, et ils en étudient les ressources, afin de se mettre dans la position de profiter du premier ministère qui, par faiblesse, ignorance, ou complicité, les secondera de tout son pouvoir.

Ces libertins, ces escrocs, ces gens de sac et de corde, n'ayant rien à perdre, ont tout à gagner dans une révolution. Aussi sont-ils toujours prêts à en faire une. Ils ne s'embarrassent guères de mettre leur pays en feu, pourvu qu'ils puissent espérer tirer quelques profits de ses cendres.

Les propriétaires, les personnes qui ont une fortune et une réputation à ménager, sont plus circonspects et meilleurs citoyens. Si, par la nature du gouvernement, l'esprit de parti y est en considération, les honnêtes gens oseront se vanter de celui qu'ils ont adopté. Ils y porteront leurs principes, leur amour du bon ordre, et contiendront les factieux qui se trouveraient mêlés avec eux. Ils mettront leurs soins à se bien composer, à se donner des chefs ostensibles et bien vus du public, à se liguer avec des corps respectables, et à présenter un ensemble qui impose par la naissance, les talents, les vertus et les richesses de ses membres. Toutes ces qualités sont autant de cautions qui assurent que l'esprit de parti se renfermera dans les bornes que le bien de l'État exige qu'on ne dépasse pas. C'est à cet esprit qui anime des partis également bien composés, toujours en présence et en rivalité entre eux, qu'il faut attribuer la vraie cause de la force et de la prospérité du gouvernement actuel de la nation britannique.

Dans un État bien ordonné, quand l'amour de la patrie

et les préjugés nationaux dominent, l'esprit de parti entretient des tracasseries interminables ; mais il empêche les
révolutions de se former. La petite guerre, les escarmou-
ches continuelles avec lesquelles les partis se lutinent journellement, augmentent les ressources de l'esprit, fortifient
l'énergie de l'âme, et entretiennent leurs compagnons
dans une activité désespérante pour ceux qui veulent les
combattre, avant de s'être instruits et exercés dans de pareilles écoles. Nourris de sentiments d'amour pour un objet,
et de haine pour un autre, les hommes attachés à un
parti ne connaissent pas l'indifférence, encore moins l'a-
pathie. Il leur est impossible de rester neutres dans une
cause qui s'agite au milieu d'eux ; et cette obligation leur
donne une supériorité marquée sur ces égoïstes froids, prudents, isolés, qui, sans cesse retenus par la crainte de se
compromettre, n'osant jamais agir à découvert, ni parler
franchement, attendent avec patience que la victoire leur
fasse connaître le héros du jour, afin de lui présenter leurs
hommages et de solliciter ses faveurs.

Ces qualités, ce caractère effervescent que donne l'esprit
de parti, produisent souvent, comme en Angleterre, des
écarts et des tapages momentanés ; mais ils ne sont point
dangereux, quand l'esprit et les préjugés nationaux dominent le peuple. Ces hommes si turbulents deviennent, au
contraire, les plus ardents défenseurs de la patrie, lorsqu'elle se trouve en péril. Les motifs, presque toujours
puérils, de leurs querelles, s'oublient vite au nom du *salut
public* qui réclame la réunion de leurs forces et de leurs
volontés, pour garantir ses étendards de toute insulte, au
milieu des orages qui les menacent. Le besoin habituel que

ces individus ont d'aimer et de haïr, les porte, de quelque parti qu'ils soient, à s'unir de la plus sincère affection avec les bons citoyens, et à se battre en enragés contre les ennemis qui sont venus les attaquer, dans l'espérance de profiter de leurs divisions intestines. On a remarqué qu'au sortir d'une guerre civile, une nation était, malgré les pertes qu'elle y avait faites, beaucoup plus forte qu'avant de l'avoir commencée. La raison en est simple : tout le monde se trouvait à sa place, et les passions, exaltées par ces contestations de parti, avaient développé, jusqu'à leur *maximum*, les ressources de chaque citoyen.

Quand un parti se forme dans un État où il n'y en avait point auparavant, le gouvernement ne doit pas songer à le gagner ; ce serait le reconnaître, et lui donner une importance dangereuse : mais il examinera, dans le secret de son cabinet, s'il est de son intérêt et en son pouvoir de l'anéantir entièrement. S'il y a le moindre risque, il faut le laisser faire, et susciter en même temps d'autres partis qui rivalisent avec celui que l'on craint, et dont on veut se débarrasser ; il faut en augmenter le nombre autant qu'on pourra, les mettre aux prises, et tâcher, sans éclat, de donner au plus faible les moyens d'obtenir une force et une considération qui le rendent égal en puissance à celui qui paraît le plus redoutable et le plus entreprenant. Une fois en guerre ouverte, il ne faut plus se mêler de leur dispute, à moins qu'elles ne les entraînent à des excès qui dérangent l'ordre public. Plus il y aura de ces partis en présence, plus leurs querelles seront vives, et moins ils seront à craindre.

Les gouvernements s'exposent beaucoup, en se déclarant

ouvertement pour un parti, dans la fausse vue de le maîtriser. Qu'ont gagné Henri III et Louis XVI à se liguer
avec les rebelles qui voulaient détruire leur monarchie ?
Au lieu d'être les chefs de la faction, dont ils prenaient les
couleurs, ils en furent les jouets et les victimes. Les factieux sont toujours plus fins que le souverain qui leur laisse
prendre assez de consistance pour intimider son gouvernement : il sera par conséquent toujours leur dupe, quand il
s'associera avec eux.

Louis XIV commit aussi une grande faute en détruisant
Port-Royal, et en prenant ouvertement le parti des *Moli-
nistes*. Louis XV en fit une plus grande en vengeant les
Jansénistes par l'expulsion des *Jésuites*. De ce moment-là,
les intérêts de la religion ne furent plus soutenus par l'esprit d'aucun parti. L'esprit de la magistrature offusquait ;
on abolit les parlements. Enfin, la cour travailla plus de
cinquante ans de suite, et avec une persévérance vraiment
incroyable, en France, à affaiblir l'esprit de tous les corps
sur lesquels elle avait de l'influence. A défaut de partis
avoués et respectables, les philosophes, joints aux illuminés, en formèrent un clandestin, qui, n'étant contredit
ni contrarié par aucun autre, finit par renverser la religion,
le trône, et par produire un tel bouleversement en Europe,
qu'on ne sait pas encore comment nos arrière-petits-enfants
pourront s'en tirer.

Les corporations sont sujettes à des écarts, comme les
individus. Mais les principes dont sont imbus les membres
d'un corps respectable, bien composé et bien pensant,
sont un contre-poids qui agit sans cesse pour les ramener
à leur devoir, quand les circonstances le leur ont fait ou-

blier un moment. L'histoire de la Fronde montre les embarras que les Parlements, en révolte, mirent dans la marche et l'exécution des projets ultérieurs des agitateurs turbulents de ce temps-là ; parce qu'alors ces grands corps de magistrature avaient des principes monarchiques, dont jamais ils ne purent entièrement se défaire.

Il ne suffit pas d'avoir un grand nombre d'individus qui s'intéressent au succès d'une cause qu'on veut faire triompher ; il faut encore que ses partisans aient du zèle, du dévouement, et présentent un ensemble fortement uni et dont toutes les parties se soutiennent au risque et péril de leur fortune, pour former un parti. On ne peut pas donner ce nom à un assemblage d'hommes sans hiérarchie, sans subordination, sans projet concerté ; toujours arrêtés par de petites convenances, et dont personne, *de peur de se comprometttre*, n'ose se déclarer le chef, ni soutenir les droits de quelqu'un de son parti. Dans ce cas-là, il n'y en a donc point : car comment lier un parti avec des gens qui ne sont susceptibles d'aucune liaison politique ?

125. ESPRIT DES NIGAUDS (en révolution). Les nigauds croient toujours qu'ils gagneront leur cause, par la seule raison que le *bon droit* est de leur côté.

« Bayle, en 1698, se trouva dans une conversation où l'on parlait de deux princes qui avaient été nommés en même temps à une très-haute dignité. Il n'y eut point de partage sur les conjectures ; on s'accorda à prédire que l'un rendrait nulles les prétentions de son concurrent. On se fondait sur plusieurs raisons qu'on articula : l'intérêt de toute l'Europe à favoriser l'un des deux antagonistes ; la

situation du pays d'où l'un d'eux devait attendre du secours ; la trop grande puissance du promoteur de celui
dont on prédisait les mauvais succès, et cent autres choses
furent alléguées. « Vous croyez avoir tout dit, s'écria fort
» brusquement un Français qui n'avait pas encore parlé ;
» mais c'est un abus. Je vais vous fournir une raison qui
» est des plus fortes. Un tel a le droit de son côté ; son
» élection est régulière : il faut qu'il succombe. L'élection
» de l'autre a tous les défauts possibles ; elle est contraire
» aux formalités les plus essentielles et aux lois les plus fon-
» damentales de la nation : cela seul serait suffisant pour
» en assurer la supériorité et le triomphe. »

» On se moqua de cet argument ; il y eut des personnes
qui voulurent bien se donner la peine de l'examiner de
sang-froid, et qui dirent que l'*injustice*, par elle-même, est
plus propre à préjudicier dans une cause qu'à la faire réussir ; et que ce n'est que par accident, qu'en plusieurs rencontres la *justice* est un obstacle aux bons succès.

» Il arrive très-souvent que ceux qui agissent pour la
bonne cause sont moins actifs que leurs adversaires ; ils se
flattent, comme Brutus, que le ciel va se déclarer pour
eux ; ils s'imaginent que le bon droit n'a pas besoin d'autant d'appui que l'injustice. Là-dessus, ils se relâchent de
leur vigilance ; et quelquefois ils sont si honnêtes gens,
qu'ils ne voudraient pas employer de mauvais moyens pour
soutenir le bon parti. Mais ceux qui s'engagent à faire valoir de mauvaises causes, ne se font point scrupule d'ajouter iniquités sur iniquités ; et dans la défiance qu'il sont, ils
ont recours, avec une extrême activité, à tous les expé-
dients imaginables ; ils n'oublient rien de ce qui peut avan-

cer leur affaire, ou retarder les progrès de l'ennemi : *Notez* qu'ils échouent en quelques rencontres, parce qu'ils n'osent pas être assez méchants.

» Quoi qu'il en soit, il n'y a nulle conséquence à tirer de la *justice* et de l'*injustice* d'une cause pour son bon succès; et hormis le cas où Dieu agit par miracle, ce qui n'arrive que rarement, le sort d'une affaire est attaché aux circonstances et aux moyens qu'on emploie. C'est par là qu'il arrive quelquefois que l'injustice succombe, et que l'on peut s'écrier : *tandem bona causa triumphat.* ». Amen.

(Dictionnaire de Bayle, au mot Brutus Marcus Junius, note D).

La bonne volonté des hommes pleins de vertus et de talents, mais isolés entre eux, et ne faisant point parti, succombera toujours contre les efforts des vices agissant en corps.

126. Esprit, maximes et motifs des partis en France, en 1817. Chaque parti a une maxime favorite, que les chefs proclament hautement; mais elle n'est pas toujours la règle invariable de leur conduite. Il existe, en outre, des *arrière-pensées* qui établissent, dans l'esprit et les démarches de ses meneurs, des contradictions manifestes entre les prétextes qu'ils publient et soutiennent avec emphase, et les vrais motifs qui les animent en secret.

Je suppose qu'une nation soit divisée en quatre partis différents, et que les principes régulateurs de leurs premiers agents fussent, pour chacun d'eux, comme il suit :

Dans le premier parti : Le système révolutionnaire, et puis ma fortune.

Dans le second : Ma fortune, et je me moque du reste

Dans le troisième : Ma célébrité, moi et puis l'État.

Dans le quatrième : tout m'est indifférent, pourvu qu'on me laisse tranquille.

Il est facile de prévoir quel sera le sort de ce pays, si des circonstances étrangères ne s'en mêlent pas. M. de Laplace, soumettant ce problème à son *calcul des probabilités*, trouvera qu'il y a plus de deux cent millions à parier contre un, que le premier parti finira par prédominer les trois autres. A moins qu'au milieu de cette confusion, il ne s'en trouve un cinquième, puissant par le nombre et le dévouement de ses membres, dont le seul but, l'unique motif de ses désirs et de son ambition, soit le bien de l'État, rien que pour l'État, et tout pour l'État. (Ce 22 août 1817.)

« Pourquoi les Catholiques exigèrent-ils l'abjuration de Henri IV? Ne pouvaient-ils pas se contenter de toutes les garanties individuelles, places, rang, faveurs, qu'on leur leur offrait? sans doute. Que fallait-il à *Villars*, à *Mayenne* et à tant d'autres? Il leur fallait le triomphe du parti, qui est bien autre que celui de ses membres. Un parti réside, non dans les hommes, mais dans les principes communs, dans les intérêts qui ont rassemblé ces hommes (1). »

Un peuple mécontent et inquiet, qui n'est pas encore en guerre civile, mais chez lequel les sentiments religieux et monarchiques ne dominent point exclusivement, n'est pas susceptible d'avoir des corporations nombreuses, entière-

---

(1) *Archives politiques*, tome II, pages 393, 394.

ment gouvernées par un véritable esprit de parti, subordonné, avant tout, à l'intérêt général de la nation. Il peut seulement s'y former des groupes de factieux ou d'intrigants qui se réunissent et s'associent pour un avantage commun. Les personnes qui jouent ou qui tâchent de jouer un rôle marquant dans ces espèces de coalitions, sont mues par des arrière - pensées, par des espérances mentales, dont le but est quelquefois diamétralement opposé au système qui est le prétexte public de leurs discours et de leurs menées.

L'esprit de parti veut un désintéressement et un dévouement sans restriction à l'opinion que l'on soutient. Si, dans un temps d'orage, la barre du gouvernail est tenue par des timoniers faibles ou ignorants, l'équipage, sans confiance dans son capitaine, abandonne au hasard la conservation du vaisseau de l'État; chaque officier, chaque matelot ne pense qu'à se sauver avec la pacotille la plus considérable qu'il pourra ramasser, sans s'inquiéter, le moins du monde, de ce que deviendront, après le naufrage, l'armement et les possesseurs légitimes des ballots qu'ils comptent emporter.

Il se forme alors des associations, des bandes d'individus qui, sans autres liaisons intimes, s'entr'aident pour profiter des circonstances où ils se trouvent, sans s'embarrasser du reste, sans s'inquiéter des désastres généraux qui pourront en arriver. Ils ne songent qu'à tirer le meilleur parti des malheurs qu'ils prévoient, pour faire un bon coup, et puis, *sauve qui peut*. Que nous importe que le monde périsse, pourvu que, dans cette catastrophe, nous ayons l'espoir de conserver et d'augmenter nos jouissances.

Telles sont, en général, dans les pays civilisés à l'extrême, les arrière-pensées des hommes qui ne sont retenus par aucuns préjugés nationaux.

Tout le monde travaille pour soi, et personne, de cœur et d'âme, ne travaille pour le salut commun. On est prévoyant, mais jamais *citoyen* que sous condition.

. 127. Esprit des partis en France en 1819. La France est divisée en trois partis :

1° Les *royalistes* ;

2° Les *jacobins* ;

3° Les *Buonapartistes* ;

Les royalistes, plus nombreux dans le fond, ont pour eux la vérité, l'estime générale, les habitudes nationales, et toute *la force des choses passives,*

Les jacobins, en plus petite quantité, mais unis, persévérants, exercés de longue main, haïs et redoutés pour leurs œuvres passées, craints et méprisés pour leur conduite et leurs principes, sachant, par une tactique habile, se multiplier aux yeux d'un public inattentif, ont pour eux la *force des choses actives.*

Les buonapartistes n'ont pour eux que des souvenirs et la *force du gouvernement* ; mais c'est beaucoup dans les circonstances actuelles.

Les royalistes veulent la monarchie, la charte et les honnêtes gens.

Les jacobins exigent une république démocratique où ils soient les maîtres.

Les buonapartistes ambitionnent le règne d'un chef militaire, qui les mène au champ du butin.

Les royalistes s'attachent à un homme.

Les jacobins s'attachent aux hommes ; c'est - à - dire à tout.

Les buonapartistes s'attachent à la victoire ; c'est-à-dire à une femme très-capricieuse.

Les royalistes craignent toujours d'aller trop loin : aussi sont-ils toujours forcés de reculer.

Les jacobins craignent toujours de ne pas aller assez loin : aussi gagnent-ils toujours du terrain.

Les buonapartistes, sans magasins et sans précautions préalables, ne craignent jamais de s'avancer sur la parole d'un de leurs chefs, aussi se cassent-ils souvent le cou.

Les royalistes ont des chefs de bande plus jaloux d'avoir des admirateurs que des compagnons ; aussi sont-ils bien admirés, mais mal secondés.

Les jacobins ont des chefs de bande plus jaloux d'avoir des compagnons que des admirateurs ; aussi sont-ils peu admirés, mais bien secondés.

Les buonapartistes ont des chefs de bande moins jaloux d'avoir des admirateurs que des compagnons d'armes ; aussi, en attendant qu'on les admire pour leurs prouesses, ils comptent être très-bien secondés par leurs soldats.

Les royalistes sont toujours retenus par les anciennes traditions de la Cour, par les anciennes convenances de l'ancienne bonne compagnie ; ils affaiblissent ainsi les élans et l'énergie de ceux qui sont ou qui voudraient être sous leurs drapeaux, et par conséquent la force de leur parti.

Les jacobins ne sont jamais retenus par aucune convenance quelconque : ils électrisent ainsi les sentiments et l'énergie de ceux qui sont ou qui voudraient être sous leurs drapeaux, et, par conséquent, ils en augmentent la force de leur parti.

Les buonapartistes ne sont jamais retenus que par la crainte de n'être point employés ; par conséquent, ils augmentent beaucoup le parti du ministre de la guerre.

Les royalistes disent toujours : on ne peut pas écrire ceci, on ne peut pas faire cela ; aussi ne font-ils jamais rien que pour se faire déplacer.

Les jacobins disent toujours : écrivons ceci, faisons cela ; aussi font-ils toujours quelque chose en faveur de leur système et de leurs partisans.

Les buonapartistes disent toujours : laissons écrire ceci, laissons faire cela ; tâchons d'avoir des grades, des places et des appointements, en attendant mieux.

Ce n'est pas le tout que d'être royaliste, il faut être honnête.

Ce n'est pas le tout que d'être jacobin, il faut être forcené.

Ce n'est pas le tout que de vouloir conserver les anciennes constitutions ou d'en faire de nouvelles, il faut être buonapartiste ; il faut des soldats qui se battent bien et pillent encore mieux ; n'importe qui, ni pour qui, ni contre qui.

Les royalistes forment une coterie anarchique et disséminée.

Les jacobins forment un parti compacte et subordonné.

Les buonapartistes n'aspirent qu'au moment de former une armée sous le joug d'une discipline militaire.

On peut augmenter, autant qu'on le voudra, le nombre de ces *triades*. Il y en a assez pour conclure que :

1° Les royalistes n'étant pas soutenus par ceux qu'ils veulent soutenir, ils tomberont, comme le chevron d'une charpente qui n'est plus appuyée sur celui qui faisait toute sa force, quand ils étaient accolés l'un contre l'autre;

2° Par l'autorité qu'a encore le gouvernement en France, les buonapartistes essaieront de donner un successeur ou un coadjuteur, ce qui revient au même, au Roi légitime de la France.

Ne s'élèvera-t-il pas d'autres compétiteurs que celui que les buonapartistes ont en vue d'y placer aujourd'hui? C'est une chance que les Français ont encore à courir.

3° Si ce nouveau Napoléon, quels que soient son nom, son pays, et ses titres antérieurs, n'a pas une tête forte, un bras vigoureux, et que, semblable à Auguste ou à Pepin d'Héristal, il ne sache pas mettre tous les partis à la raison, et pour toujours, par des institutions solides, bien combinées et bien composées au commencement; si, dis-je, ce nouvel usurpateur ne sait pas son métier, ou s'il ne le sait qu'à demi, les jacobins le renverseront bientôt de son trône mal acquis.

Ceux-ci s'établiront en république démocratique, se diviseront entre eux, se concentreront dans un *directoire*, et nécessiteront le retour d'un usurpateur despote. Si ce nouveau venu n'est pas plus habile que ses prédécesseurs, ce sera toujours à recommencer. *Per omnia sæcula sæculorum*; à moins de quelque événement imprévu, mais très-probable, qui divise les Français, et les oblige d'abandonner les factieux métaphysiciens, pour chercher un refuge dans les lois du bon sens et d'une saine politique.

Ces réflexions nous permettent de dire avec assurance
que :

Le triomphe des
$$\left\{\begin{array}{l}\text{royalistes mettra l'ordre dans}\\ \text{jacobins mettra le désordre dans}\\ \text{buonapartistes ravagera . . .}\end{array}\right\}\text{l'europe.}$$

125. Émigrés.

> Devais-tu maltraiter un amour si parfait ?
> La constance, à tes yeux, serait-elle un forfait ?

Ce nom seul et sans régime est affecté, par excellence,
aux Français qui, en 1790, 91, 92 et 93, abandonnèrent
leurs foyers et leur fortune pour, à la voix de leurs princes
légitimes, accourir se ranger sous leurs drapeaux, et combattre avec eux ces races d'infidèles qui renversaient le
trône des Bourbons et menaçaient les gouvernements de
l'Europe d'une subversion totale. Ce noble dévouement,
cruellement blâmé par la plupart des souverains et grands
seigneurs de l'Allemagne (1), incapables d'en sentir la valeur, fut applaudi par quelques autres, et l'histoire, à coup
sûr, en fera l'éloge. Proclamé par une Cour, jusqu'en

---

(1) Le souverain de Cologne fit une loi de police, proclamée et affi-
chée dans toute l'étendue de ses possessions, qui défendait aux *émigrés*
et autres vagabonds de séjourner plus de vingt-quatre heures dans ses
Etats.

Qu'en arriva-t-il ? les *émigrés* fuirent cette terre de proscription,
et les révolutionnaires s'en emparèrent. Ils se mirent au lieu et place
de ce souverain insolent et inhospitalier, qui, dès lors, n'a plus figuré
sur la liste des puissances de l'Europe.

mai 1814, comme une *vertu politique*, cette même Cour, depuis sa restauration sur le trône de ses pères, le déclara un vice important ; et les émigrés, traités en conséquence, furent, par ses ordres, proscrits de presque toutes les places, et éloignés de tous les emplois publics. Cet arrêt sera-t-il définitif ? Le temps seul décidera cette question ; mais en attendant, c'est une leçon que nos enfants ne doivent jamais oublier, sous peine de mourir de faim, ou de vivre d'insultes et dans l'humiliation.

L'émigration n'a pas eu de succès, aussi l'a-t-on fort blâmée ; mais ne pouvait-elle pas en avoir ? C'est ce qu'il faut examiner.

Les cabinets de l'Europe n'avaient-ils pas un intérêt éminent et palpable à ne point subtiliser, dans les circonstances où ils se trouvaient, et à ne pas se livrer avec trop de complaisance à la perspective illusoire des petits profits qu'ils comptaient retirer dans le désordre général d'une révolution qui devait les anéantir tous ? Si leurs souverains eussent alors adopté un système de conservation dicté par le simple bon sens, et s'ils l'eussent suivi avec une persévérance et une bonne foi peu communes chez les ministres d'État des dix-huitième et dix-neuvième siècles ; si les princes, plus instruits et plus prévoyants, eussent abandonné leur vieille routine diplomatique, et qu'ils se fussent soulevés en masse contre une faction qui insultait leurs personnes, et menaçait leurs États d'une invasion générale et destructive, l'émigration eût été à leurs ordres ; elle leur procurait des ressources d'une grande valeur, pour combattre avec avantage ces ennemis déclarés des rois et de toute autorité légitime.

Dans cette hypothèse, ces princes trouvaient dans les émigrés les ennemis de leurs ennemis, et en faisaient leurs amis. Tous ensemble ils entraient en force, en 1792, dans cette terre de perdition ; tous les éléments de son ancien régime existaient en France ; ses armées novices et point organisées ne savaient point se défendre ; elles fussent devenues encore plus faibles, par la défection des soldats et l'enrôlement d'une clientelle plus ou moins nombreuse que chaque émigré pouvait attirer dans l'intérêt de son parti. Les Français, tourmentés par l'incertitude des événements futurs, par l'horreur que leur inspiraient ces clubs révolutionnaires, et par les systèmes de massacre et de désorganisation que, sans pitié, les sans-culottes exerçaient à la rigueur, ne demandaient qu'un peu d'aide pour se débarrasser de ces hordes de voleurs et d'assassins qui les tyrannisaient. On en a eu la preuve. Les puissances alliées se sont emparées des places frontières, et ont été jusqu'à Verdun sans coup férir. Pourquoi ne pas aller plus loin, et assurer leurs derrières, en organisant à la Française, et selon l'ancien régime, les provinces qu'ils laissaient après eux ?

Si la confédération de l'Allemagne eût adopté ce système, elle eût trouvé dans l'émigration composant l'armée des princes français, des militaires de toutes les armes, des magistrats, des administrateurs ; en un mot, un recueil complet de toute espèce de fonctionnaires publics, honnêtes, dévoués, instruits chacun dans sa partie, ayant déjà de la considération dans les provinces assujetties, et des intelligences sans nombre dans celles qui restaient encore à soumettre. Ils n'avaient qu'à choisir et à déléguer une portion sage d'autorité à ces émigrés nouvellement employés.

De pareilles diversions pouvaient se faire en même temps. par la Suisse, la Savoie et l'Espagne. On dit que cette sainte alliance, que ce plan médité par Florida Bianca, avait été adopté par l'empereur Léopold. La mort enleva ce prince, au moment où on allait mettre ce projet à exécution. Les intrigues du philosophe Aranda et du prince de la Paix, opérèrent peu de temps après un changement de personnes et de système dans le cabinet de Madrid. Ce sont ces deux évenements, presque contemporains, qui ont empêché de reconnaître l'étendue des services qu'une main habile eût pu retirer de l'émigration, et qui l'ont rendue si blâmable aux yeux de beaucoup de gens. Au reste, si la politique venait à la désapprouver, l'honneur s'en glorifiera toujours.

Ce plan suffisait pour anéantir, presque sans peine, et la révolution et les révolutionnaires. Du moment qu'ils étaient libres de prononcer leur opinion, les Français, excédés des crimes et des insolences de leurs clubistes, se fussent, en grande majorité, empressés de courir sus, de les poursuivre jusques dans leurs derniers repaires, et d'y exterminer les apôtres et les prêtres fervents de ces dogmes subversifs; d'empêcher, par des coups décisifs, que les assignats n'acquissent de la valeur, que la nouvelle doctrine des jacobins ne devînt contagieuse, n'empestât des milliers de sectaires, et leur donnât assez de force et de moyens, pour dévorer leurs compatriotes et tous les États dont l'Europe se composait alors. Les alliés n'avaient qu'à mettre en train les bons citoyens, à partager leur indignation et à les soutenir dans le commencement. Si Suwarow, avec

carte blanche, eût commandé la coalition de 1792, et que
les princes croisés eussent enjoint à leurs généraux d'obéir
ponctuellement à ses ordres, en moins d'un an, ce feld-
maréchal russe rétablissait, sur des fondements solides, la
tranquillité de l'Europe, faisait rentrer le peuple dans son
devoir, et assurait les couronnes, ainsi que les autres propriétés, sur la tête de leurs possesseurs légaux. La seule
difficulté était d'accorder ces Cabinets, et de les engager à
travailler de concert pour leurs intérêts communs.

Chose étrange ! Pendant que les amis de la révolution se
liguaient fortement ensemble, pour conserver mutuellement
leur bien mal acquis, les puissances de l'Europe, au contraire, paraissaient prendre plaisir à voir dépecer les États
de leurs voisins ; à se lier, à seconder avec zèle les projets
ultérieurs de ces ravisseurs de souveraineté, et à ne pas
vouloir réunir leurs forces, et agir de bonne foi contre ces
grands spoliateurs qui ont chassé ces princes, l'un après
l'autre, de leurs trônes légitimes.

Je passe rapidement sur cette politique raffinée et au-
dessus de mon intelligence ; j'en reviens à l'émigration dont
malheureusement je faisais partie. L'entier succès de la
marche que nous venons de développer avec quelques détails n'était point sûr, mais il y avait au moins des probabilités en sa faveur. Ce doute suffit pour justifier la conduite que la noblesse française tint dans cette circonstance.
Ainsi, cette fameuse question politique : l'émigration était-
elle bien ou mal vue ? rentre dans le nombre des questions
qui restent toujours indécises, parce que, dans ces occasions, tout dépend du caractère des chefs, et tant vaut
l'homme, tant vaut la terre.

55555555555555

« L'émigration a eu sans doute un grand tort : elle a été
» malheureuse ; mais si, affranchie de fautes de tout genre
» qui ne furent pas les siennes, il lui eût été donné d'ac-
» complir ses nobles desseins, n'eût-elle pas, en brisant les
» chaînes de Louis XVI, arraché la France et l'Europe à
» vingt-cinq ans de tyrannie, de trouble et de misère (1). »

126. ROYALISTES. « Les vrais, les bons citoyens ché-
» rissent et respectent le chef de leur monarchie, sans faire
» de sa personne l'objet exclusif et la dernière limite de
» leur affection : ils étendent ces sentiments à toute la fa-
» mille du monarque, à tous les princes appelés par la Pro-
» vidence à continuer, à perpétuer la race de leur roi, et
» les institutions monarchiques de leur pays (2). »

Les intérêts de la *monarchie* doivent-ils être soumis aux
volontés du *monarque*; ou les volontés du *monarque* doivent-elles être soumises aux intérêts de la *monarchie*?

Ces deux manières d'envisager le royalisme, qui, dans le
fond, n'en devraient faire qu'une, ont divisé les royalistes
en deux partis très-distincts et très-opposés entre eux. Dans
cette alternative, la réponse qui finit par prévaloir, décide
presque toujours du sort d'un empire.

En sauvant la monarchie, on sauve presque toujours le
monarque, mais en prenant cette proposition en sens contraire, il est rare qu'on n'ait pas perdu le *monarque* et *la
monarchie*.

---

(1) Par M. de l'Estrade ; *Drapeau blanc*, du 18 juin 1820.
(2) Martainville, IIIe livraison *du Drapeau blanc*.

La royauté fait toujours des rois ; et quelquefois les rois défont les royautés.

Un vrai royaliste est plus attaché aux droits de la royauté, et à la stabilité de ses institutions monarchiques, qu'aux faveurs du prince, et à l'empressement sincère qu'un sujet fidèle et dévoué a toujours de complaire au moindre désir de son roi.

130. CHOUANS ; GUERRE DE LA VENDÉE ET DES CHOUANS. L'origine du mot *Chouan*, devenu célèbre dans l'histoire de la révolution, remonte à la famille Cottereau, dont le chef, père de quatre garçons, était sabotier au bourg de St.-Ouen-des-Toits, district de Lassay. Le père Cottereau, suivant la tradition du pays, avait reçu, d'un de ses voisins, le surnom de chouan (chat-huant), pour caractériser sa mine parfois triste et refrognée. Ses enfants, comme il est d'usage, avaient hérité de ce surnom, et Jean Chouan est celui que l'on vante pour ses exploits.

Ces frères Chouan se firent contrebandiers dans les environs de Laval.

Le 15 août 1792, Jean Chouan, secondé par les nommés Moulin et Moulière, se distingua, en excitant une révolte contre les commissaires du département de Mayenne, envoyés pour présider une assemblée des communes du canton de Saint-Ouen. Ces commissaires furent injuriés, frappés et fort maltraités.

Jean Chouan, à la tête d'une quarantaine de contrebandiers, commit quelques désordres dans son canton. On y assassina le juge de paix de Loiron. Quel était cet homme ? Un jacobin écrit que c'était un homme estimable, parce que sans doute il était de son parti. Il faut entendre les deux parties, avant de prononcer un jugement.

Etant poursuivie, cette petite troupe se retira dans la forêt de Perthe. Leur asile devint une petite colonie; elle se composa d'individus qui cherchaient un asile contre la conscription et les tyrannies particulières des autorités révolutionnaires du canton. L'abbé Legge en était le législateur et le grand juge; son frère, officier au régiment de Brie, en était le protecteur et le chef militaire.

Cette colonie vivait paisible dans ses barraques, lorsque Boisgny, qui avait rassemblé une petite troupe de chouans dans les environs de Fougères, vint s'y réfugier avec les siens, ce qui ne tarda pas à éveiller l'attention des fonctionnaires publics de la convention.

L'administration de Vannes écrivait au comité du salut public, le 25 novembre 1793 :

« Des prêtres réfractaires, des émigrés, des échappés
» de la Vendée, parcourent nos campagnes et excitent à la
» révolte. Vannes est menacé; deux ou trois de nos soldats
» ont été au pouvoir des brigands. Ils ont fait une tentative
» sur Musillac, mais ils ont été repoussés par une faible
» garnison. »

Le rapport du commandant de la garde de la Guerche, le 29 novembre 1793, s'exprime ainsi :

« Des désordres s'étant commis dans les environs de
» Cuillé, je mis la garde nationale à la poursuite des assas-
» sins, et en atteignis trois qui furent conduits à la Guer-
» che, où ils furent fusillés. Le nommé Guais, l'un d'eux,
» offrit de faire des révélations importantes, si on voulait
» lui laisser la vie; on sursit à son exécution. »

Guais déclara qu'il connaissait, dans la forêt de Perthe, une retraite où se trouvaient cinq chefs de chouans, et qu'il pouvait la faire découvrir.

Sur cet avis, on commanda quatre cents hommes, et un pareil nombre du bataillon de la Somme, en garnison à Vitré.

Cette colonne se mit en marche dans la nuit du 28 au 29 novembre; elle marcha avec tant d'ordre, qu'elle arriva au repaire des chouans, à sept heures du matin. Les quatre chefs prirent la fuite; il ne resta qu'un jeune homme (Lamassue), frappé d'une balle. On trouva dans cette cabane une correspondance qui fut adressée au Comité de salut public.

Le comte de Puisaye était dans cette cabane au moment de l'action. (Voyez ses mémoires, tome II, page 399.)

Après cette expédition, une terreur panique s'empara de ce détachement vainqueur; une partie du bataillon de la Somme se débanda, et la retraite se fit avec beaucoup de désordre jusqu'au sortir de la forêt.

L'adjudant-général Avril écrivait au général Vimeux la lettre suivante, écrite de la Roche-Sauveur (Roche-Bernard), le 1ᵉʳ décembre 1793 :

« Le commandant du bataillon de Maine et Loire vient
» de m'enlever des troupes, et de les amener à Vannes. Il
» se dit commandant des troupes de tout le Morbihan, en
» vertu d'une commission du pouvoir exécutif. Cette con-
» duite de m'enlever mes troupes et de dégarnir le pays
» des chouans, pays insurgé, m'étonne beaucoup. Plaignez-
» vous en au représentant du peuple, afin qu'il mette ordre
» à tout cela. »

L'administration du Morbihan écrivait au ministre de la guerre :

« Le citoyen Dubois, chef du 3ᵉ bataillon de Maine et » Loire, qui commande la force armée, mérite les plus » grands éloges. »

L'un s'en plaint, l'autre s'en loue ; voyez comme ils s'entendaient.

Vannes a peur, et cette ville se loue d'un commandant qui dégarnit de troupes les pays infestés de chouans, afin de les faire venir à Vannes, pour calmer leur effroi. Que leur fait la province, pourvu que la ville soit sauvée ?

Le général Rossignol écrit au ministre de la guerre, de Rennes, le 23 décembre 1793 :

» Autant on m'amène de chouans, autant j'en envoie au » père éternel. Ils sont mieux là qu'ici. »

Le général Tribout écrit au ministre de la guerre, de Rhédon, le 25 décembre 1793 :

« J'ai reçu du représentant Carrier différents ordres » contradictoires, que je joins ici. Il serait à souhaiter que » les pouvoirs ne se heurtassent pas d'une manière aussi » frappante et aussi nuisible à la chose publique. »

Tréhouard écrit à Tribout, de Males.... le 22 décembre 1793 :

« Je te requiers, aussitôt la présente reçue, de faire » arrêter et conduire de suite, sous bonne et sûre garde, » près de l'accusateur public de l'Orient, le citoyen Leba- » teux, maître de poste de Rhédon, ci-devant commis- » saire près le cinquième bataillon du Bas-Rhin. Je mets » sous ta responsabilité personnelle l'exécution du présent » ordre, »

Carrier écrit à Tribout, de Nantes, le 24 décembre 1793 :

« Carrier, représentant du peuple, près l'armée de
» l'Ouest, met en liberté le citoyen Lebateux, maître de
» poste à Rhédon ; déclare ennemi de la république et traî-
» tre à la patrie, tout individu, de quelque grade qu'il soit,
» qui oserait attenter à la personne et à la liberté de ce
» brave républicain ; fait défense au général Tribout, et
» aux autres chefs de la force armée, aux autorités consti-
» tuées et à la force publique, d'exécuter un ordre atten-
» tatoire à la liberté dudit Lebateux. »

» Tréhouard, disait Carrier, appelé depuis peu à la con-
» vention, et à qui elle a délégué, sans le connaître, une
» mission dans son pays, a jugé à propos de faire arrêter
» Lebateux, républicain le plus ferme, le plus pur et le
» plus prononcé que je connaisse ; mais tu dois t'être aperçu
» de la nullité des talents de Tréhouard, et tu dois savoir
» qu'il a toujours été l'appui et le partisan des fédéralistes,
» des modérés et des royalistes. Il ne lui manquait plus
» que de devenir le protecteur des contre-révolutionnaires
» du Morbihan, qui voulaient former une seconde Vendée.

» En attendant, ta tête me répond de toute violence qu'on
» pourrait se permettre contre la personne et la liberté du
» brave Lebateux. »

On voit que Carrier soutenait les siens.

Les Mémoires de Puisaye, écrits avec cette facilité et
cette abondance qui ne connaît ni ordre ni méthode, parlent beaucoup des Chouans. Ils sont remplis de détails intéressants sur les plans et les opérations de la chouannerie,
et surtout sur les intrigues des courtisans, des émigrés et
des agents de toutes les couleurs.

Les chouans n'ont jamais fait de parti en France, et leur histoire n'offre guères que des faits isolés.

131. Quand même !

> Toujours, toujours Robin sera de même.

Je m'intéresse à ce Robin, à cause de la pureté et de la constance de ses sentiments. Mais

> Toujours, Iris, je t'aimerai, *quand même*

Tu me tourmenterais, tu me ruinerais, tu me déshonorerais, tu m'empesterais . . . . . . Ma foi ! c'est trop exiger. Je préfère le sort de ma femme et de mes enfants, la gloire de ma nation et le bonheur de mes compatriotes, à tous les charmes, *quand même* . . . . . !

132. Moi royal. *L'État c'est moi ;* cette sentence s'échappa un jour de la bouche de Louis XIV.

« C'est ici le premier des dogmes monarchiques, et cependant il a effrayé, de nos jours, une foule d'esprits timides, chagrins ou soupçonneux. Penchés et tremblants, si j'ose le dire, sur le bord de cette pensée profonde, comme sur celui d'une abîme sans fond, ils en détournent vivement la tête, prennent les éblouissements de la peur pour les étincelles de génie, et blasphèment ce qu'ils ne veulent pas se donner la peine de comprendre.

» Tel est pourtant le mystère de la monarchie qui, comme tous les mystères, a son côté obscur et son côté lumineux, mystère que Saint-Louis exprima d'une manière moins alarmante pour la timidité ombrageuse, lorsque, sur les rives du Nil, il dit aux français, en parlant à son armée : *Le roi, c'est vous.*

» Ce n'est cependant que la même vérité, énoncée en termes différents, mais avec la même profondeur. Ces deux propositions sont en effet identiques, quoique, en apparence, contradictoires ; car *le Roi est l'État*, et *l'État est le Roi* ; il sont indivisibles : les séparer, c'est les anéantir, et l'on ne peut attaquer l'un, sans blesser essentiellement l'autre. Ce n'est qu'en s'identifiant avec l'État, qu'un Roi peut en faire le bonheur ; ce n'est qu'en s'identifiant avec son Roi, qu'un État peut le seconder dans son noble dessein. En travaillant pour l'État, le Roi travaille pour lui, car *l'État c'est le Roi* ; en obéissant au Roi, l'État s'obéit à lui-même, car le *Roi est l'État* ; il en est l'âme, il en est la pensée, la volonté et la puissance.

Tout Roi qui n'aimerait pas son peuple serait donc un insensé qui se détesterait lui-même ; tout peuple qui n'obéit pas à son Roi serait donc un furieux qui se détruirait de ses propres mains. C'est pour cela que sans jamais séparer ce qui doit toujours être uni, Saint-Louis voyait le *peuple* dans sa *personne*, et sa *personne* dans le *peuple*, et ne trouvait son bonheur que dans celui de tous ; aussi rien de ce qui pouvait y concourir ne lui était indifférent (1). »

En Espagne, en Portugal, et peut-être dans plusieurs autres monarchies, le prince régnant ne signe pas de son nom les pièces officielles et obligatoires, seulement il y met au bas : *me est rey*, moi le roi ; *o principe*, le prince.

---

(1) Panégyrique de Saint-Louis, prononcé par M. l'abbé Beraud, curé de Dian, à Paris, le 25 août 1823.

Le Roi est l'État et l'État est le Roi ; ils sont indivisibles ; les séparer, c'est les anéantir. Rien n'est plus vrai ; mais si l'un des deux fait bande à part, que fera-t-on de l'autre ?

133. Plus royaliste que le Roi. Ce *dictum*, en France, a été à la mode pendant quelque temps, après la première et la seconde restauration.

Ce reproche, répété à satiété par les créatures des ministres d'alors, n'a pas laissé que d'influer beaucoup sur l'esprit des badauds de Paris et des provinces.

Le Roi est le Dieu d'une monarchie. On ne lui reconnaît point de désirs, il n'a que des volontés, et c'est le rabaisser, que de le mettre en parallèle avec le commun de ses sujets.

Cette apostrophe, *vouloir être plus royaliste que le Roi*, au lieu d'être une critique fondée sur ceux auxquels on l'adressait, était, au contraire, un sacrilége de la part des personnes qui l'employaient, en guise de réponse persuasive aux objections qu'on leur faisait. Ces mots *plus* ou *moins* dégradent la majesté du trône et ternissent l'éclat de la couronne du monarque qui en est l'objet, et sont placés, dans ce cas-là, au rang des blasphèmes, par un vrai royaliste. Le crime est donc de s'en servir, mais non de n'y avoir aucun égard.

Le Roi, cet être impeccable, qui ne meurt jamais, surtout en France ; ce Dieu de la monarchie, est obligé de se revêtir de la monarchie, toutes les fois qu'il veut dicter ses lois et faire surveiller, en sous-ordre, les différentes parties de son gouvernement ; et ce sont ses ministres qui représentent Sa Majesté, quand elle daigne se rabaisser au niveau des simples mortels.

Vouloir être plus royaliste que le Roi, c'est vouloir être plus sage que la Divinité. C'est une prétention d'autant plus absurde, qu'elle dépasse les bornes de la possibilité. Mais vouloir être plus royaliste que les ministres qui représentent le Roi ; que ces hommes qui seuls ont le droit de parler et d'ordonner en son nom, c'est un sentiment qui, par malheur, se trouve trop souvent appuyé par les faits qu'on a sous les yeux. C'est une vérité qui est toujours bonne à dire et à prouver, quand l'occasion s'en présente. De pareilles dénonciations entraînent avec elles la reconnaissance des gouvernements représentatifs, lorsque leurs chambres législatives sont remplies de bons citoyens, bien pénétrés de leurs devoirs.

« La royauté a toujours été considérée, en France, comme une des libertés nationales ; et toutes les fois qu'elle s'écartait des conditions nécessaires à son existence, ses plus sincères partisans faisaient opposition à la marche du gouvernement, dans l'intérêt même de la royauté. » C'est ce que tout le monde pense, et ce que personne ne dit. (Par M. *Fiévée* ; Paris, 1821 ; page 3.

134. Pensée de Louis xvi, en 1780. Sa Majesté Louis XVI fit remettre, par M. Auberry, son ambassadeur à Varsovie, le 8 février 1780, à la diète de Pologne, un avis très-sage que nous rapportons ici :

« Elle sentira que ce que des siècles ont altéré ou dé-
» truit, ne peut pas se rétablir en peu de mois. Elle pèsera
» toutes les circonstances que lui impose la nécessité de

I.

» procéder avec mesure, pour ne pas s'exposer à voir éva-
» nouir jusqu'à l'espérance de recouvrer jamais sa consi-
» stance, et *l'éclat que la nature* lui avait assigné parmi les
» puissances de l'Europe. »

Quel dommage qu'après 1783, Sa Majesté n'ait pas suivi
l'avis très-sage qu'elle avait elle-même donné aux polonais
en 1780. La paix de Versailles conclue, et la guerre rela-
tive à l'émancipation des États-Unis d'Amérique finie, si
Louis XVI n'eût pas changé de façon de penser, et s'il
eût ordonné à ses ministres de se conformer dorénavant en
tout et pour tout aux instructions salutaires que M. *de
Vergennes* avait envoyées de sa part à la diète de Pologne,
le Roi et ses sujets s'en seraient beaucoup mieux trouvés,
et la France n'eût pas perdu *jusqu'à l'espérance de recouvrer
jamais sa consistance, et l'éclat que la nature lui avait assigné
parmi les puissances de l'Europe.* (Écrit le 2 novembre 1832.)

135. Liste civile. On établit ordinairement une grande
distinction entre le *trésor public*, et la cassette du prince
ou la *liste civile*. Il y a bien entre ces deux caisses quelque
différence, pour ceux qui regardent le superflu du prince
comme étranger à ce qu'un prince doit au public, à la décence, à son honneur et à sa réputation ; mais j'avoue que
cette opinion n'est pas la mienne (1).

136. Croix royale. Habitué dès le berceau à respecter
la pourpre royale, je regarde la royauté comme un grand

---

(1) Voyez l'article intitulé : *Origine des lois* ; ci-devant, n° 59.

mystère, parce que, chargée de représenter la Providence, la royauté est, en quelque manière, un sacrement institué pour être le canal de la bonté et de la justice sur les nations. Saint-Louis sentit de bonne heure qu'il devait être, en France, par sa sagesse, ce qu'est Dieu, par la sienne, dans l'univers. Bien convaincu que les dignités ne sont pas des vertus, et qu'il n'y a rien de plus monstrueux qu'une place élevée et une âme sans élévation, il se hâta de mettre ses sentiments à la hauteur de ses fonctions, et se garda bien de croire que la royauté le dispensait d'être Roi. Eclairé par la loi de Dieu, il comprit, sans peine, ce que l'habitude du pouvoir rend peut-être difficile à comprendre : que l'éclat du trône n'est qu'une lumière perfide, qui trahit des vices ou de grandes faiblesses, lorsqu'elle n'éclaire pas des vertus ou de grandes qualités. Qu'est-ce, en effet, que le trône, aux yeux d'un vulgaire stupide ou jaloux ? C'est un lit voluptueux pour la mollesse, ou un poste avantageux pour l'ambition; mais aux yeux d'un chrétien et d'un sage, tel que Saint-Louis, le trône est une *croix*, noble et brillante à la vérité, mais en dernière analyse, ce n'est qu'une croix, à laquelle les Rois sont attachés pour le salut des peuples, et c'est en s'immolant à cette hauteur, que ces nobles victimes traînent tous les cœurs après elles, comme du haut du bois sacré sur lequel il se sacrifia, le fils de Dieu attira tout l'univers à lui. Les Rois ne sont donc placés à une si grande élévation, que pour veiller au bonheur de tous, pour apercevoir de plus loin, et choisir dans la foule, les vertus qui s'y perdent et les talents qui s'y cachent. Un grand Roi n'est jamais grand tout seul; il appelle à lui les hommes, ou s'il n'en existe pas, il en forme; sous ce rap-

22*

port, sa volonté fait sa puissance : il n'a qu'à dire qu'ils soient, et ils sont (1). »

137. PRINCE. C'est le magistrat suprême de l'État; il est aussi le premier chef de la force publique.

Le prince n'est pas toujours un individu existant. Un être idéal était le prince (*il principe*) de la république de Venise. Le peuple romain, et finalement ses empereurs, ont été successivement les princes de cette nation militaire. Ces exemples ne sont pas uniques; mais ils suffisent pour bien faire comprendre le sens de notre définition.

Nous donnons ici au mot *prince* une acception générique qui désigne un premier magistrat réel ou imaginaire, au nom duquel se font tous les actes du gouvernement.

138. EMPEREUR, CZAR, ROI, SOPHI, SÉNAT, GRAND CONSEIL, etc. Par des circonstances particulières à l'histoire, mais indifférentes à la politique, ces titres sont les noms que l'on a donnés à un prince, en différents temps et en différents lieux.

Ces mots désignent aussi, dans plusieurs gouvernements, le notaire par excellence, le magistrat suprême de l'État : lui seul a le droit d'y parler en maître. Ce n'est qu'en son nom, et dans beaucoup de pays, par sa signature, que les actes de la législation acquièrent force de loi, et que les délégués du pouvoir exécutif donnent des ordres à ceux qu'ils emploient. La volonté de l'empereur, du czar, du

_____

(1) Panégyrique de Saint Louis, prononcé par l'abbé *Béraud*, curé de Dian; à Paris, le 25 août 1813, page 9.

roi, du sophi, etc., en un mot, la volonté du prince, quel que soit le nom que l'on donne à ce titre ou à cette charge, est la volonté de la loi. On ne peut donc pas désobéir à la volonté du prince, sans devenir criminel aux yeux de la loi.

Prince et Loi : ces deux mots sont synonymes dans ce cas-ci; mais le premier rappelle un pouvoir actif, et le second un pouvoir passif. Quel est celui de ces deux pouvoirs qui doit gouverner l'autre ? L'histoire nous apprend que la réponse à cette grande question politique n'a pas été partout la même. Un vieux adage français disait : *Si veut le Roi, si veut la Loi.* Tandis que d'autres proclamaient la maxime contraire : *Si veut la Loi, si veut le Roi.* Entre ces deux extrêmes, il y a eu beaucoup d'intermédiaires.

Puisque la volonté du prince n'est que celle de la loi mise en action, il s'ensuit que ces deux volontés ne resteront pas long-temps identiques, s'il est permis de changer ou de modifier l'une, sans faire subir en même temps ces changements ou ces modifications à l'autre. Mais il y a des peuples qui ne veulent reconnaître aucune innovation dans leurs lois, sans qu'au préalable, et avec des formalités solennelles, on ait obtenu le consentement d'un certain nombre de citoyens qui, désignés d'avance par la constitution du pays, ont seuls le droit, quand ils sont réunis en corps d'assemblée, d'exercer légalement le *pouvoir législatif.* Dans ce cas-là, il est indispensable que les volontés du prince subissent les mêmes épreuves que celles de la loi, de manière que l'une soit toujours moulée sur l'autre. Si l'on néglige cette précaution, ces deux volontés cesseront bientôt d'être identiques; le gouvernement changera

de nature, et la division des pouvoirs remplacera la constitution qu'on avait.

La loi, quelle qu'elle soit, est le Souverain d'un pays :
le prince au nom duquel elle se fait et s'exécute, est donc
le représentant de ce Souverain. C'est un être surnaturel,
et qui domine tous les habitants de son empire : partout
où il règne, personne n'est son égal. Délégué, par la *grâce*
de Dieu, pour gouverner des hommes réunis en corps de
nation, chacun de ses sujets ne doit prononcer son nom
qu'avec respect et vénération ; et il n'est jamais permis de
discuter les actes publics de sa volonté, il faut y obéir.

Dans les États où le prince est un individu, celui qui est
investi de cette charge éminente est condamné à avoir des
besoins, des passions et des faiblesses. Le prince n'est
point sujet à ces misères humaines ; par sa nature, il est
impeccable et immortel, ou, au moins, son existence a la
même durée que le gouvernement dont il est le chef nominal. Les rois de France ne meurent jamais ; et, dès
l'instant qu'un de ces monarques rend le dernier soupir, le
grand-maître de sa maison l'annonce au peuple, par une
formule consacrée à cet usage depuis plus de quatorze siècles : *Le Roi est mort..... Vive le Roi.* Ainsi l'interrègne ne
dure pas une demi-seconde.

Un prince, un roi n'est roi que dans le moment où il
remplit ses fonctions royales ; le reste du temps, il rentre
dans la vie privée, comme les autres hommes. Dans cette
position, ses ordres, ses désirs sont nuls pour l'État ; et il
ne lui est dû que beaucoup d'égards et de grands honneurs.
Cette distinction entre ces deux personnes qui sont incor-
porées dans un même individu, est très-marquée ; elle

mérite qu'on la considère avec la plus sérieuse attention. Les gens de la Cour qui travaillent avec le prince, ou qui vivent habituellement avec lui, ne tardent pas à s'apercevoir bientôt du contraste frappant qui existe entre ces deux personnages, le chef suprême de l'État, et celui qui en porte le nom ; mais leur intérêt les engage à le cacher au reste du monde. Le gros du peuple ne voit jamais son roi qu'en perspective : la différence, très-sensible entre l'homme et le prince, s'efface à mesure qu'on s'éloigne de la Cour ; et, dans le lointain, la nuance qui distingue ces deux êtres devient si faible, qu'elle échappe facilement aux yeux de la multitude qui, dans son esprit et dans son langage, confond tous les jours la divinité et le prêtre qui la porte.

L'inconvénient d'employer les mots techniques autrement que dans leur véritable acception, a produit de grandes erreurs dans toutes les sciences. La politique a autant à s'en plaindre que la théologie. La charge et son titulaire rappellent des idées différentes qu'une saine politique ne permet jamais de confondre ensemble. Cette inexactitude dans le langage, cette manie de représenter, dans toutes les occasions, comme *un* et indivisible, le prince et l'individu qui en remplit les fonctions, a été, dans plusieurs États, une source de maux incalculables ; et cette fausse définition a été, en maintes circonstances, aussi pernicieuse au prince qu'aux sujets.

En général,

Un prince, qui trop souvent se fait homme, se dégrade ; il n'est plus un être surnaturel, il devient l'égal de tout le monde. Chacun prend le droit de juger et d'apprécier ses actions et ses volontés, ses vertus et ses vices, sa capacité et son incapacité; de scruter ses défauts, de discuter ses opinions, et quelquefois de contredire ses ordres; enfin il permet qu'on établisse des parallèles entre lui et les autres particuliers. Les résultats de toutes ces comparaisons, sans cesse renaissantes, ne tournent pas toujours à l'avantage du prince, et affaiblissent de toute nécessité ces sentiments d'amour, de respect, de vénération et de confiance, qui sont les plus beaux fleurons de sa couronne, et les plus fermes appuis de son trône.

Mais au contraire, un prince qui ne veut jamais être un homme, et qui se croit toujours un être surnaturel, s'oublie devant Dieu et devant ses semblables. Il ne fait cas que de lui-même et sans raison; il méprise trop la race dont il tire son origine; il exige beaucoup, et ne rend jamais rien; il érige ses caprices en lois de l'État; et sous son règne, les paiements de ses prodigalités et de ses fantaisies sont mis au rang des dépenses les plus urgentes à satisfaire. Les courtisans, à l'exemple de leur maître, deviennent égoïstes, insolents ou dédaigneux; mais toujours exigeants et avides. Ces flatteurs lui persuadent facilement que ses autres sujets sont trop heureux d'avoir la permission de sacrifier pour lui leur temps, leur vie et leur fortune; que l'honneur de l'avoir bien servi est la seule récompense à laquelle ils aient le droit de prétendre; que les grâces et l'argent du trésor public, dont il a la distribution, lui appartiennent personnellement; que son *bon plaisir* est la seule règle qu'il a à suivre pour les donner, sans qu'aucun soit autorisé à se plaindre de la répartition qu'il en fait; et que, par conséquent, il est naturel qu'il en accorde la plus grande partie à ses favoris, aux gens de sa maison et à ceux qui l'entourent ou qui l'amusent.

On supporte avec résignation l'orgueil d'un maître, mais le ton léger et dédaigneux des valets, qui prennent tout pour vivre à vos dépens, vous irrite. On ne sort de leur audience qu'avec le cœur ulcéré ; bientôt, et par les mêmes causes, cette maladie se propage, et devient épidémique dans toutes les classes de la société politique. Un mécontentement universel en est le premier résultat. L'amour et la confiance des sujets envers leur gouvernement se métamorphosent en sentiments de haine et de mépris. On se plaint, on récrimine de toutes parts, et on ne soupire qu'a près un changement : aussi, au moindre accident funeste, le prince disparaît, et l'État est en révolution.

139. Loi salique (la) est celle qui empêche une femme d'être le prince de son pays.

Cette loi, comme toutes les autres, a ses avantages et ses inconvénients. En général, elle est plus favorable aux familles qu'aux grands États.

140. Royauté héréditaire. En considérant la royauté, comme toutes les institutions doivent être jugées, sous le rapport du bonheur et de la dignité des nations, je dirai d'une manière générale et en respectant les exceptions, que les *princes des anciennes familles* conviennent beaucoup mieux au bien d'un État que les *princes parvenus*. Les trônes héréditaires sont remplis par des rois qui ont, pour l'ordinaire, moins de talents remarquables que les usurpateurs ; mais leurs dispositions sont plus pacifiques ; ils ont plus de préjugés, mais moins d'ambition ; ils sont moins étonnés du pouvoir, puisque dès leur enfance ils y étaient destinés ; et ils ne craignent pas autant de le perdre, ce qui les rend moins soupçonneux et moins inquiets. Leur manière d'être est plus simple, parce qu'ils n'ont pas besoin de recourir à des moyens factices pour en imposer, et qu'ils n'ont rien de nouveau à conquérir, en fait de respect : les habitudes et les traditions leur servent de guide. Enfin, l'éclat extérieur, attribut nécessaire de la royauté, paraît convenable, quand il s'agit de princes dont les aïeux, depuis des siècles, ont été placés à la même hauteur de rang.

Lorsqu'un homme, le premier de sa famille, est élevé tout à coup à la dignité suprême, il lui faut le prestige de la gloire, pour faire disparaître le contraste entre la pompe royale et son état précédent de simple particulier.

Or, la gloire qui attire le plus sûrement le respect des peuples, est celle que l'on acquiert à la tête des armées victorieuses que l'on commande ; elle ne saurait donc être acquise que par des exploits militaires multipliés et presque toujours heureux. Et l'on sait quel caractère les grands capitaines, les conquérants déploient le plus souvent dans la manutention des affaires civiles.

D'ailleurs, l'hérédité dans les monarchies est indispensable au repos, je dirais même à la morale et aux progrès de l'esprit humain. La royauté élective ouvre un vaste champ à l'ambition. Les factions qui en résultent infailliblement finissent par corrompre les cœurs, et détournent la pensée de toute occupation qui n'a pas l'intérêt du lendemain pour objet. Mais les prérogatives accordées à la naissance, soit pour fonder la noblesse, soit pour fixer la succession au trône dans une seule famille, ont besoin d'être confirmées par le temps : elles diffèrent à cet égard des droits naturels indépendants de toute sanction conventionnelle. Le principe de l'hérédité est donc mieux établi dans les anciennes monarchies que dans les nouvelles; mais afin que ce principe ne devienne pas contraire à la raison et au bien général, en faveur duquel il a été admis, il doit être indissolublement lié à l'empire des lois ; car, s'il fallait que des millions d'hommes fussent dominés par un seul, au gré de ses volontés ou de ses caprices, encore vaudrait-il mieux que cet homme eût du génie, ce qui est plus probable lorsqu'on a recours au choix, que lorsqu'on s'attache exclusivement au hasard de la naissance (1).

141. TYRAN. C'est le prince qui viole ou laisse violer impunément, par ses ministres, les lois de l'empire; et qui, pour satisfaire son ambition, ses fantaisies, son humeur, ou les prétentions de ses courtisans, s'embarrasse fort peu de la sûreté personnelle, des droits de propriété, et des habitudes nationales de ses sujets.

Un prince rempli de vertus privées, peut donc devenir un tyran par insouciance, faiblesse ou ignorance.

Ces raisons sont de mauvaises excuses. Quand on exerce un métier, le public et la postérité ne vous jugent que d'après les œuvres qui portent votre nom.

Si, après maintes et maintes injustices commises sous

---

(1) Considérations sur les principaux événements de la révolution française ; par Mme *de Staël*. Paris 1818 ; tome III, pages 1 et 2.

son règne, le tyran en éprouve de plus marquantes, parce qu'il est dans un rang plus élevé, l'histoire ne s'en prendra qu'à lui. Elle dira : par les outrages dont ils ont accablé leur prince, ces rebelles ont, à la vérité, violé les lois fondamentales et les plus sacrées de l'empire ; mais pourquoi leur en avait-il donné l'exemple, quand la plénitude du pouvoir lui appartenait ?

142. GRAND ORIENT. En général, nous appelons *grand orient*, le prince réel ou imaginaire sous le nom duquel agissent et se gouvernent les sectes occultes qui, sous prétexte de mettre l'univers sur un meilleur pied, travaillent, en attendant qu'elles puissent achever ce grand œuvre, à renverser tous les gouvernements établis, en fomentant des dissensions et des conspirations dans les pays où l'on a la bonté de les souffrir. C'est dans ce sens que nous dirons le *grand orient* des manichéens, ou celui des templiers, de la jacquerie, des francs-maçons, des illuminés, etc.

Le grand orient est une puissance : il ne faut pas s'y tromper.

Ces sectes clandestines, ces *loges*, ces comités de conspirateurs, disséminés en différents lieux, et correspondant à un centre commun, à un grand orient, ont sans doute commencé avec la méchanceté des hommes réunis en corps de nation. Leur origine date donc de loin. Nous en trouverions sûrement des vestiges nombreux dans l'histoire ancienne, si nous en connaissions mieux les détails. La doctrine allégorique de Pythagore, ses préceptes puérils, son langage énigmatique, ses nombres mystérieux, le silence rigoureux observé dans son école, et le grand secret recommandé à ses disciples, ont beaucoup d'analogie avec les dogmes , les étiquettes, et les règles de conduite de la *haute franc-maçonnerie.* Ces pythagoriciens, ces premiers philosophes, ont-ils été, comme les nôtres, une association de réforma-teurs, constamment occupés à renverser les gouvernements établis de leur temps, sous prétexte qu'ils étaient tous mau-vais, d'après leur système ? Leur supplice à Crotone, le chef-lieu de leur grand orient, et la persécution que plu-sieurs loges, ou collèges de ces sectaires, éprouvèrent par la suite en diverses villes, nous feraient un peu pencher pour l'affirmative.

On voit dans l'histoire de France plusieurs exemples de ces factions secrètes de novateurs, fomentant des conspi-rations, et recrutant des complices dans toutes les pro-vinces (1). Les Vaudois, les Albigeois, etc. , ont peut-être été les dupes et les victimes de leurs instigations crimi-nelles. Très-long-temps avant la révolution, le grand orient était, en France, aussi public et mieux obéi que le Conseil du Roi. Son hôtel, qu'on nomme de même le grand orient, est aussi connu à Paris que le palais de la chancellerie. Par un rapprochement assez heureux, il est situé maintenant en face de la rue de l'Égoût.

Le grand orient est spécialement chargé de répandre les assertions et les nouvelles que la faction veut accréditer dans le peuple, et de dicter, par là, *l'opinion publique* du

_____

(1) Voyez le Recueil des Historiens français, tome XIV, préface, page 70 ; Histoire du Droit public et privé de la France, par M. Ber-nardi, pages 198 et 199 ; recherches sur l'existence des sectes révolu-tionnaires du chevalier de Malet, etc. etc.

moment. Il en a les moyens, et il ne s'en acquitte pas mal.

Si jamais le bon sens redevient à la mode en Europe, les politiques de cet heureux temps ne pourront pas comprendre qu'un roi de France, par exemple, ait souffert qu'au milieu de ses États, il s'établît et se consolidât une monarchie différente de la sienne ; et que les francs-maçons illuminés, au nom de leur grand orient, aient eu la permission, pendant longues années, d'y exercer une autorité suprême, indépendante et ennemie de son gouvernement.

Un conseil-directeur est l'âme invisible de ce grand orient ; ses agents sont nombreux, actifs, habiles, exercés, en un mot bien choisis ; une correspondance prompte et non interrompue entretient leurs liaisons intimes avec les loges affiliées à cet ordre, qui sont répandues dans la presque généralité des villes et des villages de ce royaume, peut-être même dans tous ceux de l'Europe et de l'Amérique. Ses sectaires sont très-unis entre eux, quand il s'agit d'exécuter les ordres de leur souverain ; ils font un corps dont l'ambition est extrême, les vues profondes, les moyens secrets ; et qui n'étant retenu par aucune considération, marche à l'accomplissement de ses desseins ultérieurs, avec une persévérance à toute épreuve.

Je ne serais point étonné que cette faute des rois de France sous lesquels j'ai vécu, et qui, par malheur, a été répétée, à la même époque, par plusieurs autres souverains, ne fût, en grande partie, la cause principale des maux que nous avons éprouvés, que nous éprouvons, et que nous éprouverons peut-être par la suite.

Plusieurs écrivains du siècle passé avaient déjà signalé ce danger. Mais nous devons à M. l'abbé Barruel d'en avoir développé les causes avec assez d'étendue, pour porter l'attention du public sur les fastes détaillés de ces sectes occultes, point très-important dans les annales du genre humain, et qui, jusqu'à présent, avait été trop négligé par les historiens.

143. ETIQUETTES. Les *étiquettes* sont la carte de route, les gradins du cérémonial qu'un inférieur doit suivre, pour arriver à son supérieur, et la manière dont il doit se comporter à son égard.

« Se moquer des étiquettes de la Cour, est le fait d'un
» philosophe, mais non pas d'un citoyen qui vit dans une
» monarchie, mais non pas d'un sage qui connaît l'influence
» des illusions sur la société et sur le monde. Ce serait un
» grand malheur pour tous, si l'on était borné à ce qu'il
» y a de réel dans chaque chose ; et les philosophes eux-
» mêmes n'y gagneraient pas. Dans une monarchie, le
» respect pour la Cour et ses honneurs est essentiel au
» maintien de l'ordre. Dans cette espèce de gouvernement,
» la Cour doit être le centre de tout ; et quand elle cesse
» d'être l'objet de la vénération publique, le gouvernement
» est perdu. Sous Louis XIV, qui savait régner, on ne se
» serait point moqué impunément, en plein théâtre, des
» tabourets où les seules duchesses avaient le droit de s'as-
» seoir devant lui, ni d'aucune des autres étiquettes dont
» il avait parsemé les avenues de son trône (1). »

---

(1) Feuilleton de *Geoffroi*, sur *Saurin* (Comédie des mœurs du temps).

Les hommes, en général, jugent sur les apparences ; les princes ne doivent point oublier qu'ils sont des objets en perspective, et qu'une illusion continuelle constitue une partie de leur grandeur et de leur puissance ; et plus, en bons opticiens, ils sauront agrandir, aux yeux du vulgaire, l'intervalle qui les sépare des autres hommes ; plus le peuple croira qu'il y a de la distance entre lui et son prince, entre le maître et le serviteur.

La Cour de France, jusqu'à la mort de Louis XV, avait été assez scrupuleuse sur les *étiquettes* de Cour. La reine Marie-Antoinette s'ennuya de cette espèce d'esclavage ; elle se débarrassa de sa dame d'honneur, la maréchale de Noailles, que, par ironie, elle appelait Madame *Etiquette*, et elle se livra, comme une simple particulière, aux charmes d'une société privée dont elle faisait les délices. Sa bonté et son amabilité auraient été celles également de toutes les sociétés dans lesquelles elle se serait trouvée, si, née dans un rang moins élevé, elle eût été réduite aux seuls moyens de plaire qu'elle avait reçus de la nature.

Une princesse qui se livre aux charmes de l'amitié, et à ceux d'une cotterie aimable, se fait autant d'ennemis qu'il y a de sociétés rivales de celle qu'elle a préférée. Les tracasseries arrivent, les calomnies se répandent, les plus petites légèretés se métamorphosent en crimes énormes ; des procès scandaleux, des dépenses considérables mettent le comble au mécontentement général, qui devient celui du public. La pauvre femme croyait vivre avec confiance, dans un cercle d'amis, tandis que, dans un bal masqué, elle n'était qu'entourée de roués observateurs, uniquement occupés d'étudier les défauts de son esprit, pour lui plaire, profiter de ses goûts et de ses faiblesses. La conversation enjouée de ces adroits courtisans, leurs talents agréables et leur excessive ambition, contribuent à rendre les princes futiles, odieux, en raison de leur partialité outrée, et des grâces exagérées qu'ils accordent à des flatteurs, au préjudice des personnes qui jouissent de l'estime générale, et que les vœux publics y portent.

Une saine politique ne s'accommode point des exagérations : ainsi l'étiquette et une familiarité excessive sont également déplacées dans la Cour du prince régnant.

Il y a eu des princes qui l'ont entièrement bannie, qui ne s'en ressouvenaient que dans des occasions grandes et solennelles, et qui, le reste du temps, vivaient et conversaient familièrement avec leurs sujets. Il n'y a que des grands hommes qui puissent résister à une pareille épreuve, et tous les princes ne sont pas des grands hommes. Ces exemples, quand ils ont réussi, forment des exceptions à la règle générale, qui leur prescrivait une conduite opposée à celle qu'ils ont tenue.

La familiarité engendre le mépris ; c'est un vieux proverbe qui ne sort jamais de l'esprit des gens qui occupent une place importante dans l'État.

Les étiquettes de la Cour peuvent se comparer au cérémonial des rits religieux. Leur étude approfondie n'est point oiseuse ; elle évite beaucoup de gaucheries et de désagréments aux personnes qui veulent y paraître ; et quant à celles qui ne comptent pas la fréquenter, elle leur donne des renseignements, et les met sur les traces des mœurs et des usages du temps où ils ont été établis, et souvent sur l'origine des peuples dont l'histoire les occupe. Dans

I.

les régences d'Alger, de Tunis et de Tripoli, sous un climat où l'on meurt de chaud, l'habit de Cour, donné par l'étiquette, est, comme à Constantinople, une pelisse bien fourrée. N'est-ce pas un indice, et même une preuve presque irrécusable, que l'origine de ces souverains vient du nord, ou d'un pays froid. On sait qu'ils sont Turcs, et par conséquent descendants d'un peuple qui sortit des chaînes du Caucase, et envahit plusieurs souverainetés. Plusieurs de nos usages, et des étiquettes de notre Cour, nous rappellent que c'est dans la Tartarie qu'ont été les berceaux des premiers Francs qui nous ont conquis.

L'étiquette isole les princes et les concentre dans un petit cercle de famille ou de courtisans qui en profitent, pour jouir de leurs grâces, aux dépens de leurs compatriotes, qui en sont écartés par les usages de la Cour; mais plus ce cercle se resserrera, et moins on le redoutera. D'ailleurs, les personnes privilégiées, et qui, comme on dit, ont les entrées de la Chambre, font en général partie de la classe des plus grands seigneurs de l'État. Elles méritent, pour ainsi dire, les places les plus éminentes, que leur haute fortune leur permet de soutenir avec dignité, et auxquelles le public les avaient déjà nommées d'avance.

Ces préférences pour les grands seigneurs sont, j'ose le dire, indispensables dans une monarchie où l'aristocratie doit être en honneur, si l'on veut que le gouvernement soit d'accord avec ses principes constitutifs.

Mais si l'intrigue, le commérage, des figures heureuses, des talents agréables, placent indistinctement toute sorte de monde auprès des princes, leurs noms n'en imposeront plus; leurs prétentions et leur avidité seront les mêmes.

Ils exigeront et obtiendront d'être traités à l'instar des individus des grandes familles dont ils partageront les places, qui, avant, n'étaient réservées qu'aux gens titrés ; ils mettront leur vanité à trancher du grand seigneur. Cette innovation choquante diminuera la considération de la Cour ; elle mécontentera, elle excitera l'envie des personnes qui, par la nature de leurs services, avaient des droits aux grâces que ceux-ci leur enlèveront. Ces nouveaux parvenus, fiers de leur crédit et de leur élévation, croiront déroger et se manquer à eux-mêmes, si, dans toutes les occasions, ils ne faisaient point sentir, par un dédain, leur supériorité spontanée, à ceux dont les habitudes nationales les avaient rapprochés, avant une exaltation qu'ils n'ont due qu'à une faveur d'antichambre. Le public prendra fait et cause en faveur des plaignants ; il s'indignera d'un corps aussi mal composé, qui tombera avec raison dans une défaveur complette. Ce mépris sera le triste présage d'une Cour, qui, pour avoir choisi des ministres sans expérience et sans prévoyance, et n'avoir écouté que des conseillers pleins d'indifférence et d'avidité, tombera à la fin dans un état de décadence et de ruine totale.

La loi qui n'excluait personne de la société familière du prince, était protégée par l'étiquette, qui n'appelait, dans les places, que des gens titrés, dont la fortune était faite, et qui, par les habitudes, devaient, pour ainsi dire, avoir droit à des avancements rapides, et occuper les premières places des corps où ils étaient entrés. C'était, comme on le voit, un soulagement pour l'État, tandis qu'on le grevait inutilement, en suivant un système contraire, parce qu'aux appointements affectés à leur service, il fallait y ajouter

23*

des traitements particuliers et inutiles à ces *meurent-de-faim* (c'est le nom qu'on leur donnait de mon temps), afin que ces nouveaux parvenus pussent soutenir la dignité du rang qu'ils venaient d'obtenir.

On ne peut point se dissimuler que dans les Cours de Louis XV et de Louis XVI, où, contre l'étiquette établie par leurs prédécesseurs, et à laquelle on était accoutumé depuis des siècles, l'on vit tant de personnes titrées remplacées par de simples particuliers, ce ne fut un symptôme affligeant qui indiquait les progrès de la démocratie populaire, au détriment des principes de l'aristocratie et de la monarchie du gouvernement français. Aussi ne tarda-t-on pas à voir la souveraineté du peuple supplanter celle de la maison de Bourbon.

Le Mesmérisme a aussi été un instrument merveilleux dont les factieux se sont servis avec habileté, pour avancer la révolution qu'ils préparaient depuis long-temps. On en fut convaincu en 1788 et en 1789, car on vit alors les coryphées de cette nouvelle école de médecine, se montrer tout à coup les avocats les plus fougueux de ces plans destructifs et d'insubordination, avec lesquels ils voulaient régénérer la France et leur fortune. Le baquet du charlatan autrichien devint un rendez-vous commun, où, sans étiquette, le bourgeois conversait avec le grand seigneur, qu'il n'aurait jamais pu aborder, sans la vertu de cet instrument magique, ni sans ces égards et ces formalités qui lui auraient toujours fait sentir la différence qu'il y avait entre eux. Au baquet, tous étaient égaux ; en peu de temps, les gens d'esprit se crurent supérieurs à leurs supérieurs. De cette idée, à la volonté de le devenir, il n'y a qu'un pas, surtout quand, par le défaut d'étiquette, une fréquentation habituelle leur apprit à connaître la faiblesse des obstacles qu'ils auraient à combattre.

Dans les gouvernements absolus ou presque absolus, l'étiquette resserre trop la société des princes. Il est à craindre qu'ils ne la connaissent pas bien, et qu'ils ne sacrifient tout aux habitués de leurs salons. Mais dans le cas contraire, assaillis par la foule, ils manquent ordinairement des moyens et de la sagacité nécessaires pour se reconnaître au milieu de ces intrigants qui leur plaisent ou qui les importunent, et, au lieu de faire de bons choix, il est à craindre qu'ils ne se laissent accaparer par des personnes qu'une connaissance plus approfondie des caractères de ces courtisans intrus, les eût engagés à repousser. Ces États sont toujours vacillants sous des monarques faibles et sans discernement. L'étiquette soutient, au moins pendant quelque temps, le respect et la vénération qu'on doit à leurs personnes ; mais si ces grands personnages consentent à descendre de leurs piédestaux, pour se montrer à découvert aux curieux, et si chacun a la permission de se tourner de tous côtés, pour les examiner de plus près et à son aise, on ne manquera pas de voir des *renards* qui, à la vue de ces têtes imposantes par leur coiffure, y chercheront de la cervelle, et qui, n'y en trouvant pas, en avertiront le public : et *où il n'y a rien, le Roi perd ses droits.*

Dans ces gouvernements arbitraires, où les premières institutions de l'État ne peuvent pas résister au caprice de la Cour, étiquette ou non, il n'y a aucun moyen de sauver l'empire, quand le prince est nul, et quand les ministres sont légers, tracassiers et novateurs.

Le gouvernement anglais a toujours été soutenu par son aristocratie ; et cette aristocratie ne s'est maintenue que par la plus scrupuleuse observation des étiquettes établies entre les différentes classes de la société.

144. Ancienne Cour. Les *gens de Cour*, me disait mon grand-père en 1753, sont comme une nation étrangère dans le milieu de l'État, composée de personnes ramassées de divers endroits.

Ils ne sont pas tous gens d'esprit ; mais ils sont presque tous d'une politesse admirable qui leur en tient lieu. Ils ne sont pas tous de braves gens ; mais ils ont, quant à cela, des démonstrations et des manières qui les font croire tels. Leur esprit souple et complaisant adopte toutes sortes de caractères, de manière qu'il est impossible de deviner leurs véritables sentiments.

Le mépris qu'ils ont pour tout ce qui n'est pas *de la Cour*, ne saurait se comprendre, et va jusqu'à l'extravagance. Rien n'est bien dit, rien n'est bien fait, que ce qu'on fait ou ce qu'on dit parmi eux : tout ce qui vient d'ailleurs est ridicule et de mauvais ton. Il est pourtant vrai qu'avec beaucoup de goût, la plupart d'entre eux sont très-ignorants, et ils ne s'érigent en parfaits connaisseurs sur toutes choses, que par les termes propres qu'ils n'ignorent jamais, et par le respect qui fait taire tout le monde en leur présence.

Les provinciaux qui fréquentent la Cour, s'accoutument difficilement à certains usages qu'ils y trouvent établis. Il faut, par exemple, embrasser tendrement ceux que l'on hait et que l'on méprise. C'est une perfidie permise, parce qu'elle est réciproque.

L'agitation est le caractère particulier de tout ce qui se passe dans cette région : les hommes et les chevaux n'y marchent qu'en courant. On ne mange, on ne dort qu'à la hâte, et comme si l'on craignait d'être surpris; et tout ce que souvent un honnête homme peut faire, pour être écouté d'un ministre pressé, c'est de lui parler dans le trajet d'une cour ou d'une galerie. Ne dirait-on pas qu'ici les heures sont précieuses ? Il est pourtant vrai que c'est le pays du monde où l'on est le plus inoccupé; on y passe de longues heures dans une antichambre; on est réduit à éplucher les beautés d'un parc, et il est de grands vides dans la journée qu'on ne sait comment remplir. Il est même bon qu'un honnête homme en ait fait l'expérience quelquefois dans sa vie, pour être bien persuadé que dans le lieu où l'on croit qu'est renfermé le souverain bonheur, et où l'on s'imagine trouver la source des agréments, on a des ennuis plus longs et plus grands que dans nulle autre contrée de la terre.

Quelques courtisans ont une ambition déterminée pour quelque chose qu'ils tâchent d'obtenir; mais la plus grande partie ne vise à rien de fixe, de sorte que, quoique le désir de leur fortune, en général, les occupe entièrement, si le prince s'avisait de leur demander ce qu'ils souhaitent, ils seraient souvent fort embarrassés. Ils n'ont rien en vue ; c'est un des plus grands défauts des *gens de Cour*.

Il s'en trouve quelques-uns qui désirent avec transport certains emplois qu'ils n'obtiendront jamais ; ce qui leur serait facile d'apercevoir avec un peu de tact; et pour cela, ils négligent de solliciter d'autres grâces qu'on leur accorderait aisément; et ces grâces, quoique moins de leur goût, par rapport à leur entêtement, seraient pourtant très-convenables à leur état et à leurs forces.

Les vieux sont ici plus ridicules qu'en aucun autre endroit du monde ; on les y regarde avec mépris ; on ne veut plus de leurs histoires, ni de leurs principes ; on les évite, on les fuit, et l'on tâche de faire justement le contraire de ce qu'ils font. Mais ce qui les rend ridicules avec raison, c'est que, malgré la haine qu'ils ont pour les jeunes gens, et contre lesquels ils déclament sans cesse, ils ne laissent pas d'adopter leurs airs et leurs manières, de suivre leurs modes, et de briguer de se mettre de leurs parties de plaisirs : trop heureux, s'ils peuvent parvenir à se faire souffrir parmi eux, avec quelque indulgence.

On distingue les *femmes de la Cour*, par les couleurs dont elles prennent soin de se peindre ; par l'excès où elles portent toutes les modes, et par le mépris qu'elles affectent pour toutes les femmes de la province et de la ville. Elles ne sont pas toutes belles ; mais elles les effacent toutes par je ne sais quel air, et par un engouement dont le public est prévenu en leur faveur.

C'est du haut de leur grandeur que les *gens de la Cour* regardent les gens de Robe, quelque élevés qu'ils soient. Le droit de rendre la justice fait-il déroger la noblesse ? et la Cour n'a-t-elle pas un grand aveuglement de ne vouloir pas se corriger là-dessus ?

Autrefois on se piquait *à la Cour* d'un amour délicat, on y voyait régner une galanterie décente ; mais à présent, l'amour y suit, comme ailleurs, des usages plus grossiers et plus naturels.

La délicatesse en amour n'y est permise qu'en paroles,

et le comble du ridicule serait d'y être jaloux de sa femme. Cet excès de sottise est si rare à la Cour, qu'on y trouve plutôt, en sens contraire, une infinité de gens ressemblant à ce *Sulpicius Galba*, dont parle Horace. Cet homme dormait régulièrement toutes les après-dînées, pendant que *Mécénas*, favori d'Auguste, caressait sa femme. Un valet voulut profiter de son sommeil, pour boire au buffet une bouteille d'excellent vin, son maître s'éveilla pour lui ; *puer*, lui dit-il, *non omnibus dormio :* garçon, je ne dors pas pour tout le monde. Il ne dormait que pour favoriser l'amant heureux de son épouse. Si nous cherchions bien, nous trouverions beaucoup de traits semblables dans l'histoire des Cours.

Si tous les hommes qui composent la Cour, usent de feintise et de dissimulation avec les étrangers, ils n'agissent pas de meilleure foi les uns avec les autres, et par cette conduite, s'ils ont quelques vertus, ils les rendent suspectes.

Les gens de province doivent se désabuser, une fois pour toutes, d'avoir des gens de Cour pour patrons. Cette protection leur coûte infiniment, et leur est tout à fait inutile. Ils ne peuvent rien, le plus souvent, et ne veulent rien faire pour autrui. Ils n'agissent jamais, quelque démonstration qu'ils fassent, que par rapport à leurs intérêts.

Ce portrait, fait par l'abbé de St.-Réal, est ressemblant ; mais il s'efface devant celui que nous a laissé le président de Montesquieu, et qui lui sert de complément.

» L'ambition dans l'oisiveté, la bassesse dans l'orgueil, le » désir de s'enrichir sans travail, l'aversion pour la vérité, » la flatterie, la trahison, la perfidie, l'abandon de tous ses » engagements, le mépris des devoirs du citoyen, la crainte

» de la vertu du prince, l'espérance de ses faiblesses, et plus
» que tout cela, le ridicule perpétuel jeté sur les répugnances
» d'un honneur délicat et d'une probité austère, ont formé,
» en tout lieu et dans tous les temps, ce que les moralistes
» appellent le caractère essentiel des gens de Cour. »

Or, il est difficile de se persuader que la plupart des principaux d'un État soient de malhonnêtes gens, et que leurs inférieurs restent des gens de bien; que ceux-là soient toujours trompeurs, et que ceux-ci consentent à n'être éternellement que des dupes.

Montesquieu vient de nous donner, sans s'en douter, les motifs qui ont déterminé les désertions nombreuses que la cause des vrais royalistes a éprouvées, depuis la restauration; on pourrait remonter plus haut.

Quel homme! il a tout prévu en politique. (Ecrit le 11 septembre 1835).

Les *mécontents*, ajoutait mon grand-père, font une secte à part dans *l'ancienne Cour*. Ils ont des femmes, des prêtres, des grands, des écrivains et des aboyeurs; rien ne leur manque pour composer un état particulier. Ils ont leurs dogmes, leurs maximes, leurs coutumes, leurs cérémonies et leurs assemblées. Ils consacrent certain lieu et certains jours déterminés à leur culte et à leurs conférences. Ils n'adorent point les ministres; au contraire, ils censurent, frondent et condamnent toutes leurs démarches; professant, à haute voix, que toutes les entreprises de ces gouvernants sont mal conçues et encore plus mal exécutées. Ils diminuent les victoires, augmentent les pertes, enragent des bons succès et se réjouissent des malheurs. Chacun va les écouter en riant; chacun se moque d'eux et de leurs prophéties ; leur fortune, au lieu de s'accroître, se détériore sans cesse, et malgré cela, cette secte de *mécontents* se grossit tous les jours à vue d'œil. (Ce 8 mai 1753).

145. Gouvernement despotique. Le gouvernement despotique est celui où les droits du prince et du souverain sont réunis sur la même personne.

146. Gouvernement monarchique. Le gouvernement monarchique est celui où le prince n'est pas souverain à lui seul, et où le monarque ne peut faire de lois qu'avec le concours et le consentement de certaines classes de citoyens, que la constitution du pays a désignées d'avance.

Un monarque est toujours un prince réel et existant, qui est inaccessible au pouvoir judiciaire. Mais, dans l'exercice de ses volontés, il est plus ou moins retenu par la force d'un Tribunat plus ou moins puissant.

147. Co-souverains de la Suède. « La diète ou les États-généraux de la Suède, se forment de la réunion de quatre ordres co-souverains, indépendants et très-distincts entre eux, savoir : 1º Le clergé, 2º la noblesse ou l'ordre équestre ; 3º les bourgeois, et 4º les paysans.

» Ces deux dernières classes sont trop loin du gouvernement pour en concevoir les ressorts, bien moins encore pour les diriger. Occupées de travaux grossiers ou de spéculations purement mercantiles, toutes les deux se trouvent étrangères aux connaissances nécessaires à l'exercice du pouvoir, aux méditations profondes qu'il exige, aux combinaisons compliquées que ces études et ces réflexions doivent naturellement faire éclore.

» Il résulte de l'inaptitude de ces deux co-souverains à l'exercice du pouvoir, qu'ils ne figurent dans les événements de la Suède, que comme deux leviers, dont, tour à tour, se saisissent le monarque ou l'ordre de la noblesse, tantôt pour relever le trône, et tantôt pour le renverser. Il est bien facile, avec des sophismes artistement développés par des bouches ou des écrivains éloquents, avec des espérances décevantes, mais présentées par des mains adroites, d'abuser de la crédulité des bourgeois et des paysans, de ces deux classes de citoyens qui sont autant disposées pour le mensonge que pour la vérité, à prendre les armes pour le soutien d'un usurpateur, pour un sénat ambitieux, ou pour le plus sage des monarques légitimes.

» Il suffit, pour se convaincre de cette grande vérité, de lire les différents tableaux tracés par les écrivains estimables des révolutions de la Suède. On y verra sans cesse le trône aux prises avec *l'ordre équestre*, et les trois autres ordres rangés servilement sous le plus fort ou le plus adroit de l'un de ces deux partis (1). »

Si cet officier polonais a bien vu, les cinq co-souverains, le roi compris, qui gouvernent la Suède, se réduisent à deux effectifs : le roi et l'ordre équestre. Sa constitution,

_____

(1) Histoire de l'assassinat de Gustave III, roi de Suède; par un officier polonais. Paris 1797 ; un volume in-8° ; pages 6 et suivantes.

Cet officier polonais est M. *Artaud*, employé à la légation de Suède, sous M. de Vergennes, en 1772, et depuis consul-général à Rome.

comme la nôtre, sous l'assemblée nationale, manque donc d'un contre-poids qui l'empêche de trébucher, selon les circonstances, du côté d'un monarque absolu, ou de celui d'une aristocratie empiétante et impérieuse.

Avant et sous Charles XII, le despotisme de la couronne prévalut sur le pouvoir des quatre autres co-souverains. A sa mort, le 18 décembre 1718, l'ordre équestre reprit l'Empire, réduisit presque à rien l'autorité royale, et conserva la sienne jusqu'au 19 août 1772. Ce fut le jour où Gustave III fit sa restauration, en rétablissant la suprématie de son trône. Mais assassiné le 15 mars 1792, une nouvelle variation vint enrichir l'histoire des révolutions de Suède, et c'est toujours à recommencer; chez eux, faute d'une chambre *démocratique co-souveraine* de fait, quoiqu'ils en aient deux de droit; et chez nous, parce qu'une vraie aristocratie n'a pas pu encore en obtenir une (1). Surabondance ou disette, l'équilibre n'en est pas moins rompu, dans ces deux gouvernements représentatifs qui, par la force des choses, se voient condamnés à flotter dans une

---

(1) Si l'on examine l'état de l'aristocratie en France, c'est-à-dire la *Pairie*, ses droits, ses priviléges, son influence, je n'aperçois qu'un pouvoir nominal, constitué par la charte de 1814, mais sans racine dans la propriété, les souvenirs, les mœurs, les habitudes nationales; sans action sur les esprits, par le secret des discussions; sans action sur les colléges électoraux; en un mot, je n'y vois qu'une autorité précaire, tirant toute sa force du trône, qui la défend contre l'esprit d'égalité qui la mine, et contre le morcellement des propriétés qui la tue. (Discours de M. de la Bourdonnaye, à la chambre des députés; séance du 2 avril 1829.)

position précaire et vacillante, jusqu'à nouvel ordre. (Écrit le 28 août 1829.)

148. Gouvernement républicain. Le gouvernement républicain est celui où le prince est un être collectif ou imaginaire, et où ses fonctions sont remplies par des conseils plus ou moins nombreux.

Plusieurs de ces gouvernements reconnaissent un individu comme leur chef suprême ; mais c'est un doge, un prince nominal, jouissant de quelques prérogatives d'autorité, mais subordonné à ses conseils, et soumis au pouvoir judiciaire.

149. République aristocratique. Une république est aristocratique, quand la souveraineté réside dans une classe de citoyens privilégiés.

150. République démocratique. Une république est démocratique, quand la souveraineté réside dans la masse entière des citoyens.

151. États-généraux, Diète, Parlements, etc. Ce sont des corps politiques qui mitigent et modifient, de différentes manières, les gouvernements qu'on vient de définir.

Les définitions précédentes des divers gouvernements nous paraissent exactes. Mais ce serait s'abuser, que de croire qu'il en ait jamais existé d'absolument pareils dans aucun pays. Nous ne sommes point sortis du cercle des abstractions. L'étude de ces gouvernements hypothétiques n'en est pas moins nécessaire pour connaître et approfondir la théorie et la pratique du *droit politique*, tel qu'il a été en vigueur dans une société dont on scrute la législation, parce que c'est du mélange de ces principes fondamentaux, différemment modifiés entre eux, que se sont formés, ou que se formeront, par la suite, tous les gouvernements possibles qu'une société politique puisse avoir.

FIN DU PREMIER VOLUME.

ORDRE
DES MATIÈRES
DU PREMIER VOLUME.

———————

Numéros.		Pages.
	PRÉFACE,	1
1 —	La Politique, *substantif féminin*,	19
2 —	Politique, *adjectif*,	20
3 —	Société politique,	id.
4 —	État,	21
5 —	Puissance,	id.
6 —	Nation,	id.
7 —	Patrie,	id.
8 —	Citoyens,	id.
9 —	Peuple,	id.
10 —	Populace,	id.
11 —	Canaille,	22
12 —	Sans-culottes,	id.
13 —	Noblesse,	id.
14 —	Roturier,	23
15 —	Tiers-État,	id.
16 —	Ordres,	24
17 —	Rang,	25
18 —	Égalité politique,	28
19 —	Propriété,	35
20 —	Les Lois,	id.
21 —	Us et Coutumes,	id.

I.

Numéros.   Pages.

22 — Code,   35
23 — Législation,   id.
24 — Légitime,   id.
25 — La Légitimité,   id.
26 — Crime, Délit,   37
27 — Justice,   id.
28 — Droits,   38
29 — Droits de propriété,   id.
30 — Rendre justice,   39
31 — Injustice,   id.
32 — Impunité,   id.
33 — La Prescription,   42
34 — Jurisprudence,   id.
35 — Lois naturelles,   id.
36 — Sauvages,   43
37 — Droits naturels,   id.
38 — Les Lois politiques,   id.
39 — Les Droits politiques,   id.
40 — Le Droit politique,   id.
41 — Le Droit des gens,   44
42 — Esclave,   id.
43 — Les Droits d'esclavage,   id.
44 — Le Code noir,   id.
45 — Serf, Vassal, etc.,   46
46 — Force (*),   47

(*) Le n° 46 a été omis à cet article.

Numéros. Pages.

47 — Force publique, 50
48 — Pouvoirs, id.
49 — Pouvoir législatif, 51
50 — Pouvoir exécutif, id.
51 — Pouvoir judiciaire, id.
52 — Souverain, id.
53 — Lois fondamentales, 53
54 — Législateur, id.
55 — La Constitution, id.
56 — Charte, 54
57 — Les Lois originaires, id.
58 — Lois naturelles, 56
59 — Origine des Lois, id.
60 — Gouvernement, 60
61 — Stabilité, id.
62 — Magistrats, 61
63 — Ministres médiocres, id.
64 — Ministres pervers, 66
65 — Mauvais Ministres, 67
66 — Premier Ministre, 70
67 — Ministres avant la révolution, 76
68 — Gouvernement de la médiocrité 78
69 — Gouvernements industriels, 90
70 — Tribunal, 92
71 — Centralisation, 93
72 — Commissions (*), id.

(*) Cet article est numéroté 74 au lieu de 72, par erreur.

**

Numéros.   Pages.

73 — Tribunat,   95
74 — Tribunat des Parlements (*),   96
75 — Remontrances des Parlements,   116
76 — Parlements,   121
77 — Tribunaux; Mercuriales,   122
78 — Liberté,   125
79 — Liberté d'opinions,   129
80 — Liberté et Égalité,   132
81 — Liberté; Pouvoir,   id.
82 — Portrait du Sauvage,   133
83 — Politique du Sauvage,   137
84 — Politique envers le Sauvage,   140
85 — Des Peuples barbares et des Peuples civilisés, 144
86 — Civilisation,   153
87 — De la Société,   158
88 — Le Bonheur du Peuple,   163
89 — Principe fondamental d'une bonne Législation, 164
90 — Humanité,   166
91 — Salut public,   id.
92 — Droit civil et Droit politique,   id.
93 — Religion,   167
94 — Indifférentisme,   168
95 — Athéisme,   170
96 — Tolérance religieuse,   172
97 — Impiété,   181
98 — Blasphémateurs,   182

(*) Cet article est numéroté 72 au lieu de 74, par erreur.

Numéros.   Pages.

99 — Inquisition,   183

100 — Congrégation,   184

101 — Missions des Jésuites,   185

102 — Péché originel,   192

103 — Prosélytisme,   200

104 — Les Préjugés nationaux,   201

105 — Les Habitudes nationales,   203

106 — Faux Prophètes,   204

106 bis Centuries de Nostradamus,   233

107 — Honneur de l'État,   235

108 — Le ridicule,   237

109 — Idées libérales,   id.

110 — Le Libéral,   238

111 — Usages,   240

112 — Battre sa femme, *usage russe*,   247

113 — Boxing-Match, *usage anglais*,   248

114 — Calène, *usage provençal*,   254

115 — Corrida dos Toros, *usage espagnol*,   255

116 — Punition corporelle,   264

117 — Pitrimhéda Yaga, *usage indien*,   266

118 — Rosière, *usage de Salency, en France*,   281

119 — Varech, *usage des deux Cornowailles, en Angleterre*,   id.

120 — Opinion publique,   285

121 — Opinion, reine du monde,   292

122 — La Popularité,   305

123 — Esprit national, Esprit de corps, Esprit de famille,   306

Numéros.   Pages.

124 — L'Esprit de parti,   307
125 — Esprit des Nigauds en révolution,   314
126 — Esprit, Maximes et Motifs des partis en
            France, en 1817,   316
127 — Esprit des partis en France, en 1819,   319
128 — Émigrés (*),   323
129 — Royalistes (**),   328
130 — Chouans, Guerre de la Vendée,   329
131 — Quand-même !   334
132 — Moi royal,   id.
133 — Plus royaliste que le Roi,   336
134 — Pensée de Louis XVI, en 1780,   337
135 — Liste civile,   338
136 — Croix royale,   id.
137 — Prince,   340
138 — Empereur, Czar, Roi, Sophi, Sénat, Grand
            Conseil, etc.,   id.
139 — La Loi salique,   345
140 — Royauté héréditaire,   id.
141 — Tyran,   347
142 — Grand Orient,   348
143 — Étiquettes,   351
144 — Ancienne Cour,   358
145 — Gouvernement despotique,   363

(*) Cet article est numéroté 125, par erreur.
(**) Cet article est numéroté 120, par erreur.

Numéros.   Pages.

146 — Gouvernement monarchique,   363
147 — Co-Souverains de la Suède,   id.
148 — Gouvernement républicain,   366
149 — République aristocratique,   id.
150 — République démocratique,   id.
151 États généraux, Dièles, Parlements, etc.,   id.

FIN DE LA TABLE DU PREMIER VOLUME.

Numéros.   Pages.

170 — Mots odieux,   160
171 — Mots,   163
172 — Changement et Innovation,   168
173 — Niais-Novateurs (*),   170
174 — Oubli,   172
175 — Union,   174
176 — Union et Oubli,   176
177 — Passions,   id.
178 — Vertus et Vices,   177
179 — Vertus et Vices politiques,   180
180 — Vertus et Vices royaux,   188
181 — Faute,   189
182 — Inconséquence,   190
183 — Sagesse,   191
184 — Morale,   198
185 — Conscience,   200
186 — Roués et Merveilleuses,   202
187 — Clémence,   203
188 — Fidélité,   205
189 — Dévouement,   206
190 — Zèle,   id.
191 — Honneur,   id.
192 — Désintéressement,   207
193 — Confiance,   209
194 — Confiance et Crédit,   210
195 — Charité,   211

(*) Cet article est numéroté 172, par erreur.

Numéros.   Pages.

196 — Philanthropie,   211
197 — Médisance,   212
198 — Calomnie,   213
199 — Caquet,   215
200 — La bonne Compagnie,   216
201 — Philynte,   235
202 — Saint Jean à bouche d'or,   id.
203 — Chasteté,   237
204 — Pudeur,   238
205 — Galanterie,   240
206 — Incontinence,   242
207 — Crapule,   244
208 — Mignons,   251
209 — Amour,   252
210 — Amour conjugal,   253
211 — Amour du Bien public,   259
212 — Lâcheté,   260
213 — Parjure,   261
214 — Girouette,   263
215 — Impudence,   266
216 — Indifférence,   267
217 — Égoïsme,   id.
218 — Ingratitude,   268
219 — Attentat,   id.
220 — Complot,   id.
221 — Subordination,   id.
222 — Ambition,   269
223 — Ambition subalterne,   278

Numéros.   Pages.

224 —	Distribution des Grâces,	279
225 —	Actions d'Éclat,	291
226 —	Considération publique.	297
227 —	Faveur d'héritage,	303
228 —	Faveur de hasard,	318
229 —	Citoyens équivoques,	321
230 —	Importuns,	322
231 —	Intrigue (*),	323
232 —	Usage du monde,	375
233 —	Désordre,	378
234 —	Garantie,	385
235 —	Responsabilité,	398
236 —	Responsabilité religieuse,	402
237 —	Responsabilité des Ministres,	403
238 —	Concussion et Trahison des Ministres,	425
239 —	Faveur par paternité,	428
240 —	Favoritisme,	431

(*) Cet article est numéroté 291, par erreur.